EL CAMINO
DE LA
ESPIRITUALIDAD

Biblioteca
Jorge
Bucay

JORGE BUCAY

EL CAMINO DE LA ESPIRITUALIDAD

LLEGAR A LA CIMA
Y SEGUIR SUBIENDO

OCEANO

EL CAMINO DE LA ESPIRITUALIDAD
Llegar a la cima y seguir subiendo

Diseño de portada: Estudio Sagahón / Leonel Sagahón

D. R. © 2020, Editorial Océano de México, S.A. de C.V.
Homero 1500 - 402, Col. Polanco
Miguel Hidalgo, 11560, Ciudad de México
info@oceano.com.mx

Segunda edición (quinta reimpresión): enero, 2020

ISBN: 978-607-527-818-6

Impreso en México / Printed in Mexico

Índice

LIBRO III: LOS APRENDIZAJES

LIBRO IV: LOS RESULTADOS

Prólogo

Mientras mi padre escribía los textos que luego conformarían *Cartas para Claudia*, él no sabía que estaba escribiendo un libro. Escribía esas "cartas" por diversión, por interés y, supongo, para aclarar sus propias ideas. Tenía en ese entonces nueve años y apenas recuerdo a mi padre tecleando en una máquina de escribir de color naranja o garabateando con un lápiz en un cuaderno mientras pasábamos unas vacaciones en la costa.

Si él no sabía que estaba escribiendo un libro, menos aún podía saber que ése sería el primero de muchos por venir (a mí, al menos, dieciocho libros me parecen muchos). Tampoco yo podía saber en aquel momento, ni remotamente imaginar siquiera, que un día estaría escribiendo el prólogo para uno de los libros de mi padre.

Y sin embargo, aquí estamos. Casi veinticinco años han pasado desde entonces. Para mi padre este tiempo implicó el pasaje gradual del trabajo con pacientes en su consultorio a la tarea docente y literaria, acompañado por una popularidad que crecía con cada libro y que se expandía a otros países y a otros medios de comunicación. Para mí, el mismo tiempo incluyó la decisión de estudiar medicina, luego mi formación como psiquiatra y como psicoterapeuta, el crecimiento de mi práctica clínica y, desde hace algunos años, incursiones regulares en el campo de la escritura.

Aun así y contra lo que pudiera parecer, este camino no estuvo, para ninguno de los dos, desprovisto de vueltas, desvíos ni contramarchas. Sé que mi padre tuvo que enfrentarse muchas veces con los sinsabores del reconocimiento y la notoriedad: con el resentimiento de aquellos que, por no poder conseguir el éxito propio, no toleran el ajeno; con la tergiversación, malintencionada o no, de sus dichos; con los reclamos de mayor presencia de su familia. Imagino que, en más de una ocasión, dudó si seguir adelante o volver al ámbito, más seguro, del consultorio. Sé que alguna vez se preguntó si valía la pena y que, afortunadamente, se respondió que sí.

Por mi parte, la "fama" de mi padre me sorprendió en plena adolescencia y fue a entremezclarse con los reclamos que todo hijo tiene para un padre. Eso hacía que estuviese un tanto enojado con él y renegase un poco de todo lo que tenía que ver con su actividad profesional. Recuerdo que, en la presentación de uno de sus libros (no sé ya de cuál se trataba, pero yo tendría alrededor de veinte años), mientras esperábamos que mi padre saliera a "escena", alguien de la organización se paseaba por el salón seguido por una cámara de video proponiéndole a la gente que hiciese una pregunta que luego mi padre contestaría. En un momento, el "entrevistador", que no me conocía, se me acercó y me preguntó si quería hacerle una pregunta al "Doctor". Y yo, no sin algo de crueldad, aproveché el malentendido. De modo que tomé el micrófono y, mirando a la cámara, dije: "Bueno, yo quería preguntarle al Doctor si él aplica en su casa todas esas cosas que propone en sus libros".

A todas luces, una jugada sucia. Media hora más tarde, se proyectaba el video con las preguntas y mi padre las respondía desprevenido, cuando de pronto aparecí en la pantalla. Ni bien terminé de escucharme a mí mismo, sentí vergüenza y deseé no haber hecho la incómoda pregunta, pero era demasiado tarde. Mi padre, sin embargo, salió del paso con naturalidad: "Ése es mi hijo, Demián —dijo para incluir a los que no me conocían, y luego se dirigió a mí, aun sin verme pues ya estaba a un costado, entre la multitud—. Para responder a tu pregunta, hijo, te diría que lo intento. A veces no lo consigo, pero lo intento".

Y luego continuó respondiendo a otras preguntas, como si tal cosa. No sé si para mi padre este episodio fue tan importante como para mí o si ni siquiera lo recuerda (seguramente me enteraré cuando él lea esto). Pero para mí fue un momento trascendente, porque ni bien escuché su respuesta tuve la certeza de que era la verdad. Supe, sin asomo de dudas, que lo intentaba. ¿Y qué más se le puede pedir a un padre, más que intentar hacer lo que cree que es lo mejor? ¿Qué más se le puede pedir a una persona, más que intentar permanecer siempre fiel a lo que cree, aunque en ocasiones no lo consiga?

Hubo un tiempo en el que yo, por la admiración que despierta mi padre en otros y también en mí, temí estar condenado a ser siempre "el hijo de Jorge Bucay". Por fortuna, o quizá porque sabíamos que eso era lo más importante entre nosotros, mi padre y yo no perdimos nunca la capacidad de hablar de lo que nos pasaba. Cuando le conté lo que sentía, él (como era previsible) me contó un cuento:

Dicen que había un pequeño pueblo en el que vivía un rabino. Todos los habitantes estaban muy conformes con el modo en que el rabino llevaba la vida espiritual del pueblo. Siempre tenía una palabra de aliento o un sabio consejo para darles a los que se acercaban para consultarlo.

Sin embargo, el rabino era viejo y estaba claro que pronto moriría. Los habitantes del pueblo se reunieron para decidir quién sería su sucesor y todos coincidieron en que debía ser el hijo del rabino, que también había estudiado religión, pues ¿quién mejor que su propio hijo para que continuara el legado del padre?

Pronto el rabino murió y su hijo ocupó su lugar. Sin embargo, al poco tiempo el nuevo rabino comenzó a proponer cambios y a dar consejos misteriosos o totalmente opuestos a los que todos creían que habría dado su padre. Los habitantes del pueblo volvieron a reunirse para decidir qué hacer y resolvieron ir a hablar con el rabino.

Cuando estuvieron frente a él, uno de ellos tomó valor y habló:

—Mire, rabino, para serle franco, estamos un poco preocupados con todos los cambios que está haciendo. ¿Sabe qué pasa?, que nosotros lo elegimos porque pensamos que usted era como su padre, pero no es así.

—Se equivocan —respondió el nuevo rabino—. Yo soy igual que mi padre. Él no hacía las cosas de otro modo que como él creía que era mejor hacerlas... y yo tampoco.

No sé si yo he conseguido ser como el hijo del rabino, si he conseguido heredar ese rasgo que mi padre posee y que podría llamar *convicción*. Ojalá algún día lo consiga. Lo que sí puedo asegurar es que mi padre sí es como el rabino del cuento. Él ha intentado siempre, para bien y para mal, vivir su vida de un solo modo: el suyo. Siempre ha intentado ser fiel a lo que creía, pensaba y sentía.

Por eso, si a algún otro osado se le ocurriera hacerle a mi padre aquella irrespetuosa pregunta de si él aplica en su vida todas las cosas que propone en sus libros, yo podría ser el primero en responder que sí, o que al menos lo intenta cada vez. Y es justamente eso lo que lo hace un guía al que vale la pena seguir a través de los caminos de los que habla, dado que los conoce de primera mano. Mi padre ha explorado, quizá más que ninguna otra persona que yo conozca, el camino de la autodependencia, intentando mantenerse siempre en esa delgada línea que queda entre la dependencia y la autosuficiencia. Sé (y esta vez en forma directa) del empeño que pone al recorrer con otro el camino del encuentro, buscando que cada vínculo sea un espacio de seguridad y crecimiento. Lo he visto atravesar el camino de las lágrimas, lo he visto llorar y penar por sus pérdidas, y lo he visto, también, renacer luego. En el camino de la felicidad, siempre ha intentado vivir de acuerdo con su propia definición de la felicidad como la convicción de estar en el camino correcto, y, de esa modesta manera, creo que ha sido feliz.

El camino de la espiritualidad no es diferente de los anteriores, pues estoy bastante seguro de que es el camino por el que mi padre ha andado durante los últimos años. Me gustaría pensar que ésa es una de las razones por las que me ofreció, justo a mí, que escribiera este prólogo. La espiritualidad, como yo la entiendo, habla de aquello que es más grande que uno mismo, de aquello que nos trasciende. Imagino que para mi padre esa trascendencia ha pasado o pasa, al menos en parte, por el mensaje que hay en sus libros y por sus hijos, mi hermana Claudia y yo. Me gustaría pensar que el hecho de que yo esté escribiendo este prólogo tiene, en sí mismo, algo de espiritual.

DEMIÁN BUCAY,
octubre de 2009

A modo de prefacio

Cada mañana, al abrir los ojos, cruzamos el umbral que nos regresa al mundo de nuestra vida cotidiana. Volvemos del universo mágico, y muchas veces incomprensible, de los sueños, al no menos mágico (y muchas veces más que incomprensible) mundo de la realidad tangible. Cualquiera de nosotros coincidiría sin dudarlo con lo sorprendente de esta experiencia pensada así, y sin embargo, casi nunca tomamos plena conciencia de lo maravilloso de ese diario viaje de vuelta. La mayoría de nosotros no valoramos en su justa medida el "milagro" de cada despertar.

Esta vivencia es tan importante, que las más notables escuelas de pensamiento, y cada uno de los hombres y de las mujeres cuyas palabras han trascendido a su tiempo, han construido y legado para todos un concepto más amplio y metaforizado de la palabra *despertar*, un significado no tan relacionado con el paso del sueño a la vigilia, sino más bien emparentado con la impactante experiencia de la iluminación y con la simple entrada al camino espiritual.

Uno de los más polémicos maestros espirituales, Gurdjieff, enseñaba que el hombre, mecanizado por la rutina de su lucha diaria por la subsistencia, no hacía más que sobrevivir como un sonámbulo, pero que tarde o temprano debería enfrentarse a su despertar.

Giorgios Ivanovitch Giorgiades, nombre con el que fue bautizado Gurdjieff, nació en lo que era territorio ruso a finales del siglo XIX y peregrinó durante toda su vida por la India, China, Japón y Medio Oriente, buscando respuestas definitivas a las preguntas eternas. Su biografía, bastante extraordinaria, parece un catálogo de experiencias y hazañas que ilustran y justifican su audaz y provocativo pensamiento (para algunos, genial; para otros, delirante).

En el final de su agitada existencia, radicado en Francia, donde murió en 1949 (incidentalmente, un día antes de mi nacimiento), escribiría algunas de sus ideas más impactantes.

La más provocativa, para mí, es la de aquel texto en el que sostenía que para vivir verdaderamente era necesario despertar, pero que ese despertar nunca sería posible sin antes animarse a transitar algunas muertes y otros tantos renaceres.

Apoyado en esta idea, sostengo que estos "despertares" no son patrimonio exclusivo de algunos pocos elegidos o superdotados o seres excepcionales; pequeños o grandes, forman parte de la vida de todos. A veces son sorprendentes y subjetivamente transformadores; otras veces parecen nimios incidentes poco importantes; pero todos, o mejor dicho, la suma de todos estos sucesos, conforman nuestro camino de crecimiento y son el fundamento esencial de nuestro desarrollo como personas.

Déjame que recuerde aquí la leyenda de la iluminación de Buda, que seguramente escuchaste alguna vez:

Cuenta la leyenda que Siddhartha Gautama se transformó en Buda después de meditar bajo una higuera toda una noche de mayo en el año 542 antes de nuestra era. Se dice que ese día, después de haber renunciado al confort y el poder de haber nacido príncipe, después de buscar como mendigo el remedio para el sufrimiento de su pueblo, después de haber martirizado su cuerpo de mil maneras y de ayunar durante cuarenta días, vio un árbol enorme y hermoso, rodeado de una espesa sombra y una gran tranquilidad. Por alguna razón sintió que ése era el lugar y, fiel a su intuición, se sentó debajo del árbol y se preparó para meditar a la luz de la luna llena.

Al amanecer, aquella mañana de mayo, Siddhartha despertó Buda. Según la tradición, al iluminarse había transcendido todas las limitaciones humanas, había traspasado todas las dualidades: vida y muerte, tiempo y espacio, yo y tú.

El árbol de la iluminación,[1] Maha Bodhi (o quizá un "hijo" de aquél), existe aún y es el árbol más viejo de la historia del que se tiene registro, ya que desde que se plantó siempre ha tenido vigilancia y cuidado. En la actualidad, este árbol está cercado por una valla y rodeado de templos, adonde acuden los peregrinos a orar y meditar. Rodeado por guirnaldas, Bodhi es adorado y celebrado por los visitantes como lo que es: un monumento vivo a la capacidad de despertar de los seres humanos.

Está de más aclarar que no todos los despertares son tan trascendentes como el de Buda, pero insisto: cada uno de nosotros ha vivido los suyos y seguirá viviéndolos.

Sacar de ellos todo lo que nos ofrecen es cuestión de aprender a reconocerlos y aprovecharlos.

El primer consejo de casi todos los maestros es permanecer lo suficientemente alerta como para poder registrarlos cuando sucedan, aunque esa actitud no sea por fuerza una condición necesaria; también puede suceder, nos advierten, que algunos tengan la fortuna de que el estímulo que toca a su puerta los sacuda con tal intensidad que los despierte, aunque los encuentre desprevenidos.

Mi primer encuentro con un hombre sabio:

Muy lejos de los grandes maestros, permíteme compartir contigo uno de mis más entrañables y significativos recuerdos.

Tendría yo diez años, quizá once, y por aquel entonces no había un plan más atractivo para mí que ir a pasear con la tía July, mi tía más querida, a pesar de que ella no era realmente de la familia. July y mi madre habían sido íntimas amigas desde que se conocieron en la escuela y, como comprendí mucho después, mi hermano y yo ocupábamos en su corazón el lugar de los hijos que nunca tuvo.

Compartía con cada uno de nosotros aquellas cosas que a ella le parecían más apropiadas. Con razón o sin ella, iba con Félix al futbol, al cine y a volar cometas. Conmigo, iba al teatro, a escuchar música y a tomar el té en la Ritchmond (una dulcería de lo más elegante y británica, en pleno centro de la ciudad).

—¿Dejarás que Jorge me acompañe a una conferencia el viernes? —había preguntado July el domingo anterior, durante el almuerzo.

—¿Una conferencia? —había preguntado mi mamá—, ¿de quién?

—Krishnamurti viene a Buenos Aires —dijo mi tía con emoción.

—¿Y ése quién es? —pregunté yo.

—Es un maestro del alma —dijo July—, un sabio que nació en la India y que viaja por el mundo enseñando cosas maravillosas.

—¿Pero no te parece que Jorge es un poco chico para ir a esa conferencia? —acotó mi madre.

—Puede ser, pero no creo que Krishnamurti vuelva a Buenos Aires —contestó la tía proféticamente—. Quizá sea la única oportunidad de verlo que tenga en su vida.

—Bueno —dijo al fin mi mamá—, si él quiere, que vaya.

Muy lejos estaba yo de rechazar una salida con mi tía July, así que ese mismo viernes nos dirigimos al salón de actos de una importante compañía de seguros, frente a la Plaza de Mayo, a escuchar al extraño visitante.

La situación era muy impactante para cualquiera, y más para mí.

Ésa era su tercera y última conferencia. Ese pequeño hombrecito de voz dulce, aspecto vulnerable y cara de ángel, había reunido a más de trescientas personas para escucharlo hablar de la India, del mundo occidental y de la espiritualidad.

Si bien se me escapaban muchas cosas de las que decía, me tranquilizaba saber que en la conversación posterior con la tía, ella aclararía todas mis dudas.

Después de hablar durante casi una hora, Krishnamurti dijo que había llegado el momento de las preguntas.

—Ayer —se apresuró a decir—, alguien me preguntó después de la charla cómo definiría yo "la vida". ¿Está aquí esa persona?

—Sí, maestro —dijo alguien desde el fondo.

—Yo no soy tu maestro —contestó Krishnamurti—. Tu maestro está en tu interior... Ayer te pedí que me trajeras dos garbanzos, dos lentejas o dos alubias, para poder contestar hoy a tu pregunta. ¿Las trajiste?

—Sí, aquí las tengo —dijo el hombre.

Un señor de unos cuarenta años se adelantó entre el público y le dio a Krishnamurti dos alubias blancas, que el conferencista guardó, apretando una en cada puño.

—Dejaré la respuesta para el final —añadió.

Durante la siguiente media hora, Juddi Krishnamurti contestó a todo tipo de preguntas sobre toda clase de temas. Recuerdo que su jugada, si lo era, respecto de la pregunta postergada, había conseguido tenerme expectante.

Llegó el momento de despedirse y Krishnamurti bajó la cabeza y nos habló muy lentamente:

—Me preguntan qué es la vida para mí... Creo que no puedo explicarlo sólo con palabras, porque la vida se siente, se ve, se vive... No puedo dar definiciones —repitió—, pero quizá pueda dar un ejemplo.

Después de hacer una pausa, Krishnamurti prosiguió:

—La vida es la diferencia que hay entre esto... —dijo, mientras mostraba la alubia que había guardado en su mano izquierda— y esto otro —concluyó, enseñando la otra alubia, la que había permanecido en su puño derecho.

Una exclamación de asombro inundó la sala.

No era para menos.

Un pequeño brote verde asomaba de la alubia que yacía a la vista de todos en la palma de su mano derecha.

En poco más de media hora, con la humedad y el calor de su mano, una de las alubias, sólo una, había germinado.

Después, mucho después, vendrían las preguntas.

¿Qué fue lo que pasó?

¿Cómo lo hizo?

Más tarde aún, los intentos de explicar, que abrirían inevitablemente más preguntas: ¿cómo puede un hombre manejar la humedad, el calor y la energía de su puño cerrado para conseguir que una alubia germine en tan poco tiempo?

¿Cómo puede hacerlo en sólo una de sus manos?

Todo eso sería después... porque en ese momento lo único que importaba, para el niño que fui, era la sorpresa y el descubrimiento de un mensaje imposible de olvidar:

La vida es expansión, es crecimiento, es apertura...

La vida es alegría, es despertar, y es también, ¿por qué no?, algo de misterio.

PLANOS SUPERPUESTOS

En el final de mi libro acerca de la felicidad, daba a conocer mi teoría de los planos superpuestos.

Decía en aquel pequeño texto que el desarrollo de las personas es inevitable, que vivimos aprendiendo, que es algo que nos gusta, que nos sirve y que nos place. Sugería ya en aquel entonces lo que una década después digo de otra manera:

APRENDER ES UNA COSA Y CRECER ES OTRA.

Dos conceptos tan relacionados y tan diferentes como:

Cumplir años y madurar.
Haber leído mucho y saber.
Entender y vivir.
Porque crecer, vuelvo a decir hoy, es cambiar de plano.

Sigo pensando, como entonces, que, si llamamos *plano* a nuestro nivel de existencia, cada uno empezó a explorarlo tomando conciencia de que, de muchas maneras, comparándonos o no con los otros, al principio fuimos tan sólo un puntito minúsculo, abajo y a la izquierda del plano de nuestro presente (o por lo menos así nos sentíamos). Una especie de "nada" junto a la realidad que conformaban los demás y nuestro entorno.

Desafiados por esa perspectiva, los más inquietos, primero, y todos los demás, después, asumimos que había mucho por recorrer si uno quería, de verdad, emprender un camino del crecimiento.

Tomada esta decisión, con más o menos énfasis, y con más o menos éxito, empezamos a avanzar hacia arriba recorriendo el plano, conociéndolo y aprendiendo a manejar cada contingencia.

Primero de un tirón y sin escalas, por lo menos hasta la primera caída (esa que nos devolvió al comienzo). Fue un duro golpe para nuestro ego enterarnos de que, para seguir, debíamos volver a empezar... pero lo hicimos.

Y aprendimos de paso que el camino hacia arriba hay que hacerlo escalonadamente, dos pasos hacia delante y uno hacia atrás; tres pasos hacia delante y uno o dos hacia atrás.

Todos empezamos allí, sintiéndonos alguna vez un granito de arena insignificante en un cosmos inalcanzable... Y luego, con paciencia, trabajo, esmero y renuncia, fuimos, vamos e iremos recorriendo todo el camino de nuestro plano, en el sentido del crecimiento, en un rumbo ascendente.

Un día, más tarde o más temprano, sucede.

Un día, llegamos arriba, al lugar más alto.

Y nos damos plena cuenta de que hemos logrado algo importante. Y nos damos cuenta de que es bueno, muy bueno, estar allí.

Los demás, que recorren sus propias rutas en el mismo plano, quizá un poco más abajo, nos miran. Ellos también registran nuestro logro: hemos llegado arriba. Algunos sonríen, otros aplauden. Nos vuelven a mirar. Nos buscan, nos halagan, nos admiran. Muchos preguntan, sin maldad: ¿cómo llegaron? ¡Qué bien! ¿Cómo lo hicieron?

Querríamos contestar, pero nos damos cuenta de que la pregunta es retórica y la respuesta, en realidad, inútil, por lo menos para ellos... Y sin embargo, su actitud, la de todos, nos obliga a mirar hacia atrás y nos empuja a revisar todo lo padecido, sufrido y perdido en el trayecto, y tomamos conciencia de que lo pasado valía la pena si era el precio por estar allí; no tanto por el halago de esos otros, como por saber lo lejos y mejor que estamos de aquella nada que fuimos.

Y el tiempo pasa...

Y después de recorrer una y más veces cada punto del plano, uno se da cuenta de que no puede quedarse allí, quieto para siempre. Va y viene, cada vez con más facilidad; controla y maneja todo el plano, domina y salva cada dificultad, cada vez con más arte, cada vez con más rapidez...

Los demás festejan casi enardecidos cuando, queriendo o sin querer, nuestra cabeza choca con el techo...

Y entonces llega el gran momento, junto con un creciente dolor de cuello de tanto tener la cabeza aplastada contra la parte más alta del plano: la hazaña y los aplausos comienzan a aburrirnos y vamos perdiendo el interés por estar en ese envidiado lugar.

Es el momento en el que uno hace el gran descubrimiento:

En el techo hay un acceso oculto. Una especie de puerta-trampa que sale del plano y se abre hacia arriba. Una abertura que no se veía desde lejos, que sólo se ve cuando uno está allá arriba, en el límite máximo, allí, con la cabeza aplastada contra el techo.

Entonces uno abre la puerta... un poquito... y mira...

La puerta da paso a otro plano del que nunca habíamos tenido noticia.

Nunca se nos había ocurrido pensar que este plano, en el que nos habíamos movido desde siempre, no era el único.

Y uno asoma la cabeza. Y se da cuenta de que el plano al cual llegamos es tan grande como éste, o más. Sabemos, por lo que hemos aprendido, que podríamos pasar y seguir subiendo, seguir explorando, seguir creciendo, pero intuimos, acertadamente, que si lo hacemos no podremos regresar, y, lo que es peor, sabemos, sin saber cómo lo aprendimos, que no podremos llevar a nadie con nosotros. Está claro: cada uno podrá pasar sólo cuando sea su tiempo, que no es éste, porque éste es el nuestro, solamente el nuestro.

Duele pensar en dejar a todos y seguir solo.

—Los espero..., así seguiremos juntos... —promete uno sin que ellos comprendan lo que pretendemos decir.

Pero el tiempo se estira, el cuello duele y el tedio se vuelve insoportable.

Y todo pierde sentido e importancia.

Hasta que un día, de modo imprevisto, casi en un arranque, traspasamos la puerta y, como suponíamos, ésta se cierra y nos deja en la soledad del nuevo plano.

Una vez del otro lado, como ya nos ha pasado en otros momentos y en otras situaciones, nos damos cuenta de que podríamos decidir quedarnos donde estamos, en el principio de todo, o también seguir adelante, pero lo que ciertamente no podemos es volver atrás.

Muchos de los que se quedaron en el plano anterior creen que somos un modelo para seguir, nos cuentan sus problemas y escuchan nuestras respuestas atentamente. Y no es un mérito, es un suceso.

Otros se enojan y nos critican sin demasiado motivo. Y eso no es lo más doloroso.

Lo que más duele es que ninguno de los hasta ayer compañeros de ruta puede comprender a fondo lo que estamos sintiendo...

Recién llegados al nuevo plano, uno siente un extraño *déjà vu*.

Otra vez está allí, abajo, en el rincón...

Otra vez solo...

Otra vez temeroso y a ratos desesperado...

Nos sentimos otra vez una minúscula basurita insignificante, aunque ahora seamos "una nada mucho más consciente", con el recuerdo de haber sido para otros un guía, un maestro, un ídolo.

Ellos aplauden cada vez más, pero desde el nuevo plano casi no se les escucha; quizá uno ya no necesite tanto reconocimiento ni tanta valoración.

Ellos no lo saben, pero lo cierto es que nosotros ya no somos los mismos.

LIBRO I

El camino

Definiciones

Conciencia

Los primeros pasos

Introducción

El libre albedrío nos da la posibilidad de aprender o no aprender; hacer el mal o hacer el bien; de amar y de privarnos del amor y hasta de querer vivir o no (y no siempre no querer vivir es sinónimo de intentar suicidarse). Somos libres, y podemos utilizar esa libertad para mejorarnos como personas y mejorar el mundo a nuestro alrededor o todo lo contrario. El ser humano no es una cosa más entre otras cosas. El resto de las cosas se determinan unas a otras; pero el hombre, en última instancia, es su propio determinante. Lo que llegue a ser, dentro de los límites de sus facultades y de su entorno, lo tiene que construir por sí mismo.

VIKTOR FRANKL

ACERCA DE LA ESPIRITUALIDAD

Casi todos, en algún momento de nuestra vida, hemos transitado un periodo de confusión en todo lo relacionado con lo espiritual, potenciado por el caos comunicativo que significa ponerse a hablar de aquello que para algunos es un enigma, para otros una religión o una filosofía, y para otros incluso una especie de ciencia oculta.

Dejando claro desde el principio que cualquiera puede tener su propia postura (más aún en medio de esta falta de acuerdos lingüísticos), me parece importante señalar que en este libro la mayor parte del tiempo hablamos de espiritualidad en el sentido de la relación de cada persona con el mundo de lo espiritual, entendiendo este mundo como la suma de los aspectos de cada uno que están más allá de sus definiciones terrenales (nombre, edad, número de credencial de identidad, posesiones y cargos), más allá de los logros y del éxito entre sus congéneres. El mundo de la relación de los individuos con lo intangible, con lo trascendente, con todo lo que sabemos o intuimos como fundamental, con aquello que es lo esencial y lo más íntimo de cada persona.

Esta definición, que podría resultarte demasiado vaga o ambigua, es el resultado de mi primera intención: transmitir un concepto neutro de espiritualidad, que pueda ser acordado por todos, para que luego cada cual le añada su aderezo personal, dándole la sustancia de la experiencia y el resultado de su exploración individual. Lo vivido es, como siempre, lo más útil, excepto, claro, cuando se intenta usarlo para justificar radicalismos "fundamentalistas" que nos terminen alejando de lo más importante: la posibilidad de compartirlo con otros.

Por eso espero que el concepto de espiritualidad que transmitan mis palabras sea el más simple que se pueda mostrar, lo más amplio que me sea posible y lo más despojado de toda creencia (religiosa o no) que sea capaz.

Pensando en la navaja de Ockham, de la que hablaremos más adelante, intentaré elegir siempre las palabras más sencillas, los planteamientos menos rebuscados y las descripciones más simples; no las más cómodas ni necesariamente las que mejor se adapten a mi propio gusto, no por fuerza las más cortas, ni obligatoriamente la que alguna mayoría ilustrada señale como las más adecuadas.

Espero que en este reto me ayude la certeza de estar recorriendo yo mismo ese camino. Para llegar a este plano espiritual ha sido imprescindible abandonar algunos lugares comunes en los que se desarrolló gran parte de mi vida; renunciar a los roles que desempeñaba frente a mi familia, en mi trabajo y entre mis amigos; desafiar mis creencias, liberarme de casi todas las ideas que tenía acerca de mí mismo y abandonarme a mis emociones, incluso las más contradictorias...

Si finalmente fuera capaz de hacerlo y mantener el camino, si me animara de una vez y para siempre a dejar atrás las seguridades que todas estas cosas me dan y siguiera avanzando, estoy convencido de que empezará a aparecer lo más auténtico y elevado de mí, se mostrará lo más interno de mi persona, fluirá la esencia de lo que soy.

El objetivo de esta exploración (y me refiero ahora a la mía al decidir escribir este libro) no se plantea como una meta, sino como el rumbo que pretende descubrir lo que se anuncia desde el título del libro: la posibilidad de encontrar ese camino que desde la cima nos permite seguir subiendo (como los sufís definen la espiritualidad y la iluminación).

RECORRER UN CAMINO ESPIRITUAL EN PLENO SIGLO XXI

Las nuevas tecnologías, sumadas al obligado cuestionamiento de todos los viejos paradigmas, nos ponen y pondrán a nuestros hijos ante hechos que ni siquiera se hubieran podido imaginar hace treinta o cuarenta años. Existen situaciones, enfrentamientos y hasta delitos (la pornografía infantil, la oferta de servicios de asesinatos por encargo o la invasión de la privacidad a través de internet, por poner sólo algunos ejemplos), con los que todavía no se puede lidiar adecuadamente porque las leyes no contemplan la posibilidad de que algo así sea factible, y porque los mecanismos y los recursos de las fuerzas de seguridad no están aún capacitados para combatirlos. No es un tema menor recordar que esta generación es la que vio, efectivamente, por primera vez, la imagen de la Tierra desde el espacio. Un planeta pequeño, casi insignificante considerando el entorno universal, y en el que anida "la casa" de todas las formas de vida que conocemos. Un mundo que desde fuera parece uno solo, aunque desde dentro el hombre se empeñe en dividirlo en partecitas cada vez más pequeñas. Me gusta esa idea romántica que tantas veces escuché: desde el espacio no se ven en la Tierra las fronteras entre los países; desde lejos todos somos uno.[2]

Quizá eso explique y justifique el renovado interés de la sociedad por lo espiritual. Es como un intento de no apartarnos demasiado, de cuidar la humanidad mientras estemos a tiempo.

En los últimos años, se propone aquí y allá una espiritualidad que no sea patrimonio de algunos elegidos, sino transitable por todos. Una nueva dimensión de lo humano que nos ponga en el camino de terminar con el caos del miedo, de la violencia y de la explotación del hombre por el hombre.

Una espiritualidad que me permito llamar "humanista", porque deberá hacer suyas algunas banderas del humanismo tal como hoy se entiende, considerando que el ser humano, más allá de su raza, su religión, su cultura y su condición económica, educativa y social, su desarrollo, su progreso, su bienestar y sobre todo su vida, debe ser sin excepciones el centro de toda tarea y el objetivo de todo estudio o inversión.

Una espiritualidad que se sostiene en la idea de que nuestras diferencias nos nutren y nos complementan, que trabaja por la libertad más absoluta de todos, que no admite la clasificación de los individuos en "Mejores" y "Peores", en "Los de arriba" y "Los de abajo", en "Los que mandan" y "Los que obedecen", especialmente porque pretende abrir los ojos de la humanidad a un mundo que dé valor a lo importante y no a lo superfluo.

A principios de los años noventa surgió una moda musical en Europa que puso de actualidad el canto gregoriano. Esta música, sin acompañamiento musical y en latín, surgió en los monasterios de la Edad Media, y hoy en día se mantiene casi sin modificación alguna en la mayoría de las comunidades monacales. La historia cuenta que nació en Francia en tiempos del papa Gregorio Magno, de ahí el nombre de gregoriano. Tradicionalmente se acepta que la abadía francesa de Solesmes es la cuna del canto gregoriano y el sanctasanctórum para la preservación de esta música. Sin embargo, cuando en los noventa se puso de moda el gregoriano, no fue con un disco de los monjes franceses, sino a través de una grabación registrada en un monasterio situado en la provincia de Burgos —en la España interior— que recibe el nombre de Santo Domingo de Silos.

Los monjes de Silos habían grabado un disco, muy rudimentario, que desde el pequeño pueblo saltó al mundo y se reprodujo, según se calcula, más de un millón de veces, traspasando todas las fronteras. Durante meses, miles y miles de personas buscaron en las tiendas de discos aquel canto gregoriano, sin poder encontrarlo. La demanda en países como Estados Unidos llevó a la casa discográfica más conocida del mundo a querer comprar los derechos de lo que consideraban una gallina de huevos de oro. En el momento álgido de la popularidad del boca a boca, y de la máxima circulación de copias caseras de muy mala calidad, los directivos de la mayor editora de discos enviaron una larga y halagadora carta a los monjes de Silos ofreciéndoles un contrato millonario para grabar un nuevo disco, esta vez con toda la tecnología de última generación a su servicio. Los religiosos rechazaron la propuesta, a pesar de que la oferta económica superaba largamente todos los ingresos que pudiera obtener el monasterio con su tradicional venta de licor y de pastas durante cientos de años.

Los directivos de la compañía discográfica no aceptaron el rechazo. Pensaban que se debía a un problema de comunicación: los monjes no habían comprendido su oferta. Los responsables de la productora decidieron volar desde Estados Unidos para entrevistarse personalmente con el padre Clemente, el abad del monasterio. Ya en España, como en Silos lógicamente no había aeropuerto, alquilaron un helicóptero para que los transportase hasta el lugar. Para que pudiera aterrizar, previamente habían tenido que pagar una considerable suma de dinero para improvisar un helipuerto en un prado cercano. El negocio que proponían justificaba toda inversión.

Cuando los estadunidenses llegaron al monasterio, el padre Clemente los recibió con la misma sencillez con la que recibe al visitante más humilde. Los directivos de la discográfica pusieron sus argumentos sobre la mesa en forma de contrato. El padre Clemente puso los suyos. Dijo que la vocación de los monjes no es la música sino la vida espiritual, que ya habían grabado un disco y que no podían distraerse de sus obligaciones cotidianas. Fue entonces cuando los directivos utilizaron el argumento económico: con semejante suma de dinero, el monasterio podría poner en marcha las reparaciones que sin duda eran necesarias y hasta podrían construir esa ala nueva que siempre se postergaba para más adelante, un viejo proyecto del fundador de la orden.

—Padre, con todo respeto —dijo finalmente el que parecía el ejecutivo más importante de la comitiva—, si usted no acepta nuestro contrato y, como dice, también rechaza el de la competencia, que no tardará en aparecer... ¿de dónde sacarán el dinero para todas estas obras?

El argumento no era tal para el monje.

El padre Clemente sonrió y dijo:

—No debes preocuparte por eso, hijo mío... *el Señor proveerá.*

No creo que la respuesta del padre Clemente tranquilizara de verdad a los ejecutivos de la empresa, pues, cuando se dieron cuenta de que no había nada que hacer, salieron con enojo del monasterio y se subieron en el helicóptero, sin cruzar palabra con ninguno de los monjes que, reunidos en el patio del convento, saludaban con la mano diciendo adiós a los visitantes.

El padre Clemente se quedó en su despacho para recibir la visita de una pareja que había solicitado la bendición del sacerdote para su futuro hijo. Con su eterna sonrisa, el padre Clemente los hizo pasar y conversó con ellos largo rato antes de darles su bendición, la misma sonrisa con la que había rechazado una oferta de millones de dólares para grabar un disco, la misma con la que pocos días después aceptó la oferta de una pequeñísima editorial para escribir un libro que, por supuesto, no dejaría para el convento más que las pocas pesetas de las regalías sobre posibles y futuras ventas que se hicieran del texto.

Con todo amor, y seguramente sonriendo, el padre Clemente preparó y entregó su libro. Un maravilloso compendio de una centena de textos de diferentes autores de todos los tiempos, que tienen algo en común: explican el camino que han seguido todos ellos para acercarse a Dios. El libro se titula *Para encontrar a Dios.*

Quizá tú, como yo, pienses que los monjes deberían haber aceptado la propuesta. Después de todo, era llevar música sacra a millones de hogares. Después de todo, era una manera de conseguir que el dinero de la discográfica terminara en buenas obras para los feligreses. Después de todo, nada hay de malo ni de prohibido en cantar a Dios, todo lo contrario...

Sin embargo, los monjes de Silos no lo vieron así.

Como el mismo padre Clemente escribe: el camino espiritual no es uno ni es único, y por tanto es imposible saber con certeza si tal o cual opción es acertada o equivocada. Yo lo puedo recorrer de una manera y tú de otra completamente distinta; uno puede ir hacia el norte y otro hacia el sur, y a pesar de ello terminar al final sentados a la misma mesa, porque el recorrido no está trazado previamente y porque, como bien lo dice en su libro: "El secreto está en el caminar, y no en la dirección que se lleva, pues, ciertamente, el que busca un camino espiritual, ya lo ha encontrado".

LA ESPIRITUALIDAD COMO EXPERIENCIA PRÁCTICA

Como todos sabemos, son muchos los que hablan de espiritualidad. Algunos intentan apropiarse de ella, otros se presentan como gurús que dicen conocer el único camino posible.

Mi experiencia personal, y la que me han compartido algunos pacientes, parece señalar con claridad que cuanto más complejos y sofisticados son los requisitos exigidos, más errado es el camino. Por tanto, si nuestro objetivo es la búsqueda de la espiritualidad, lo más sencillo y primario es ponerse a caminar, dispuestos a aprender mientras avanzamos.

En efecto, el camino de la espiritualidad es siempre una búsqueda, aunque, al decir de los que lo recorren, nadie sabe qué es exactamente lo que se busca, salvo alguna que otra respuesta a esas preguntas que resulta incómodo dejar sin contestar.

La búsqueda en cuestión...

es un camino sin metas pero con grandes satisfacciones;

es un recorrido sin mapas pero con un rumbo;

es un sendero único y personal pero abierto a todos;

es una ruta sin final pero que puede dejarse en cualquier momento;

es un viaje que algunas veces no es el resultado de una elección y que, a pesar de eso, está siempre lleno de decisiones.

En los años ochenta Steven Spielberg resucitó el cine de aventuras de la mano de Indiana Jones. En una de las últimas entregas de la serie, el famoso arqueólogo se lanza a la búsqueda del Santo Grial, tomando como punto de partida las investigaciones que durante años ha estado haciendo su padre y que ha dejado cuidadosamente anotadas en un cuadernillo. En sus páginas están las pistas e instrucciones para hallar la emblemática reliquia.

En un momento del filme, el grupo "de los malos" consigue robar el cuadernillo, pero pronto sus expertos se dan cuenta de que de nada les servirá sin los doctores Jones, que son los únicos que saben cómo descodificar sus apuntes. Indiana y su padre se hallan en una situación equivalente sin su cuadernillo.

En este asunto, la película refleja genialmente dos de los principios fundamentales de cualquier búsqueda iniciática: primero, que cada paso constituye la base y el cimiento sobre los que deberán apoyarse los siguientes, y segundo, que todo apunte o referencia de una búsqueda como ésta sólo puede servir a quien lo hizo. Dicho de otra manera, que el recorrido sólo podremos encararlo en persona y que no deberíamos prescindir de nada de lo aprendido antes.[3]

Finalmente, Indiana se ve forzado (para salvar la vida de su padre) a llegar hasta el lugar sagrado y escoger entre cientos de cálices el verdadero Grial. Su sabia decisión (y mensaje para el público) es despreciar las costosas y brillantes copas, como renegando del valor material de lo sagrado, para quedarse con la más simple y rústica copa de madera, que resulta ser en efecto, en la película, el Santo Grial.[4]

UN POCO DE HISTORIA: CUERPO, ALMA Y ESPÍRITU

Nuestras raíces primeras, tanto filosóficas como lingüísticas, nos unen a los griegos. Desde aquellos tiempos, las palabras cuerpo y alma se han utilizado para designar las dos instancias que supuestamente constituyen el todo de cada ser humano; un binomio que, como una señal, las muestra algunas veces indisolublemente unidas, y otras tan separadas como opuestas. Más tarde se agregaría el concepto de espíritu como algo separado del alma (que para Platón lo incluía), y fue quedando reservado para englobar todos aquellos aspectos que, siendo internos y propios, no están ligados a lo terrenal, ni como materia ni como emoción, trascendiendo tanto el pensamiento de las personas como su conducta.

Si retomara hoy el esquema del carruaje que utilicé en cada uno de los ensayos sobre los cuatro caminos, podría sin demasiado esfuerzo incluir en aquella metáfora nuestra nueva búsqueda. Diríamos entonces que en el carruaje en sí podremos seguir viendo el cuerpo, que la dupla de cochero y los caballos contiene casi todos los aspectos del alma tal como la describimos actualmente, y que el pasajero, el eterno pasajero, se parece bastante al espíritu: por un lado, la única parte que no es imprescindible para que el carruaje avance; por otro, la única que hace que el viaje no sea en vano.

El cuerpo es, obviamente y como mínimo, un componente indispensable de nuestra vida terrenal, pero es además, según el concepto clásico, desde el primer aliento y hasta el último, la morada del alma. No es difícil concluir entonces que el cuerpo es igualmente indispensable para la exploración del plano espiritual.

Como sucede en cualquier recorrido por terrenos desconocidos, el camino es más fácil si lo emprendemos con un cuerpo sano y fuerte, y para ello es imprescindible aprender a tratarlo con respeto, cuidado y madurez. No hace falta tener un cuerpo trabajado durante horas y horas diarias para, por ejemplo, poder meditar, pero una actividad corporal amparada en cualquier disciplina física, aunque se haga con otros parámetros y objetivos, puede ser uno de los pilares de una adecuada actitud reflexiva y merece mucho de nuestra atención y ocupación.

Una persona que maltrata su cuerpo es más su esclavo que su dueño, y eso no parece ser el mejor punto de partida si pensamos recorrer y explorar el plano espiritual.

Pongamos un ejemplo.

Los expertos en el proceso respiratorio cuentan que es muy habitual encontrar en las personas demasiado "racionales" la tendencia a inspirar utilizando casi con exclusividad la musculatura de la parte alta del tórax ("como si quisieran respirar con la cabeza", decía mi maestra Raj Dharwani), forzando el trabajo de los músculos intercostales y anulando el natural trabajo del diafragma. Esta respiración alta, al no permitir que los bronquios de la base de los pulmones se vacíen completamente, siempre deja atrapado en el pecho aire (llamado residual) que, al quedar retenido, nunca se renueva, ocasionando una insuficiente oxigenación sanguínea. Si esta situación se mantiene en el tiempo, los médicos sabemos que las complicaciones respiratorias pueden llegar a ser bastante graves y hasta irreversibles. La respiración diafragmática, en cambio, por su tipo de dinámica muscular, no sólo no genera aire muerto, sino que induce y mantiene la relajación del plexo solar.

Traigo esto a colación porque, si bien la respiración acontece estrictamente en el área del cuerpo, se interrelaciona y afecta sin duda al resto del todo que somos. Hoy en día existen incluso varias líneas de pensamiento orientalista vinculadas al yoga que buscan la conexión con lo espiritual casi únicamente a través de aprender a respirar: educar al cuerpo y la mente para que cada día dediquen tiempo y atención a la respiración. Para ellos, la respiración adecuada podría, por sí sola, ser la ruta hacia la armonía entre el cuerpo y el espíritu.

Cuando le preguntaban a Buda cuál era el primer paso, y el fundamental, del camino hacia la iluminación, él contestaba:

—Cuando estás inspirando tienes que ser absolutamente consciente de que estás inspirando... Y cuando estás espirando tienes que ser absolutamente consciente de que estás espirando... Finalmente, cuando estás en el tiempo medio, entre una espiración y una inspiración, tienes que ser absolutamente consciente de que no estás ni inspirando ni espirando.

Para muchas religiones, el cuerpo no sólo es un espacio sagrado, sino que además "encarna" el elemento central de la unión del hombre con Dios. Dicho de otra forma, el cuerpo es una propiedad de lo divino dejada a nuestro cargo para que la cuidemos y consigamos que nos acompañe "toda la vida".

Para la tradición judía, por ejemplo, este concepto es tan fundamental, que atentar contra la propia vida, o dañar el propio cuerpo, es una de las tres únicas cosas que un creyente no puede hacer jamás, ni siquiera con la excusa de preservarse de un daño mayor a su existencia o su integridad.[5]

Para los que hemos tenido la fortuna de verlo con nuestros propios ojos, todo lo dicho respecto de la divinidad del cuerpo queda claro al contemplar el genial trabajo de Miguel Ángel en los frescos pintados en la Capilla Sixtina. Escribo esto y recuerdo con vividez la imagen majestuosa de Dios tocando con la punta de sus dedos los dedos de Adán, simbolizando en ese contacto el milagro de la creación.

Aunque pudiéramos argumentar en contra de aquellos tiempos reprochándoles su exagerada represión pudorosa que, absurda e injustificadamente, les indujo demasiadas veces a esconder algunas partes de esos bellísimos cuerpos, deberemos aceptar que nosotros, a la hora de relacionarnos saludablemente con nuestro cuerpo, no pudimos ni supimos hacerlo mucho mejor.

Aun con Freud de por medio, hombres y mujeres de nuestro tiempo oscilamos con impunidad entre considerar al cuerpo una más de nuestras posesiones, como si se tratase de una prenda de vestir (lo llevo, me molesta, lo modifico, lo uso como carnada, como anzuelo o como reclamo), y pasar de él "olímpicamente" (lo olvido, lo lastimo, lo destruyo, lo menosprecio).

Me siento un poco más responsable que todos al darme cuenta de que la ciencia médica tiene una cuota de culpa en esta alienada visión escindida de nuestro cuerpo. Cuando en mis años de juventud yo estudiaba medicina (y no hace tanto... eh), toda la ciencia (o casi toda) aceptaba que los mundos del cuerpo y de la mente eran distantes y que los tratamientos sanadores en cada área estaban por lo menos enfrentados: lo que era bueno para la mente era seguramente malo para el cuerpo y viceversa.

A nosotros mismos, como futuros médicos, nos entrenaban (estoy seguro que con la mejor intención), para que aprendiéramos a trabajar sobre la salud el cuerpo, sin preocuparnos en ningún momento por averiguar qué le pasaba a la persona.

Hablando de aquellos años de aprendizaje, cuento una y otra vez la misma historia que, con un dejo de ironía, siempre me obliga a sonreír.

Una mañana, como todas las mañanas, llegaba yo con mis compañeros al Hospital Universitario, después del riguroso primer café del día, tomado en la cafetería de la vuelta, claro, cuando el ayudante de cátedra, que dirigía la práctica, nos vio venir y casi sin saludarnos nos dijo:

—Bueno, jóvenes, hoy se excedieron un poco en la cafetería, ya son casi las nueve... Vayan ya mismo a ver el páncreas de la cama 43, el hígado de la 42 y el estómago de la 12.

Volviendo por el pasillo, caminaba conteniendo una risa más que impertinente. En mi interior me imaginaba entrando en la primera de las habitaciones y enfrentándome con sorpresa a un gigantesco páncreas tendido solitario sobre la cama..., y en la segunda, a un hígado de proporciones inconmensurables..., y en la tercera...

Después, en "el ateneo", cuando se desarrollaban las historias clínicas, los profesores nos preguntarían: "¿Cómo está el bazo de la 14?" "¿Y el pie de la 28?"... Yo irremediablemente me iría otra vez a casa pensando: "¿Qué habrá sido del cerebro y del corazón de la sala de profesores?".

Esa medicina, así disociada, no podía, por supuesto, atender más que a órganos enfermos, nunca a personas.

Hoy, afortunadamente, la medicina ha evolucionado, se ha vuelto más integradora (medicina holística, unicista, ayurveda) y los médicos hemos aprendido a tratar a cada paciente como un todo interconectado.

A mí, la lección que aprendí en los años de práctica me sirvió para no olvidar que una persona sana o enferma es siempre más que un órgano que no funciona y muchísimo más que la hoja llena de números y signos de un análisis clínico.

Aprendí, asimismo, que si bien una pequeña alteración funcional lastima menos al cuerpo que una grave enfermedad, la importancia que tiene su dolencia para la persona que padece el mal puede ser (y casi siempre es) exactamente la misma.

Vuelvo al tema... El hombre no es, pues, sólo cuerpo, es también la suma de sus pensamientos, sus recuerdos, sus sentimientos, sus proyectos y su manera de actuar en el mundo, aquello que Platón llamó el alma y que según él estaba prisionera en la cárcel del cuerpo.

Dos partes de una misma cosa.

Dos que no se pueden dividir más que en las palabras, y quizá en la muerte.

Una digresión por lo menos interesante nació de la imaginativa mente del doctor Duncan MacDougall a comienzos del siglo XX.

Su teoría, que el alma era materia tangible.

Su obsesión, demostrarlo.

Fiel a su idea de que el alma debía abandonar el cuerpo después de la muerte, MacDougall pesaba a pacientes moribundos y los volvía a pesar en el momento inmediato posterior a su deceso. Buscaba registrar un pérdida de peso, aunque fuera mínima, en el momento de morir, pérdida que, según el investigador, sólo podría atribuirse a la partida del alma del cuerpo.

Si bien sus experiencias no seguían puntualmente la rutina de procedimiento y registro a la que obliga el método científico, y aun cuando sus métodos muchas veces rozaban ciertos horrores éticos y humanitarios, los resultados de sus experimentos fueron publicados. Los datos parecían señalar que quizá el osado investigador no estaba del todo errado.

Después de dos décadas de investigación, el doctor MacDougall consideró que el material acumulado era suficiente y anunció en el ámbito médico que cierta "materia" dejaba el cuerpo en el momento de la defunción y que esa sustancia tenía un peso: oscilaba alrededor de los 21 gramos.

Sus estudios no trascendieron demasiado en el mundo profesional, pero sí en la cultura popular, para la que esa cifra se ha convertido en sinónimo de "el peso del alma", especialmente después de la película que lleva ese nombre.[6]

Quizá más lejos de la ciencia pero más cerca de nuestro corazón, el cine, el teatro y la poesía siempre dieron al alma el significado de ese otro rostro, el que ora se esconde y ora se muestra detrás de nuestros ojos.

Escribió Jorge Luis Borges en su poema "El espejo":

> Yo, de niño, temía que el espejo
> me mostrara otra cara o una ciega
> máscara impersonal que ocultaría
> algo sin duda atroz. Temí asimismo
> que el silencioso tiempo del espejo
> se desviara del curso cotidiano
> de las horas del hombre y hospedara
> en su vago confín imaginario
> seres y formas y colores nuevos.
> (A nadie se lo dije; el niño es tímido.)
> Yo temo ahora que el espejo encierre
> el verdadero rostro de mi alma,

lastimada de sombras y de culpas,
el que Dios ve y acaso ven los hombres.

Con el tiempo, el binomio cuerpo alma se volvió trilogía, cuando el concepto de espíritu necesitó independizarse del alma, quizá para cobrar más fuerza y más vuelo.[7]

Mirando y mirándome entendí que saber sumar cuerpo y alma era importante pero no suficiente. Comprendí que el alma, aunque incorpórea, permanece siempre ligada, un poco más o un poco menos, a las cosas cotidianas: los proyectos son ganas de llegar, de tener, de agradar; los sentimientos me acercan a algunos mientras me alejan de otros; los deseos me vinculan con alguna parte de un universo tangible, aun en mis sueños.

Sin embargo, la presencia de un alma en cada uno no era suficiente para comprender a las personas, de hecho no me alcanzaba siquiera para comenzar a explicarme a mí mismo el misterioso sentido de la vida.

Juddi Krishnamurti me lo había dicho cuando tenía yo diez años, aquella tarde en la que lo escuchaba sorprendido, colgado de la mano de mi tía July y sin comprender del todo lo que decía.

Krishnamurti tenía razón... debía haber algo más.

Me di cuenta de que era cierto.

Recuerdo que por alguna estúpida razón me sentí orgulloso. Obviamente, no era yo el primero en haber llegado a una conclusión como ésa, pero, con razón o sin ella, me alegraba saber que también yo había llegado hasta allí.[8] Puesto a pensar, nadie puede dejar de intuir que dentro del alma o por encima de ella, poco importa, debe de haber una nueva estructura que contenga aquella esencia del hombre de la que hablaba Platón; su aspecto menos dependiente de la realidad fáctica, su fantasía más trascendente, su paz interior, su conexión esencial con lo supremo.

A esa esencia me refiero en este libro cuando hablo de espiritualidad. Podemos llamarla como sea, pero lo importante es que en su núcleo está todo aquello que somos más allá de lo que sentimos, más allá de lo que pensamos, más allá de lo que creemos y, por supuesto, mucho más allá de nuestro cuerpo y nuestras posesiones.

Ésta es quizá la mayor distancia entre el alma y el espíritu. Mientras aquélla permanece ligada de alguna manera a lo humano, el espíritu es capaz de trascender esa humanidad.

Para decirlo como a mí me gusta (recordando otra vez a los sufís): si conectar con el alma es tocar la cima de la montaña, la llamada del espíritu es una invitación a seguir subiendo.

LA ESPIRITUALIDAD COMO NECESIDAD HUMANA

El psicólogo Abraham Maslow instituyó el concepto, hoy incuestionable, de que todos los seres humanos tenemos una tendencia natural a buscar la autorrealización, es decir, necesitamos encontrarnos como individuos para definir así el sentido de nuestra vida.

Hasta mediados de siglo XX la psicología, ya transformada en disciplina médica, se ocupaba casi exclusivamente de las enfermedades de la mente y del estudio de las funciones y los síntomas psíquicos. Los psicólogos clínicos trataban sólo a pacientes identificados como enfermos y como mucho a personas sanas consideradas futuros pacientes.

En su libro *El hombre autorrealizado*, Maslow desarrolló el esquema de ordenar las múltiples necesidades del hombre según su prioridad como si fueran los bloques de una pirámide. Dejaba claro, con esa sola metáfora, la dificultad de intentar resolver una de las últimas necesidades sin haber satisfecho las primeras.

Así, situaba en la base las necesidades primarias (alimento, techo y abrigo), y montaba sobre ellas las necesidades sociales (seguridad e integración). Luego proponía las psicológicas (valoración y reconocimiento), y coronaba la pirámide con las necesidades del espíritu.

Cuerpo y esencia son para Maslow dos realidades complementarias que sólo podrían entrar en conflicto si la satisfacción de uno por fuerza anula o limita la satisfacción del otro o viceversa. El hombre necesita una determinada cantidad de bienes y logros para sentirse a gusto con su vida, pero precisa igualmente ciertas satisfacciones más anímicas y más espirituales. La realización de la persona, como la propone Maslow, no es la de algunos de los aspectos que le son propios, sino la del individuo como un todo.[9]

Este esquema marcó un hito en la historia de la psicología, convirtiéndose en el punto de partida de una nueva perspectiva en la comprensión de la conducta de los seres humanos, sanos o enfermos, y una nueva estrategia en el proceso de ayudarlos a sentirse más plenos, más satisfechos y más realizados.

Gracias a Maslow la psicología descubrió que la salud también tiene sus "síntomas": el optimismo, la alegría y la subjetiva sensación de ser feliz.

Me acuerdo ahora de un anciano sacerdote que vivió algo más de cien años en un pequeño pueblo del interior del país.

Tenía casi todas las enfermedades, desde las crónicas hasta las agudas, desde las más nimias hasta las más graves, de las simples a las más complicadas... Para mí, por entonces estudiante de medicina, aquel viejo parecía un vademécum de patologías viviente.

Si al cruzar con él le preguntabas cómo estaba, siempre respondía:

—¿En qué sentido me lo preguntas, hijo?

—¿En qué sentido, padre? Digamos que... en todo sentido... ¿Cómo anda?—argumentaba uno, sorprendido por su comentario.

—Ahhh... A eso sí puedo contestarte, hijo... En todo sentido, ando... ¡feliz!

Estaba enfermo, podía tener todos los dolores del mundo, y de hecho cargaba con muchos impedimentos físicos, pero como él mismo decía, era, "en todo sentido", un hombre feliz.

¿Cuál era su secreto?

Hoy sospecho que había tenido el tiempo, la sabiduría y la decisión de recorrer de ida y de vuelta este plano, el del espíritu, hasta conocerlo en sus mínimos detalles. Hoy supongo que su felicidad se sostenía en que había podido acomodar allí todo lo que su cuerpo tenía desacomodado.

En la vereda exactamente opuesta, Abderramán III, el casi omnipotente califa de Córdoba del siglo X, decía:

> He reinado más de cincuenta años, en victoria o paz. He sido amado por mis súbditos, temido por mis enemigos y respetado por mis aliados. Las riquezas y los honores, el poder y los placeres han aguardado mi llamada para acudir de inmediato. No existe terrena bendición que me haya sido esquiva, ni enfermedad que haya podido con mi fuerza. Con una vida así, he anotado diligentemente los días de pura y auténtica felicidad que he disfrutado: suman catorce.

Y entre un extremo y el otro, nosotros mismos. Agobiados por algún grado de neurosis, deprimidos, ansiosos, enojados y sobrellevando esa tenue insatisfacción crónica con la propia existencia.

Hoy los especialistas sabemos a ciencia cierta que esa insatisfacción (que siente, según algunas estadísticas, mucho más de la mitad de la población) no está ligada a la falta de éxito, ni a las privaciones económicas, ni a la carencia de posesiones o de logros, y que la infelicidad desde una mirada más exquisita es siempre la consecuencia de una pésima adaptación de la persona a una realidad en la que supone que no tiene posibilidades de lograr lo que cree que le es imprescindible.

Son infelices los que en lugar de enfrentarse a la realidad intentan huir de ella.

Son infelices los que en vez de intentar poner su trabajo y su energía al servicio de superar un problema, los consagran a negar su existencia y sus circunstancias.

Son infelices los que, en lugar de aceptar el dolor de una frustración o una pérdida, se llenan de sustitutos y escapismos para no pensar en ello.

Son infelices los que, por no aceptar que no pueden ser queridos por todos, se inventan un personaje agradable y complaciente con las personas que los rodean.

Son infelices los que creen que su realización depende de lo que otros hagan o piensen.

Son infelices, finalmente, aquellos a los que nada les parece nunca suficiente.

> *Dadle a un hombre todo lo que desea, e inmediatamente pensará que ese todo ya no es todo.*
>
> EMMANUEL KANT

LA ESPIRITUALIDAD COMO URGENCIA CONTEMPORÁNEA

Está claro que Maslow pretendía que, a partir de la conciencia mayor de nuestras necesidades y prioridades, nos abocáramos a resolverlas para llegar a la realización personal.

Sin embargo, la vorágine del mundo occidental, especialmente en el entorno urbano, combinada con el cambio de algunos paradigmas, ha determinado que hoy no tengamos demasiadas oportunidades de ocuparnos seria y responsablemente de subir por la pirámide de Maslow hasta la cúspide.

Comenzando por la distorsión de valores que nuestra sociedad subvierte al dar connotaciones exclusivamente monetarias a los tres primeros escalones de la pirámide y terminando por la despreciable conducta de intentar suplir los dos últimos por la búsqueda de fama y por la adicción a algún grado de aplauso para el ego narcisista.

En cierto sentido, la sociedad promueve, aunque diga lo contrario, el florecimiento de personas que consuman y no se cuestionen, que tengan necesidad de esas cosas que el dinero puede conseguir y sólo de ellas, que reciban mensajes y mandatos pero en ningún caso opinen sobre ellos (me acuerdo del mito de la caverna de Platón y un escalofrío recorre mi espalda).

Esta alteración de las prioridades no sólo relega sino que a veces hasta destruye el afán de ser mejores personas. Así, la espiritualidad, el último y el más importante elemento de nuestra búsqueda de superación, queda postergada ad infinitum utilizando como argumento el soberbio menosprecio diletante de todo lo que no se pueda tasar en dinero, poder o aplauso, olvidando el hombre su necesidad de encontrarse con sus aspectos más puros y esenciales.

Sin embargo, en los últimos diez años, las voces de científicos y místicos, de filósofos y terapeutas, se vuelven a escuchar, como para pedirnos que no olvidemos que el ser humano está biológicamente programado para buscar sentido y plenitud a la vida...

Que la mera existencia no es suficiente.

Que estamos empujados por nuestra esencia a querer saber más.

Que llevamos en nuestros genes la obligación biológica de trascender nuestra realidad física.

Que es necesario ser conscientes de que existe (siempre existe) un camino que nos conduce hacia un lugar más elevado.

Que ese recorrido nos lleva a una vida mejor, aun en las mismas circunstancias en las que estamos.

Que el camino espiritual no es ajeno a nosotros y que desde nuestro interior se insinúa siempre la necesidad de recorrerlo.

Que antes o después lo iniciamos.

Que quizá en algún momento lo menos importante nos impondrá su urgencia y nos llevará a abandonar transitoriamente el desafío, pero que siempre se puede regresar a él, aun cuando ese retorno (si nos hemos alejado demasiado) pueda llegar a ser trabajoso y complicado.

En el tan consabido método del descubrimiento de la verdad por el camino del absurdo, los grandes sabios del pueblo judío se preguntan en el Talmud, ¿por qué Moisés tardó cuarenta años en llegar a la tierra prometida si, saliendo de Egipto, a un paso muy lento, ese trayecto puede demorar como mucho diez o quince meses.

Como lo hacía Sócrates, también el Talmud contesta sus propias preguntas: "Era necesario entrar en la tierra de Israel con la mentalidad, la fuerza y la actitud que sólo concede la libertad. Todos los que dejaron Egipto habían sido esclavos durante siglos. Cuarenta años en el desierto fueron necesarios, según el plan de Moisés, para que una nueva generación de hombres y mujeres, que no se sentían esclavos porque habían nacido libres, poblara la tierra prometida".

El desarrollo personal de cada individuo, de cada familia, y de cada pueblo, esa misma búsqueda de superación y esa defensa de su camino espiritual, podrían ser por igual representados por aquel hilo de Ariadna que tan poéticamente describe Borges al relatarnos el mito de Teseo y *su laberíntico objetivo*.

El genial escritor nos habla de un hilo que tiene por lo menos cuatro hebras formando siempre parte de su trama: la Confianza, la Humildad, la Libertad y el Amor. Y agrego yo:

Confianza en mis recursos.
Humildad para aprender de mi prójimo.
Libertad para validar cada una de mis decisiones.
Amor a la vida y a la verdad.

Aquel pueblo judío, prisionero en Egipto durante diez generaciones, había perdido contacto con ese hilo que podría guiarlos a su esencia, a su realización personal (como la habría llamado Maslow), a su identidad más espiritual (como la llamaríamos hoy). Ese pueblo necesitaba forzosamente (como algunos de nosotros en nuestra realidad cotidiana) dejar de sentirse esclavo para poder dejar de serlo.

LA SENSACIÓN DE VACÍO Y LA ENFERMEDAD

¿Debemos hacerle saber a quien amamos, si vive en un mundo de fantasía, que la realidad es otra, aunque sea más cruel o dolorosa?

Creo que sí.

Como médico puedo dar testimonio de la importancia que tienen en la evolución de un paciente dos aspectos aparentemente lejanos al tratamiento pero que influyen significativamente en el pronóstico y en el desenlace de su mal.

Me refiero a la conciencia de estar enfermo y a la voluntad de curarse.

El paciente que quiere salir adelante tiene muchas más opciones de hacerlo que aquel que sólo permanece pendiente de las consecuencias de esa enfermedad y se abandona por tanto a la suerte que le depare el acierto o no de su médico en las pastillas y brebajes que le recete.

Un síntoma es siempre una señal de algo que no anda bien, un buen mensajero que nos avisa de que hay algún peligro del que ocuparse. Por lo dicho, una alerta no es una condena ni un obituario; pero, cuidado, tampoco es por sí misma la solución definitiva del problema.

Te preguntarás por qué te cuento todo esto... Te explico:

Tomemos esa odiosa sensación de vacío interior (que casi todos conocemos) como si fuera un síntoma, una señal de alarma, un signo unívoco de una enfermedad del espíritu que llamaremos "necesidad de lo espiritual".

El conocimiento de su existencia y el deseo de librarse de esa nefasta vivencia podrían ser, paradójicamente, la mejor ayuda para empujarnos a recorrer el camino de un plano más elevado que reconduzca nuestra vida en dirección hacia esa olvidada espiritualidad.

Y eso suena muy útil, aunque, una vez más, es sólo un anuncio, pues la sensación, por sí misma, no puede curar la enfermedad.

El camino de la espiritualidad

EL PUNTO DE PARTIDA

Al plano de la espiritualidad se accede por fuerza después de haber transitado y conocido los otros planos, después de haber por lo menos pensado y encarado el camino de la autodependencia, el del encuentro, el de las lágrimas, el de la felicidad y el de la sabiduría.

En un sentido simbólico se podría decir que éste es el plano de la perfección o de la excelencia, aunque no precisamente en el sentido de un espacio donde buscar ser perfectos, sino casi lo contrario. Hablo de la perfección en el sentido en que se refería a ella santa Teresa de Jesús hace más de cuatro siglos: "Un camino especialmente dedicado a buscar y hallar las propias imperfecciones" (aunque en lo personal no descarto que a partir de que nos encontremos con ellas frente a frente quizá no podamos resistir la tentación de encarar el desafío que significa intentar ser mejor persona cada día).

El camino espiritual, hasta donde puedo comprender hoy, es el último, el más elevado de todos y diferente de los otros de principio a fin.

Diferente en el final, porque posiblemente nunca termine y no haya una salida, ni siquiera a otro plano; diferente en el principio porque la mayoría de las personas que lo recorren nos aseguran que se lo encontraron, que tropezaron con él, a veces hasta sorprendidos, sin ninguna conciencia de haber estado buscándolo.

Un camino que emerge, como si fuera una balsa a la cual poder subirse cuando uno se da cuenta de que es una especie de náufrago que flota en el mar insondable de sus carencias. Un vacío, a veces infinito, que descubrimos dentro de nosotros, justamente después de creer que hemos conseguido más o menos armonizar (oh... vana ilusión) lo interior con lo exterior.

Uno puede hacerse el tonto, puede mirar hacia otro lado, puede tratar de menospreciar la vivencia de lo espiritual. Puede esconderse en el intelecto más racional y controlador, o puede anestesiar sus sensaciones con desaforado consumo de objetos y bienes de confort, pero eso no será suficiente (nunca lo es), la espiritualidad seguirá ahí, reclamando su atención, y se dará cuenta de ello cada vez que lo agobie esta odiosa sensación de carencia.

Guías, maestros y místicos te alertan una y otra vez de que llegará un momento en el que todo lo que aprendiste, todo lo que has llegado a hacer, todo lo que sientes y todo lo que has cosechado, todo lo que tienes y lo que deseas tener, no alcanzará, te faltará algo más. Y te darás cuenta, aunque nadie te lo diga, de que ese algo que precisas para completarte no tiene nada que ver con lo material, ni con el éxito, ni con la gloria. Ha llegado el momento de ocuparte activamente de darle lugar a tu aspecto más espiritual, con conciencia y responsabilidad.

Puede producirse en cualquier momento de tu vida, puede tardar décadas, pero siempre llega; de una forma o de otra, siempre se ingresa en el plano espiritual. A veces suavemente, sin conciencia de lo que está pasando, como mucho con una ligera sensación subjetiva de un cambio que no se comprende del todo; otras, turbulentamente como una gran explosión.

La mitad de las veces, el estallido toma la forma de algo que llama desde nuestro interior empujando para que lo dejemos salir (como el aire a presión que hace saltar la válvula de seguridad de una olla exprés); otras tantas, como una "implosión" de afuera hacia dentro, en la que todos los límites con el entorno se desvanecen brutalmente y volvemos a ser un todo con el universo.

Lo cierto es que, a pesar de las diferencias, todos coinciden en describir su entrada en el plano espiritual como una vivencia trascendente que se impone a la persona, como una fusión entre lo maravilloso y lo inevitable.

LA PREPARACIÓN PARA EL CAMINO

Cada vez que una persona aborda un nuevo conocimiento trascendente de este tipo, siempre surge la misma pregunta... ¿Para qué sirve hablar de esto, si la experiencia valedera es puramente vivencial?

Fritz Perls, el padre de la gestalt, solía contar entre risas que, cada vez que mencionaba a los buscadores de la verdad su "frase credo": *Abandona tu mente y vuelve a tus sentidos...*, invariablemente se alzaba alguna voz en el auditorio que preguntaba:

—¿Cómo podría entender siquiera esa frase si no fuera por mi mente? Si dejo la racionalidad, ¿cómo puedo comprender lo que otros dicen y expresar lo que yo siento?

Fritz contestaba:

—Abandona tu mente... posiblemente tu pregunta desaparezca...

—Pero... —intentaba decir el otro.

Pero Fritz seguía:

—Y vuelve a tus sentidos... posiblemente ellos te hagan comprender y te enseñen a expresar...

Al hablar de lo espiritual también aparece esta cuestión. ¿Acaso se puede poner en palabras una experiencia inmaterial, personal, existencial, única y diferente para cada persona? La respuesta, como siempre, es compleja y quizá más en este caso, porque la clave para aceptar una vivencia trascendente es cerrar la puerta a los absolutismos, que son justamente los enemigos declarados del conocimiento y de lo nuevo.

Cada vez hay más fanáticos del empirismo que se burlan de la intelectualidad y exaltan la importancia de la percepción y de la experiencia, enfrentándose con desprecio a exaltados racionalistas que, con obstinación, rinden culto permanente a su majestad, el pensamiento inteligente.

En lo personal, y a través del modelo propuesto por la gestalt, no fue difícil descubrir la conveniencia de combinar cada conocimiento (por intelectual que me pareciera) con un darme cuenta (sentir, vivenciar, imaginar, intuir).

Estoy convencido de que cada terapeuta, cada psicólogo, cada filósofo, cada psiquiatra y, por extensión, cada pensador y cada explorador tiene una o varias teorías en las que encaja su esquema referencial del mundo que habita y con las que llega a ciertas conclusiones (quizá predecibles) que justifican su accionar. Sin embargo, todos, lo admitamos o no, nutrimos y actualizamos nuestras teorías apoyándonos tanto en nuestras emociones más profundas y en cada una de nuestras vivencias, como en el contacto con las ideas y experiencias de otros.

Por eso es acertado deducir que si no pudiéramos comunicarnos con quienes nos rodean, para saber lo que ellos saben y para compartir lo que nosotros sabemos, caeríamos en la más absoluta de las soledades y nuestro camino de superación y crecimiento dejaría de fluir y se hundiría en un abismo que nada tiene de fértil: el vacío del espíritu.

LA ESPIRITUALIDAD Y LA COMUNICACIÓN

El crecimiento personal se basa en gran medida en la capacidad de comunicarse. Quizá sería bueno aquí repasar juntos el conocido esquema de la comunicación, herramienta imprescindible no sólo para romper el aislamiento personal, sino también y sobre todo para comprender acabadamente lo que otros pueden enseñarnos.

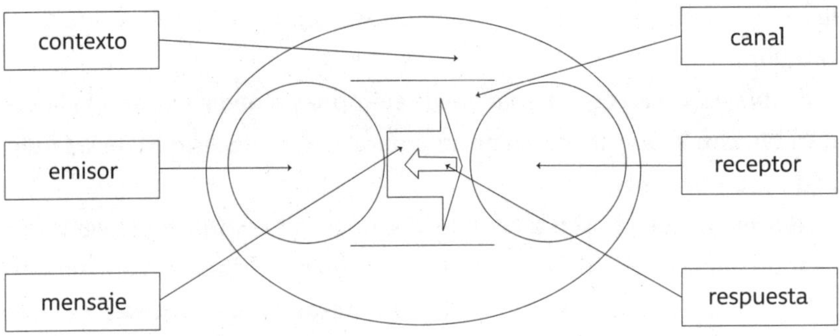

Este esquema básico parte del supuesto de que en cada acto comunicativo existe por lo menos un emisor (el círculo de la izquierda) que, a través de un canal (la banda que une ambos círculos), emite un mensaje (la flecha mayor), que llega a un receptor (el círculo de la derecha), que a su vez lanza una respuesta o acuse de recibo (la flecha menor).

Para comprender este mecanismo es necesario recordar que todo esto se produce en un entorno común (representado por el óvalo que contiene la figura), que los especialistas denominan *contexto*.

Solemos priorizar equivocadamente el valor del emisor, del receptor o del mensaje, cuando en realidad, observando el esquema, es fácil concluir que cada parte es crucial para que realmente se produzca una comunicación eficaz. Así, por ejemplo: sin entorno no hay contacto, sin un canal abierto no es posible descodificar el mensaje, sin respuesta no hay proceso.

COMPARTIR LA EXPERIENCIA

Cierta vez, en un pueblo lejano, hace muchísimos años, vivía un hombre muy pero muy anciano. El paso de los años le había ido quitando algunas cosas, como su agilidad, su destreza con las manos y la vista, pero le había ido acercando otras, como, por ejemplo, una gran sabiduría.

Había vivido en ese pueblo desde siempre y a nadie extrañaba la seguridad con la que se movía de aquí para allá sin necesidad de lazarillo ni de acompañante.

Por eso, aquella oscura noche sin luna a todos sorprendió verlo paseando por las calles del pueblo llevando con él una lámpara encendida.

—Issuf... —le dijo el vigilante al verlo pasar—. Tú conoces esta calle mejor que nadie y, además, lamentablemente estás ciego. ¿Qué haces caminando a estas horas llevando esa luz?

—No llevo la lámpara para ver por dónde voy —dijo el anciano—, conozco esta calle milímetro a milímetro, la he recorrido casi cada día durante los últimos cien años. Pero me han contado que la noche está oscura, y los que no conocen tanto el pueblo posiblemente necesiten ver para no tropezar. Llevo la luz conmigo para hacer un poco más fácil y más seguro el camino de ellos, no para alumbrar el mío.

Para aprender, para enseñar, para acompañar o acompañarse, llegamos en este punto a una cuestión a la que volveremos muchas veces en este libro: la espiritualidad es un camino que se recorre solo pero no en soledad.

Cada encuentro con alguien en este plano determinará un contexto, con cada compañero de ruta estableceremos códigos, en cada diálogo intercambiaremos mensajes y nos abriremos a las respuestas y el aprendizaje de cada paso. A veces la comunicación es más fácil y nutritiva; otras, resulta prácticamente imposible o es absolutamente intrascendente, pero el intento siempre valdrá la pena. Del mismo modo que un sofisticado sombrero me sienta bien a mí y no a ti, y otro te queda perfectamente y a mí no me sienta nada bien, hay conceptos y mensajes que son muy útiles a algunas personas para mejorar su calidad de vida o para salir de un atasco emocional, y que son claramente inútiles (y hasta un impedimento) para otras.

Mientras buscamos nuestro yo más esencial, nos cruzaremos con personas que fortalecen la comunicación franca y cordial con los demás, compartiendo con todos lo que saben, y también con otros, que reservan "su verdad" a un hermético grupo de "iniciados", que se entronizan en el exclusivismo de los que pertenecen a su "selecto" entorno. Lo más útil y nutritivo, en todo caso, será caminar al lado de otros y aprender a mirar más su esencia que la cantidad de personas que lo adulan, compartiendo su rumbo más que sus logros, y aprendiendo de lo que son, más que de lo que dicen.

Me encanta esta historia, que según cuentan tiene miles de años:

Había una vez un hombre que buscaba a un maestro que hubiera alcanzado el secreto de la verdad suprema.

Había tomado clases con un centenar de maestros y visitado a otros tantos iluminados, había leído miles de libros y recorrido decenas de lugares llenos de historia, pero al final, pasado el tiempo de la fascinación inicial, siempre terminaba decepcionado y desilusionado.

Un día oyó decir que en un lugar muy lejano, en medio del desierto, se encontraba un anciano del que se afirmaban tres cosas: que había alcanzado el secreto último, que ya no aceptaba discípulos y que era difícil hacerle cambiar de idea.

Era todo un desafío, porque ni siquiera sabía exactamente dónde encontrarlo, pero después del camino recorrido, nada podía frenarlo, especialmente porque un extraño presentimiento le decía que ése era el maestro que había estado buscando durante tanto tiempo.

El hombre dejó todo lo que hacía y viajó hacia el desierto.

Le costó todo un año de penurias localizar el lugar exacto...

Muchas veces se había sentido cansado, harto de tanto trajín y casi dispuesto a abandonar la búsqueda... lo frenaba la idea de que era absurdo dejarlo en ese momento, convencido como estaba de tenerlo muy cerca...

Así que persistió, perseveró, y finalmente llegó hasta la cueva donde el anciano vivía.

El hombre había visto a muchos maestros, algunos verdaderos, otros falsos, pero éste... éste tenía algo que lo hacía especial... Estaba claro, era tan obvio... Este anciano tenía el secreto y se le notaba.

El maestro se hallaba sentado bajo un árbol, y la energía alrededor del árbol era tan inmensa que el hombre se sintió inundado por ella.

Como embriagado, cayó a los pies del anciano y lo miró a los ojos... vio una profundidad como nunca había visto... y entonces le dijo:

—Vengo en busca del secreto último. ¿Puedes decírmelo?

—Es mucho lo que pides. ¿Qué tienes para dar a cambio?

—No tengo nada más que mi deseo de saber, lo he dejado todo para llegar hasta aquí... pero haré lo que me pidas... por favor...

El anciano permaneció en silencio y su mirada se perdió en el desierto. El recién llegado no se atrevió a decir nada y se quedó a su lado durante más de una hora.

—Te daré la misma oportunidad que me dio mi propio maestro —dijo el anciano al fin—. Durante tres años deberás permanecer en silencio a mi servicio, sin pronunciar ni una sola palabra... Si consigues esto, quizá pueda decirte el secreto que me reveló mi maestro, porque el secreto, para ser tal, tiene que mantenerse secreto. Si puedes permanecer en absoluto silencio todo ese tiempo será la indicación de que eres capaz de guardar algo dentro de ti.

El hombre aceptó el trato. Era evidente que cualquier sacrificio estaba justificado para conseguir acceder por fin a la verdad última de las cosas...

Aquellos tres años fueron verdaderamente largos, casi como tres vidas... El desierto, nadie más por allí, sólo el anciano, y el silencio...

El silencio del desierto, el silencio del anciano, y los tres años.

Pareció como si hubieran pasado muchos, muchísimos años, pero sólo pasaron los tres años.

Entonces el hombre dijo:

—Maestro, ya pasaron los tres años. ¿Me dirás el secreto?

El anciano contestó:

—Como me dijo a mí mi maestro, primero deberías convencerme de que entiendes el verdadero valor de un secreto. Se necesita una promesa absoluta y una lealtad poco usual para honrar un secreto tan valioso como éste.

El hombre dijo:

—¡Lo entiendo! Te lo juro. Prometo ante Dios, con todo mi corazón, que nunca revelaré este secreto a nadie. Créeme.

El anciano comenzó a reír y le dijo:

—Eso está bien. Te creo.

Y siguió riendo y riendo hasta que su discípulo volvió a preguntar:

—¿Y el secreto? ¿Cuando me dirás el secreto?

—Nunca... —dijo el anciano.

—Pero no comprendo... Dijiste que me revelarías el secreto, como lo hizo tu maestro contigo...

—Sí. Y eso haré. Igual que él hizo conmigo —dijo el anciano—. Pero piensa: si tú puedes guardar un secreto de por vida, ¿por qué piensas que yo no voy a ser capaz de hacerlo? No puedo revelarte el secreto: primero, porque prometí no hacerlo, y segundo, porque mi maestro también era leal a su juramento, y nunca me lo dijo. Cuando después de trabajar en silencio durante tres años llegó el día... yo estaba tan feliz... había llegado el momento. "¿Cuál es el secreto?", le pregunté. Mi maestro se rio de la misma manera que yo me he reído, y dijo: "Si es cierto que tú puedes guardar un secreto, y estos tres años han demostrado que así es, ¿cómo es que piensas que yo no voy a poder hacerlo?".

El discípulo bajó la cabeza y se marchó.

Pero su viaje y su sacrificio no habían sido en vano. La luz que había percibido en el anciano lo acompañó desde entonces.

Seguramente podemos encontrar algunas verdades asomando detrás de muchas palabras dichas por expertos, esclarecidos e iluminados, pero no olvidemos que si queremos recorrer este plano de la mejor manera, deberemos también ser capaces de encontrar mucho de lo verdadero detrás de algunos silencios.

Lao-Tse lo advertía hace siglos cuando anunciaba: "Los que mucho saben, no hablan, y los que mucho hablan, no saben".

Del viajero, y no del maestro, será la responsabilidad de valorar cada una de las opciones que van presentándose, tanto en palabras como en silencios, tanto propios como ajenos (hay mucho que descubrir en el cielo abierto de los silencios interiores).

Una vez en el camino, deberemos aceptar o rechazar, siguiendo nuestro corazón, algunas indicaciones, agregando a nuestra hoja de ruta todo aquello que nos nutra, que ilumine un tramo del camino, que parezca en armonía con el rumbo elegido, corriendo siempre el riesgo de equivocarnos, de fracasar, de perder un poco de tiempo o de sufrir innecesariamente en el recorrido. Un riesgo no demasiado significativo porque, como siempre, todos los errores y las vivencias que pueden parecer inútiles son el material fundamental de la experiencia personal que adquirimos a lo largo de nuestra vida y de lo que nos permite mirar hacia delante sin temer el camino.

Pero ¿cuál es el valor de esta experiencia en un plano tan novedoso como cambiante, en el que, por lo dicho, parte de la mejor actitud es dejarse sorprender?

Recuerdo que mi padre tenía para conmigo una queja recurrente. Durante toda una época, de mis dieciséis a mis dieciocho años, yo le preguntaba una y otra vez su opinión sobre algunas cosas, casi exigiéndole que me dijera qué debía hacer yo o qué haría él en mi situación. No se enojaba por la pregunta en sí misma sino porque ciertamente casi nunca seguía sus consejos.

—Si finalmente terminas haciendo siempre lo que tú quieres, ¿para qué me preguntas?

Con una misteriosa lucidez, un día pude contestarle la verdad:

—Creo que te pregunto para terminar de decidir qué es lo yo quiero.

Ése es, según lo veo, el único lugar y sentido de la experiencia, el que le daríamos al consejo de un padre generoso: una serie de ideas y recuerdos valiosos y atesorados que esclarecen y ayudan pero no determinan ni condicionan.

Es bueno recordar que las condiciones del pasado nunca serán exactamente las mismas en el futuro, ni en este ni en ningún otro plano, y que nosotros nunca volveremos a ser exactamente como éramos, un poco porque los intereses y las necesidades de cada momento son distintos y otro poco por la influencia que ejerce en nosotros el propio conocimiento adquirido.

Nos engañamos cuando sostenemos una y otra vez *que si pudiésemos volver atrás, a aquel momento y a esa situación, en vez de tomar aquella decisión que tomamos, tomaríamos esta otra*. Lo cierto es que si retrocediéramos en el tiempo, y volviésemos a esa misma situación, con los mismos conocimientos de entonces y los mismos condicionantes, llegaríamos a las mismas conclusiones y tomaríamos exactamente la misma presuntamente equivocada decisión. Por otra parte, si volviéramos con lo que hoy sabemos, la situación, claro, ya no sería la misma.

Los que hemos tenido la suerte de disfrutar de maestros y consejeros de excelencia tenemos registro interior de todo el bien que nos han hecho y lo mucho que han allanado nuestro camino. Y si bien sabemos que hay ocasiones en las que hasta los mejores maestros se equivocan, no se nos escapa que son más las oportunidades en las que somos nosotros los que no llegamos a registrar de inmediato el sentido o la importancia de algo que nos dicen o hacen.

Cuando el tiempo pasa, alguna pauta recibida en nuestros primeros años de mano de nuestros padres cambia su significado e importancia. La ausencia definitiva de ellos y otras cosas aprendidas nos permiten comprender y valorar aquello que en su momento nos pasó completamente inadvertido o, peor aún, aquello que considerábamos absurdo o inadecuado.

Y lo mismo nos sucede, aunque resulte extraño decirlo, con algunas de nuestras propias actitudes o conductas cuando las miramos desde la perspectiva del tiempo.

Si volvemos a la pregunta original (aunque quizá debería decir "originaria") acerca del supuesto enfrentamiento entre razón y experiencia, podríamos sostener ahora con soltura que para ser capaces de elaborar una ruta "a la medida" de nuestras necesidades y capacidades debemos sumar a la razón el conocimiento y la comprensión de los caminos recorridos por algunos otros que nos precedieron, y someter todo eso a la propia vivencia, intuición y sentimiento.

PRIMEROS DESCUBRIMIENTOS
¿CUÁNDO Y CÓMO SE COMIENZA?

Si bien se podría decir que la espiritualidad es consustancial al ser humano y que debe nacer con la vida, la percepción de su existencia e importancia no lo es y requiere previamente una decisión consciente y personal.

Si el camino espiritual se inicia muchas veces incluso sin querer, una pregunta se impone: ¿qué me ayuda y qué me impide tomar la decisión de avanzar en esa dirección y recorrer el camino entonces con conciencia?

Quizá la tradicional parábola conocida como "La ciudad de los pozos" nos pueda ayudar. He aquí la historia contada con mis propias palabras:

Esa ciudad no estaba habitada por personas, como todas las demás ciudades del planeta. Esa ciudad estaba habitada por pozos. Pozos vivientes... pero pozos al fin.

Los pozos se diferenciaban entre sí no sólo por el lugar en el que estaban excavados, sino también por el brocal (la abertura que los conectaba con el exterior).

Había pozos pudientes y ostentosos con brocales de mármol y de metales preciosos; pozos humildes de ladrillo y madera, y algunos otros más pobres, con simples agujeros que se abrían en la tierra.

La comunicación entre los habitantes de la ciudad era de brocal a brocal, y las noticias se propagaban rápidamente, de punta a punta del poblado.

Un día llegó a la ciudad una "moda" que seguramente había nacido en algún pueblito humano. La nueva idea señalaba que todo ser viviente que se preciara debería cuidar mucho más lo interior que lo exterior. Lo importante no era lo superficial sino el contenido.

Así fue como los pozos empezaron a llenarse de cosas.

Algunos se llenaban de joyas, monedas de oro y piedras preciosas. Otros, más prácticos, se llenaron de electrodomésticos y aparatos mecánicos. Los hubo quienes optaron por el arte y fueron llenándose de pinturas, pianos de cola y sofisticadas esculturas posmodernas. Finalmente los intelectuales se llenaron de libros, de manifiestos ideológicos y de revistas especializadas.

Pasó el tiempo.

La mayoría de los pozos se llenaron hasta tal punto que ya no pudieron incorporar nada más.

Los pozos no eran todos iguales, así que, si bien algunos se conformaron, hubo otros que pensaron que debían hacer algo para seguir metiendo cosas en su interior...

Al primero de ellos, en lugar de apretar el contenido, se le ocurrió aumentar su capacidad ensanchándose.

No pasó mucho tiempo antes de que la idea fuera imitada: todos los pozos gastaban gran parte de sus energías en ensancharse para poder tener más espacio en su interior.

Un pozo pequeño y alejado del centro de la cuidad empezó a ver que sus camaradas se ensanchaban desmedidamente. Pensó que si seguían hinchándose de tal manera, pronto se confundirían los bordes y cada uno perdería su identidad...

Quizá a partir de esta idea se le ocurrió que otra manera de aumentar su capacidad era crecer pero no a lo ancho sino hacia lo profundo. Hacerse más hondo en lugar de más ancho.

Pronto se dio cuenta de que todo lo que tenía dentro de él le imposibilitaba la tarea de profundizar. Si quería ser más profundo, debía vaciarse de todo contenido...

Al principio tuvo miedo del vacío, pero luego, cuando vio que no había otra posibilidad, lo hizo.

Vacío de posesiones, el pozo empezó a hacerse más profundo, mientras los demás se apoderaban de las cosas de las que él se había desprendido...

Un día, inesperadamente, el pozo que crecía hacia dentro tuvo una sorpresa: dentro, muy dentro, y muy en el fondo, ¡encontró agua!

Nunca antes otro pozo había encontrado agua...

El pozo superó la sorpresa y empezó a jugar con el agua del fondo, humedeciendo las paredes, salpicando los bordes y, por último, sacando agua.

La ciudad nunca había sido regada más que por la lluvia, que de hecho era bastante escasa, así que la tierra alrededor del pozo, revitalizada por el agua, empezó a despertar.

Las semillas de sus entrañas brotaron en pasto, en tréboles, en flores y en tallitos endebles que se volvieron árboles después...

La vida explotó en colores alrededor del alejado pozo, al que empezaron a llamar el Vergel.

Todos le preguntaban cómo había conseguido el milagro.

—Ningún milagro —contestaba el Vergel—. Hay que buscar en el interior, hacia lo profundo...

Muchos quisieron seguir el ejemplo de El Vergel, pero abandonaron la idea cuando se dieron cuenta de que para profundizar debían vaciarse. Siguieron ensanchándose cada vez más para llenarse de más y más cosas...

En la otra punta de la ciudad, otro pozo decidió correr también el riesgo del vacío...

Y también empezó a profundizar...

Y también llegó al agua...

Y también salpicó hacia fuera creando un segundo oasis verde en el pueblo...

—¿Qué harás cuando se termine el agua? —le preguntaban.

—No sé lo que pasará —contestaba—, pero, por ahora, cuanta más agua saco, más agua hay.

Pasaron unos cuantos meses antes del gran descubrimiento.

Un día, casi por casualidad, los dos pozos se dieron cuenta de que el agua que habían encontrado en el fondo de sí mismos era la misma...

Que el mismo río subterráneo que pasaba por uno inundaba la profundidad del otro.

Se dieron cuenta de que se abría para ellos una nueva idea.

No sólo podían comunicarse de brocal a brocal, superficialmente, como todos los demás, sino que la búsqueda les había deparado un nuevo y secreto punto de contacto:

La comunicación profunda que sólo consiguen entre sí aquellos que tienen el valor de vaciarse de contenidos y buscar en lo profundo de su ser lo que tienen para dar...

Como la historia sugiere, hay algunas cosas que necesitamos y que, si bien no ocupan espacio físico, precisan un espacio libre. Son cosas que, como ya dijimos, nada tienen que ver con lo material, ni con el logro de objetivos, ni con los triunfos profesionales; cosas que pertenecen al campo de lo espiritual.

No es necesario ningún tipo de sesudo conocimiento, ningún grado de riqueza y ningún poder personal para acceder al plano de lo espiritual; de hecho, el despertar casi siempre llega cuando uno cree que tiene casi todo aquello con lo que alguna vez soñó y, aun así, sigue sintiéndose insatisfecho. Si agregamos que es casi imposible entrar en este plano lleno de prejuicios, repletos de ideas o cargados de condicionamientos y mandatos, nos daremos cuenta de que la mejor ayuda es, como sugiere el cuento, volvernos capaces de vaciarnos de todas esas cosas banales con las que cargamos innecesaria y permanentemente.

El camino de la espiritualidad es un recorrido cuyo éxito no se corona con aplausos ni con el reconocimiento ajeno, sino con la serenidad interna del que ha buscado fuera pero ha encontrado dentro.

Es como un juego de palabras que dice: estoy lleno y por eso me siento vacío; cuando me sienta vacío, quizá empiece a sentirme pleno.

Poco después de comenzar confirmaremos lo que muchos nos habían dicho: que para explorar este nuevo plano no nos haría falta ningún equipaje especial. Como todos anuncian, lo necesario se cruzará en nuestro camino no una sino mil veces, hasta que nos animemos (o nos atrevamos) a valernos de ello. Quizá el principal aprendizaje de esta etapa sea asumir que la exploración resultará más fácil cuanto más ligeros de equipaje viajemos y que esto incluye la decisión de dejar atrás algo que quizá acabamos de recoger y utilizar.

Cuando escribo esto, viene a mi mente uno de los pocos asuntos que tengo realmente pendientes en mi vida. Casi me avergüenza admitirlo. A pesar de lo mucho que me fascina y emociona estar, aunque sea por un par de horas, en Santiago de Compostela, nunca hice andando el Camino de Santiago (y eso que todos los años me propongo reservarme el tiempo necesario para cumplir ese deseo). Quizá escribirlo aquí sea una manera de comprometerme a hacer realidad ese sueño.

Y asocio este pensamiento porque todos los amigos que han partido alguna vez de Roncesvalles, que han caminado durante semanas hasta llegar, agotados y satisfechos, a la hermosa e imponente catedral de Santiago de Compostela, todos me han contado, con matices, casi la misma maravillosa y desbordante experiencia.

Cuando hablan de su primera vez, se toman mucho tiempo en reírse de sí mismos al recordar cómo prepararon durante semanas su mochila seleccionando concienzudamente cada cosa que creían que podrían necesitar.

Los que comienzan en aquella ciudad de los Pirineos, después de una semana de caminata, llegan a Logroño y hacen allí el primer gran descubrimiento del Camino de Santiago. Hasta ese momento habían llevado sobre los hombros, casi estoicos, todo el equipaje con el que habían llenado su mochila y habían experimentado, en su propia espalda, que los kilos de sus cosas parecían pesar cada día más. Ahora, frente a la oficina central de correos, el peregrino toma conciencia de todo lo que le sobra y considera la posibilidad de meter en un paquete lo que no necesita y enviarlo por correo de vuelta a su casa.

El primer trabajo esclarecedor del Camino de Santiago es, para muchos, la purga de todo el material que transportaba por si acaso, porque podría ser útil llevarlo, o porque le gustaba tenerlo consigo, y la consecuente decisión de qué es lo verdaderamente necesario y qué no lo es.

Algo similar ocurre después de un pequeño recorrido en el plano espiritual. Seremos conscientes del peso que transportamos en nuestra mochila y sentiremos la necesidad, a veces brutal, de desprendernos de parte de la carga. Y cuanto más peso podamos dejar atrás, más fácil será avanzar, más ligeros nos sentiremos en la marcha y más espacio quedará libre para poder recoger lo que encontremos, aunque sepamos que lo dejaremos atrás enseguida.

TODO PESA CUANDO YA NO SIRVE

Recorrer el plano de la espiritualidad también es dejar atrás una decena de ideas y preconceptos, no sólo sobre lo espiritual, sino especialmente sobre nosotros mismos y sobre el sentido de las cosas.

En este momento más que en ningún otro es absolutamente inútil intentar echarles la culpa a otros de nuestra carga, nuestro estancamiento o nuestra actitud distraída. Los otros no cavan zanjas para que demos un traspié, ni levantan vallas que no podemos saltar. El camino espiritual es un camino interior, y seguramente por eso los lastres, los obstáculos y los inconvenientes también vienen mayoritariamente de lo interno.

Me dirás que es imposible terminar de dejar atrás el ciento por ciento de nuestros condicionamientos porque la mayoría de ellos nos acompaña desde antes de nacer, quizá formando parte de nuestra información genética, y es verdad; pero eso no quita que sea muy importante hacer todo lo que nos sea posible para vaciarnos de preconceptos, de mandatos, de prejuicios y de esquemas obsoletos, desde el comienzo mismo del viaje.

Cientos de imágenes y metáforas nos hablan de esta condición de inagotable que viene asociada a la idea de liberarse por fin de los restos de lo que ya no es, ya no sirve, o ya no está. Elijo utilizar una de mi propia historia...

Hace más de cincuenta años, en Argentina, la harina se compraba en grandes sacos de veinticinco kilos que se almacenaban (justo al lado de la bolsa del azúcar) en la despensa o en el sótano. En casa de mi abuela, los kilos de harina se consumían, cazo a cazo, en un par de meses, y cuando la rústica bolsa de cáñamo estaba casi vacía, mi abuelo traía una llena para ocupar su lugar.

El juego de los niños era terminar de vaciar el viejo saco: guardábamos lo que quedaba del fino polvo blanco en el frasco de vidrio de la cocina y luego sacudíamos la bolsa hasta que no quedara nada de harina dentro de ella.

Pero la naturaleza del tejido de estas bolsas daba a la tarea una encantadora particularidad: no importaba cuántas veces ni con cuánta fuerza mis primos y yo agitáramos la bolsa vacía siempre quedaba un poco de harina escondida entre la rústica tela. Vaciarla era todo un desafío...

Y cuando estábamos convencidos de que el último zarandeo había sido el definitivo, un polvillo blanco volvía a esparcirse a nuestros pies al sacudirla una vez más.

Sólo por tranquilizarte, déjame decirte que, de todas formas, un poco de harina remanente no impedirá de ninguna manera que puedas seguir avanzando, lo único que me preocupa es que sin darte cuenta pretendas recorrer el camino con la bolsa de veinticinco kilos cargados sobre tus hombros.

Como dijimos, la mayor parte de los obstáculos se halla en nuestro interior, y el problema es que no siempre estamos dispuestos a admitirlo. Para complicar aún más el panorama, cuando no son nuestros condicionantes educativos los que nos ciegan a esta complicidad con los fracasos, es nuestra vanidad la que nos impide reconocerlo.

Dicen que un día la memoria y la vanidad se pelearon entre sí.

La memoria decía:

—Fue así.

Y la vanidad le replicaba:

—De ninguna manera. No fue como tú dices.

La memoria repetía:

—Yo te digo que fue así. Me acuerdo perfectamente.

Pero la vanidad insistía:

—Yo sé que no pudo haber sido así.

Cuenta la leyenda que las dos se pelearon duramente por ese asunto, se pelearon y se pelearon...

Al final sucedió lo que siempre sucede.

La vanidad se puso tan firme que la memoria, cansada de argumentar inútilmente, se dio por vencida.

El hombre, desde entonces, dejó de confiar en su recuerdo más fidedigno y prefirió dar por cierta la historia que a su vanidad y a su orgullo más les convenía.

Empezar a caminar

Después de darle mil y una vueltas, temerosos, intrigados, sorprendidos e inseguros, por fin, una mañana soltamos amarras y dejamos que la corriente guíe inicialmente nuestro rumbo.

La peculiaridad de este plano es que no tiene mapa ni ruta establecida.

No hay autopistas ni atajos.

Cualquier camino puede ser el mejor, porque todos son buenos si se recorren con la voluntad y el firme deseo de avanzar.

El rumbo hacia el crecimiento espiritual es infinito, y transitarlo es como dirigirse hacia una meta que se aleja de nosotros a la misma velocidad a la que avanzamos.

Si recordamos que Moisés descubrió a Dios en una zarza insignificante que ardía en medio del desierto, si tenemos en cuenta que Buda alcanzó la iluminación durmiendo debajo de una higuera, si no olvidamos que Jesucristo nació en un pesebre... podemos darnos cuenta de la poca importancia que tiene el dónde empiezas en comparación con la grandeza del hacia dónde vas.

LA RUTA Y LA VELOCIDAD

El mundo de lo cotidiano nos obliga a someter nuestro ritmo natural y personal al de todos, al que impone el frenesí de la locura productiva del pleno rendimiento o la enajenante obsesión por la máxima eficiencia.

Sin embargo, ésta no parece una buena estrategia si queremos establecer contacto con nuestra esencia, ya que no hay nada que demostrar ni lugar al que llegar; en el camino espiritual cada uno debe avanzar a su propio ritmo y con su propio paso.

La primera tarea será, pues, descubrir y aprender a escuchar la cadencia de ese ritmo interno.

Ajustarse a él nos permitirá transitar el plano a veces más rápido, otras muy lentamente, haciendo una parada en el camino para reflexionar, volviendo sobre algo para cuestionar lo ya visto, o tomándonos tiempo para quedarnos en un sitio explorando más a fondo un camino alternativo.

A los dieciocho años, muy lejos de ser un esclarecido (nunca lo fui), me interesé muchísimo por la pasión que despertaba en algunos la observancia religiosa. Animado especialmente por la convicción soberbia y adolescente de que no podía decir "que no era para mí" algo que no había siquiera probado, decidí ponerme el sayo que a mi madre tan bien le quedaba.

Cumpliendo preceptos y mandatos, rezando cada día y cuidándome de no ofender a Dios con mis pensamientos ni mis acciones, recuerdo ese tiempo como un momento de gran plenitud. Sentía (equivocadamente o no) que daba pasos de gigante en mi camino hacia ser un mejor Jorge Bucay.

Un día, sin saber por qué, empecé a cuestionar mi relación con Dios y, un poco después, a dudar de su existencia.

No había a la vista ningún maestro que pudiera ayudarme (por lo menos ninguno en el que yo confiara lo suficiente); no tenía en mi buró los libros de Francisco Jalics (¡cuánto me hubieran servido!), ni había leído aún *La Quinta Montaña* de Paulo Coelho (muy especialmente porque él todavía no lo había escrito).

Aunque no sabía muy bien qué me pasaba, me daba cuenta de que no podía seguir en ese camino sin detenerme a acomodar mi pensamiento.

¿Podía sostenerse la observancia sin creer en Dios?

¿Tenía sentido lo que hacía si estaba cuestionando mi fe?

Hoy sé que en momentos como ésos uno tiene que detenerse, no puede ni debe apresurarse a tomar una decisión, ni obligarse a seguir sin convicción. Más tarde o más temprano la respuesta aparece y podemos seguir avanzando.

Y si la claridad esperada hace que nos demos cuenta de que el rumbo estaba equivocado, agradeceremos no habernos alejado más todavía, regresaremos al principio y empezaremos de nuevo.

Así lo señala el poeta Hamlet Lima Quintana en su pequeño poema llamado "Sin fin"...

> Que cada quien cumpla con su propio destino,
> reconozca sus pozos y riegue sus plantas...
> y si cae en la cuenta de que ha errado el camino,
> que desande lo andado y reconstruya su casa.

Como si hubieran leído el texto del poema, los verdaderos maestros nunca obligan a recorrer un determinado camino, seguramente porque saben, si son honestos, que más adelante, en su propio rumbo, podrían descubrir que lo que pensaban no era del todo cierto o que el camino por ellos recorrido conducía a una senda muerta.

Cuando el buen maestro señala un rumbo es para invitarte a que tú descubras y hagas de él tu propio camino o no.

Su guía te dará la posibilidad de agregar, como venimos diciendo, tu sentimiento a su razón, tu vivencia a su experiencia, y tu creatividad a su sabiduría.

"Tus hijos no son tus hijos —decía Khalil Gibrán—, son hijos e hijas de la vida. Tú eres el arco y ellos la flecha. Puedes dirigirlos en una dirección, pero no puedes llevarlos de tu mano hasta el centro de la diana."

Encontraremos muchos arcos que nos servirán de impulso o de brújula, libros geniales y centenares de maestros que nos ofrecerán generosamente las más sabias lecciones, pero eso no será suficiente; será necesaria nuestra activa presencia, nuestro comprometido estar allí, la apertura a lo diferente, la humildad para aprender y el coraje de vivirlo en primera persona.

Dado que de nada vale la prisa, el progreso no depende tanto del terreno que recorremos como de nuestras circunstancias y nuestro tiempo interno. Si tú sientes que estás yendo demasiado rápido, o crees que estás yendo demasiado despacio, estás equivocado; tu vanidad o tu competitividad (o ambas) están poniéndote una trampa.

Ahora bien, si te das cuenta de que estás detenido, mírate, y si eres consciente de que estás reflexionando, entonces estás haciendo exactamente lo mejor para ti.

Deja la prisa junto a la puerta de acceso, sin temores, después de todo, como ya se sabe, el reloj de la vida nunca marcha hacia atrás.

Un día un discípulo le preguntó a su maestro:

—Maestro... ¿cuánto tiempo voy a tardar en alcanzar la iluminación?

El maestro le respondió:

—No se puede saber.

—Pero —insistió el alumno—, ¿cuánto calculas que puedo tardar?

El maestro, ante la terquedad de su alumno, y más por decirle algo que por convencimiento, respondió que tardaría diez años.

Al alumno la respuesta le contrarió:

—¿Diez años? Eso es mucho tiempo. ¿Y si sólo me dedico a pensar en las cosas espirituales?

—Ah... —respondió el maestro—, entonces tardarás por lo menos veinte años.

El camino espiritual no tiene unos plazos fijos, tiene sus propios tiempos, y quien intenta apurar las etapas tomando atajos, termina dando un rodeo mayor que el que fue a su velocidad por el sendero recto. Los obstáculos son millones, muchas son las puertas falsas, infinitas las tentaciones, y muy alta la probabilidad de extraviarse (aunque todo esto sólo puede, en el peor de los casos, hacerte perder tiempo).

Pase lo que pase, sé paciente, no persigas resultados y resiste la tentación de cambiar de rumbo a la primera dificultad.

Ten presente que en esta búsqueda, como en cualquier aspecto de la vida, si avanzas diez kilómetros, giras a la derecha y avanzas otros diez kilómetros, vuelves a girar y avanzas otros diez kilómetros, y por cuarta vez haces nuevamente lo mismo... al final habrás caminado cuarenta kilómetros pero estarás en el mismo lugar en el que estabas al principio.

"No empujes el río", nos dice Barry Stevens desde el mismo título de su libro. De muchas maneras, nuestra vida espiritual es un río que fluye, y si te das el tiempo aprenderás a escuchar tu voz interior. Ella te enseñará a nadar con la corriente y también a aprender la diferencia entre eso y dejarse arrastrar por el río.

NO OLVIDAR

Una de las escenas más impresionantes de la antigua Roma era el momento en que algún general victorioso entraba triunfante en la ciudad de los césares.

Para que la capital le prodigara el recibimiento más glorioso debían cumplirse dos condiciones: la primera, que el general hubiese vencido en una guerra justa (el *bellum iustum*); la segunda, que en el enfrentamiento hubiesen muerto, como mínimo, cinco mil enemigos.

Las tropas que iban a participar en la marcha se organizaban en el Campo de Marte, desde donde, en desfile procesional, entraban en Roma por el Arco del Triunfo. Después de recorrer la Vía Sacra, llegaban hasta el Capitolio y rendían homenaje a Júpiter. Allí, a los pies del césar, las tropas victoriosas mostraban al pueblo los tesoros traídos de las tierras conquistadas y la larga fila de prisioneros capturados.

Ese día, Roma se llenaba de algarabía y euforia.

Las guirnaldas y las flores eran poco para felicitar al ejército victorioso.

El desfile triunfal, de hecho, era un premio en sí mismo, ya que en lo cotidiano no se permitía a los militares pasear por la ciudad.

Pero el homenaje tenía su centro en la persona del general victorioso, que era coronado con laurel y vestido con una túnica tachonada en oro. Se le recibía como si fuera un dios, hasta tal punto que durante ese día su popularidad y su poder hacían sombra a las del propio emperador.

Seguramente por eso, Julio César, quizá temeroso de que alguno de sus héroes quisiera disputarle sus espacios de poder, y para que el general no olvidara que esa situación era transitoria, ordenaba que detrás del héroe, y casi pegado a su espalda, desfilara siempre un esclavo que, alzando por encima de su cabeza la corona del Júpiter Capitolino, iba susurrando al oído del general: *Respice post te, hominen te esse memento* (Mira hacia atrás y recuerda que sólo eres un hombre).

Poco importa quién desempeña el papel de recordarnos quiénes somos y quiénes fuimos; a veces es un amigo, un jefe o un desconocido, a veces tus colegas o tu pareja, a veces incluso una parte muy esclarecida y oculta de nosotros mismos (un aspecto al que suelo llamar "el bufón del reino").

Alguien debe estar dispuesto a ayudarnos a ser permanentemente conscientes de nuestras responsabilidades y de nuestras limitaciones, aun (o sobre todo) en los momentos en que les pedimos que callen o que preferimos no escucharlos.

Bueno sería que alguien pudiera o quisiera avisarte cuando, seducido por el atractivo de algunas mentiras, corras el riesgo de alejarte del camino pensando que, por haber recorrido un camino al que otros no han tenido acceso todavía, eres especial, eres mejor o eres superior.

No hace falta que sea alguien que conozca sobradamente el camino (aunque si es así, tanto mejor), no es imprescindible que haya recorrido sus entresijos después de perderse una y otra vez (aunque simplificaría las cosas que lo hubiese hecho), no necesariamente debe ser alguien en cuyas manos te pongas, en quien confíes, a quien te puedas entregar, honesta y totalmente (pero ayudaría muchísimo que se dieran esas condiciones); sólo será imprescindible que seas capaz de escuchar su voz desde la primera vez para que no te desvíes. Y en todo caso, ojalá sea lo suficientemente tenaz como para repetírtelo tantas veces como sea necesario, hasta que lo escuches (no hasta que lo obedezcas, sino hasta que lo escuches).

Todo ocurre como si algunas verdades fundamentales se ubicaran siempre del otro lado de nuestras limitaciones. Conocerlas, reconocerlas y enfrentarlas es, pues, el camino para acercarse a las cosas realmente valiosas y verdaderas. Aunque este proceso no sea demasiado placentero. Es obvio que en un primer momento muchas veces nos parece más sencillo mentir o mentirnos. Y es lógico; la mentira es una falsedad acomodada a nuestra conveniencia o a nuestro deseo.

Como dice Osho, la mentira siempre se adapta perfectamente a la situación de cada uno; es siempre muy amable, no requiere nada de tu parte, no te exige ni te obliga a comprometerte, siempre está dispuesta a servirte. Con la verdad, en cambio, sucede todo lo contrario: no sólo suele ser bastante incómoda sino que somos siempre nosotros los que tenemos que adaptarnos a ella; a toda ella, porque nos guste o no, a diferencia de su antípoda, no admite recortes. Una verdad a medias nunca es confiable. La verdad es toda la verdad o no es totalmente verdad.

¿ES PLACENTERO EL CAMINO?

Raj Dharwani solía utilizar la siguiente metáfora:

> ¿Has cavado alguna vez un pozo en busca de agua?
>
> Aunque estés cavando en el lugar correcto, al principio sólo encuentras tierra, rocas y basura.
>
> Después de mucho trabajo encuentras el lodo, que dificulta el trabajo ensuciándolo todo. Sientes verdadero deseo de abandonar la búsqueda.
>
> Un poco más abajo llegas al agua, aunque te decepciona: al principio el ansiado líquido está muy sucio y contaminado.
>
> Si eres capaz de insistir, y sigues cavando, llegarás al agua limpia, que brotará por fin desde el fondo, cada vez más pura.

En el camino hacia lo más elevado pasa exactamente lo mismo. Hay algunos tramos en los que todo aparece duro y frustrante, lo único que ves a tu alrededor es desagradable y maloliente. Si no te desanimas ni te asustas, si confías y perseveras, el escenario cambia y un manantial de agua fresca y pura compensa la dura tarea.

Agua para calmar nuestra sed, para refrescarnos, y también, claro, para compartirla con otros.

COMPAÑEROS DE RUTA

No somos los únicos que exploramos este plano.

Todos los otros, cercanos o no, más agradables o menos, los que van más atrás y los de más adelante, todos son compañeros de ruta.

Lo son aquellos con los que nos cruzamos una o dos veces, esos otros que caminan cerca de nosotros durante una gran parte del viaje y también aquellos, muchos más, con los que nunca nos encontramos pero que sabemos que comparten la experiencia de la búsqueda con nosotros en tiempo y en espacio.

Y atención, digo que comparten la experiencia de la búsqueda y no sólo que coincidimos con ellos en un grupo de meditación o en un viaje a la India.

Digo que comparten la experiencia y no sólo que se cruzan contigo en una esquina sin saber dónde se encuentran ni por qué.

Una vez, dos viajeros se cruzaron en el recodo de un camino. Por un momento se encontraron uno junto a otro, como si tuvieran el mismo rumbo existencial...

De pronto uno de ellos dijo:

—¡Estoy tan cansado...! ¿Cuánto falta para llegar?

—Unos veinte kilómetros —contestó el otro, entendiendo que hablaba de la ciudad más cercana.

—Tengo una idea genial —dijo el primero—: caminemos diez kilómetros cada uno...

Alguien que cree que puede caminar por ti, o que te pide que camines por él, no es un compañero de ruta, es un estúpido, aunque te cruces con él cada día.

¿Habrá que advertir a los estúpidos de sus estupideces?

Bernard Shaw dice que no... excepto si se cruzan en tu camino y pretenden salpicarte con su estupidez.

Un hombre que viaja en un tren, trata de sacarle conversación a Shaw, su ocasional compañero de asiento, durante horas, sin ningún éxito.

Finalmente, dándose cuenta de que su famoso vecino no piensa dialogar, toma valor y dice en voz alta:

—¡Espero que en el paraíso tenga yo más suerte y no me toque estar sentado por toda la eternidad al lado de un idiota como usted!

Bernard Shaw, a su lado, enciende su pipa y casi sin mirarlo le contesta:

—Puede quedarse tranquilo, señor. Yo estoy casi seguro de que esos que usted llama "los idiotas como usted" no tendrán siquiera acceso al paraíso.

Una cosa es ir con alguien, y otra, colgarse de alguien.

Una cosa es pedir ayuda, y otra, depender.

Una cosa es caminar junto a alguien, y otra, seguirlo.

Un compañero de ruta no es necesariamente una ayuda (no tendría por qué serlo), aunque deberíamos tratar de que no fuera un impedimento.

Tampoco es una señal de que estamos en el rumbo adecuado; y mucho menos, alguien que pueda determinar tu ritmo o tu velocidad en el camino.

La espiritualidad es una experiencia interna y personalísima, así que nunca te apresures a alcanzar a otros ni te detengas a esperar que lleguen.

Yo puedo ver tu herida y puedo palpar tu grano, pero en ningún momento puedo sentir por ti tu pena ni padecer en mí tu escozor.

Una cosa es dar una mano, y otra, hacerse cargo del otro.

Una cosa es compartir una idea, y otra, tratar de imponerla.

Una cosa es estar en desacuerdo, y otra, juzgar al prójimo.

EL TRUCO DE LAS PREGUNTAS INÚTILES

Una vez que empiece a caminar, en la primera curva del camino empezarán a surgirme las preguntas.

Las primeras parecen ser siempre las mismas:

¿Para qué estoy aquí, tomándome este trabajo?

¿Qué hace alguien como yo en un camino como éste?

Y a partir de allí, algún centenar de interrogantes, más o menos relacionadas con estas primeras, que de repente, al no tener respuestas, se vuelven agobiantes:

¿Debería seguir o dar marcha atrás para quedarme tal como estaba?

¿Estoy complicándome la vida inútilmente? Después de todo, tanta gente vive su vida, absolutamente feliz, sin haber pensado nunca en estas cosas...

Siempre es válido abandonar un camino (no seré yo quien levante aquí las banderas de que se debe siempre terminar lo que se empieza y a cualquier costo, ni quien sostenga el estandarte de que hay que luchar hasta el final, aunque sea por lo nimio), especialmente si, como dijimos, éste es un camino que no elegiste del todo, más aún si, como sabemos, a estas alturas del recorrido no tienes la certeza de que conduzca a ningún lugar que te anime a continuar la marcha.

Es evidente que podrías detenerte aquí; muchos lo han hecho.

Han pasado la puerta, han comenzado la marcha y han abandonado el desafío.

Cierto es que, como ya dijimos, si esto te sucede, podrás renunciar a seguir buscando, será tu elección. Lo que seguramente no podrás es volver a ser el que eras antes de pasar aquella puerta. No serás ni mejor ni peor, pero algo habrá cambiado en ti.

Aprender es difícil; olvidar por decisión lo aprendido es imposible (y aquí es importante destacar la diferencia entre "aprendido" y "memorizado").

Si aprendiste que este camino existe y diste dos pasos en él, podrás abandonarlo, pero difícilmente podrás olvidar su existencia; puedes ignorarlo, puedes simular que no existe y hasta convencerte diciendo que no te importa, pero la semilla que plantaste al comienzo sigue en ti.

Pero, si decido seguir, ¿qué voy a hacer con tantas preguntas?

Quizá podría esquivarlas, o dar vueltas alrededor de ellas, o intentar olvidarlas.

Quizá podría contestarlas con más preguntas; eso siempre resulta... o por lo menos a veces...

Cuando iba al colegio, la materia de matemáticas era siempre una especie de tortura para los alumnos. Nuestro docente, un ingeniero devenido maestro por alguna misteriosa razón (claramente su vocación no era enseñar), utilizaba siempre el mismo "método": en cada clase explicaba por lo menos un concepto nuevo del programa y después nos ponía ejercicios sobre ese tema para solucionar en casa.

Los ejercicios de tarea eran siempre tres por cada tema explicado, ni uno más ni uno menos, y el total de la tortura dependía de cuántos temas nuevos hubiera tocado ese día. A la siguiente clase, la tarea se corregía en el comienzo de la hora; algunos pasaban al frente y resolvían en el pizarrón los ejercicios del día anterior. Él comentaba los errores y preguntaba si había quedado claro. Luego, la rutina recomenzaba "implacable": un nuevo tema y una nueva tanda de ejercicios.

Un día inventamos una estrategia para evitar tanta tarea para hacer en casa. El planteamiento era éste: si nuestro "profe" explicaba dos temas, como en general sucedía, teníamos seis ejercicios para llevarnos a casa; si explicaba tres, la tarea era mayor, y si le daba tiempo de explicar un cuarto tema, ¡una docena de problemas quedarían como tarea!

Lo que teníamos que hacer era sencillo. A la hora de resolver, cuando preguntara si teníamos dudas, debíamos abrumarlo con preguntas para que no tuviera tiempo de explicar nuevos temas. La idea era genial y en la clase siguiente la pusimos en práctica. Bombardeamos al profesor con preguntas de toda clase, dudas reales, dudas absurdas fabricadas en nuestra imaginación y cuestiones que eran las mismas que otros habían planteado pero enunciadas con distintas palabras.

El resultado del primer día fue fantástico. En efecto, ese día el maestro sólo pudo explicar un tema y, consiguientemente, sólo tuvimos que hacer tres ejercicios en casa. El plan era un éxito y nosotros veinticinco genios.

En la clase siguiente todos los alumnos llegamos contentos a la clase de matemáticas.

Sin embargo, algo en lo que no habíamos pensado arruinaría nuestro plan para siempre: al sólo tener tres ejercicios para resolver en clase, en vez de dedicar media hora a corregir la tarea, como era lo habitual, en diez minutos lo habíamos hecho todo, a pesar de nuestro intento de preguntar y preguntar. La fatal consecuencia fue que esa vez, en lugar de tener media hora para explicar nuevos temas, dispuso de cincuenta minutos. A pesar de nuestro esmero interrogativo, el maestro explicó nada menos que *cinco* temas en esa clase, y cada uno de nosotros se llevó a su casa la friolera de quince ejercicios para el día siguiente.

Las excesivas preguntas que hicimos al profesor no eran para resolver nuestras dudas, las excesivas preguntas nunca lo son; tenían un fin claro: entorpecer la clase, dificultar la aparición de un nuevo tema, tratar de evitar la tarea que nos correspondía.

Eso mismo pasa muchas veces en nuestro camino (y otras tantas en la vida). Llenamos el escenario de interrogantes, pero no porque nos interesen las respuestas, sino todo lo contrario. Preguntamos de más porque lo que menos queremos es encontrar la respuesta.

Son preguntas vacías que sólo sirven para engañarnos a nosotros mismos, aunque, claro, no por mucho tiempo.

Y no creas que se trata de limitar las preguntas, se trata de seleccionar las que nos son provechosas y descartar las que no buscan una respuesta sino una excusa para no seguir adelante.

Sabemos, por la experiencia recogida en otros planes, que algunas preguntas que nos parecían importantes en un momento pasaron a ser nimias o inútiles poco después. Desde las comunes y angustiosas interrogantes que a todos nos dejaron sin dormir algunas noches: ¿me querrá para siempre?, ¿triunfaré?, ¿qué debo hacer para poder sentir que todo está controlado?, hasta la estúpida trilogía de preguntas que el mundo consumista supo plantar en nosotros y hacernos creer que eran fundamentales: ¿cuánto cuesta?, ¿dónde se vende?, ¿cómo consigo el dinero?

En este plano, como en otros, la pregunta inútil, la que deberíamos esquivar a toda costa, la que más tiempo nos consume, se enuncia en una sola palabra y tiene sólo cinco letras:

¿Podré...?

Hace algunos años, por el mero gusto de hacerlo, me aboqué a la tarea de escribir una novela. Una trama compleja y macabra rondaba mi cabeza. Hablaba sobre todas esas cosas de las que no hablo usualmente en mis libros de autosuperación. Hablaba de dictaduras, de corrupción, de política, de Latinoamérica y de la mentira como plataforma de poder.

En ese momento, la pregunta que acompañaba mis anocheceres y mis madrugadas era indefectiblemente la misma: ¿podré?

El candidato, como finalmente se llamó, nació en 2006 y para mi sorpresa fue recibido con el Premio Novela Ciudad de Torrevieja de ese año.

En las entrevistas, muchos medios me preguntaron cómo me había animado a escribir una novela. Contesté que había escuchado y leído mucho de lo que dicen los verdaderos novelistas acerca del proceso creativo y que, siguiendo su consejo, había dejado de preguntarme si podría y, utilizando todo el tiempo que me dejaba libre la pregunta, había seguido al pie de la letra el otro consejo en el que todos parecían coincidir: leer mucho, soñar mucho, pensar mucho, corregir mucho, tachar mucho, descartar mucho y..., justo después, retomar la trama y dar forma agradable a lo que quedara.

De hecho, ahora que lo pienso, el proceso espiritual tiene mucho de todo eso; también explorar este plano es conocer (leer y escuchar), descartar, rechazar, corregir, retomar siempre el camino perdido y dejar de distraerse con preguntas inútiles.

MIEDOS Y LIMITACIONES

Enroscarse en demasiadas preguntas es una táctica para hacer como que se avanza sin avanzar, para decir que estás en el camino cuando en verdad te has tirado a descansar y también, para qué negarlo, es un intento de conjurar algunos miedos o de minimizar su influencia en nuestra vida.

La inmovilidad es muchísimas veces la expresión de algunos temores no resueltos:

el miedo a tener que cuestionar las cosas que sé;

el miedo a dejar de pertenecer;

el miedo a no poder volver atrás;

el miedo al fracaso, tantas veces mezclado con el miedo a salir airoso;

y en este plano, hasta el miedo a volverme loco.

Pero si estamos aquí es porque ya sabemos que la mayoría de estos miedos se originan en nuestra propia mente, que son inventos más o menos creativos del pensamiento para alejarnos del cambio que significa seguir adelante.

Mi amiga Martha Morris me envió un día desde su tierra natal, Costa Rica, este poema que me conecta siempre con la necesidad de ponernos en movimiento y de hacernos responsables del compromiso con el rumbo, incluso en el camino espiritual:

Las flores se abrirán en tu jardín,
pero a menos que abras tu ventana
nunca disfrutarás de su fragancia.

Los pájaros volverán en primavera,
pero si sigues encerrado en tu sótano
ni siquiera sabrás que el invierno ya pasó.

El sol saldrá sin duda mañana,
pero si no levantas la mirada al cielo
sus rayos jamás iluminarán tu rostro.

Si permaneces quieto, demasiado quieto,
dejas de ser un hombre y te vuelves estatua,
y entonces la vida deja de fluir a través de ti.

Si el deseo de seguir puede más que el miedo, aprenderemos que ciertamente tenemos nuestras limitaciones y nuestras incapacidades, pero descubriremos que algunas de estas restricciones no necesariamente son para siempre.

En los parques de atracciones, para subirse a ciertos juegos se exige a los participantes una edad y una altura mínimas. Para controlar esta última condición, suele haber en la entrada de cada juego una especie de puerta que tiene la altura mínima requerida por las normas de seguridad. Si el niño debe agacharse para pasar, significa que da la talla y puede subirse en la atracción.

Cuando la cabeza del pequeño no llega al listón horizontal no lo dejan entrar, y la mayoría de las veces el niño se enoja. Intenta pasar una y otra vez, pero en vez de más cerca le parece que el listón está cada vez está más alto. Ningún argumento sirve, si el guardia hace su trabajo, el niño no es admitido.

Sucede siempre. Unos meses después vuelve al parque de atracciones. El niño ha crecido esos dos centímetros que le faltaban para que su cabeza tocara el listón. Lo que era un problema insuperable unos meses atrás ahora no lo es en absoluto. ¿Qué ha pasado?

¡Tiempo!

Simplemente ha pasado el tiempo.

Como el niño, el ser humano crece según avanza. Y una vez más: no se puede empujar el río...

Hoy puedes encontrarte con un límite que te impide seguir, y mañana con otros, pero si te piensas a ti mismo desde la perspectiva de un plano sin fronteras y un crecimiento infinito, deberás asumir con responsabilidad que no hay límites para tu potencial.

Quizá el mejor ejemplo es el que nos enseña esta historia tradicional de los indios sioux.

Nube Roja, el famoso jefe de la tribu, llamó un día ante sí a sus tres hijos.

Se estaba haciendo viejo y tenía que elegir a su sucesor.

Una tribu no puede tener tres jefes. Si algo le pasara, uno de ellos debería ser el que lo sucediera y era su responsabilidad decidir quién.

—Hijos míos —les dijo cuando se presentaron ante él—, les he pedido que vengan para elegir entre ustedes a mi sucesor. Para poder hacer la mejor elección, he decidido ponerles una prueba. Se trata de escalar la Montaña Sagrada, la gran roca, la que nadie ha conseguido derrotar aún. El que primero lo logre será el elegido.

El desafío quedó establecido y los hijos aceptaron el reto de su padre, más por respeto que por ambición.

Una semana después, en el día de la luna nueva, la noche de los mejores auspicios, los tres jóvenes empezaron a escalar con muchas ganas y con la ilusión de vencer a la montaña.

Pero uno primero y otros después, los tres regresaron derrotados.

La subida era realmente imposible.

Uno a uno, los jóvenes se presentaron ante su padre para admitir su fracaso.

Frente al tercero, el jefe dejó escapar su decepción:

—Veo que la Montaña Sagrada también ha podido contigo...

—Sí y lo siento, padre, pero es la verdad. Por el momento La Roca me ha vencido...

—¿Por el momento? Deduzco que estuviste muy cerca de conseguirlo. ¿Es así? —preguntó el cacique.

—No... ni siquiera llegué a la mitad de su ladera —dijo el que sería más tarde el jefe de la tribu—, pero sé que ella ya alcanzó su tamaño final y yo... todavía estoy creciendo.

Yo aprendí con algo de dolor este concepto de que los resultados a veces no son inmediatos, aunque de una manera bastante más prosaica.

Fue en México. En una comida, y no en una conferencia magistral. De boca de mis amigos mexicanos, y no de la mano de un gran maestro espiritual. Entre tequilas y pozoles, y no entre libros y apuntes.

En la mesa, entre todas las delicias que se nos ofrecían, había un pequeño recipiente con unas bolitas de color verde brillante que yo nunca había visto. Los mexicanos tienen una gran afición gastronómica por el chile y tienen gran variedad de ellos, a cual más picante. Yo ya había aprendido a desconfiar de la famosa frase de mis amigos aztecas cuando me decían: "De esto puedes comer tranquilo, que no pica", porque en la cocina mexicana todo pica (aunque hay picores y picores), y la persona que viene de fuera, y que no tiene la lengua "inmunizada", debe probar con cautela cada cosa que se lleva a la boca. Seguramente por eso me sorprendió que mis amigos me dijeran que tuviera cuidado con ese chile redondito, porque picaba mucho. Yo, que siempre tengo ganas de explorar los diferentes sabores que me propone la comida típica de cada lugar, me puse, fiel a mi cautela, menos de la mitad de uno de esos chilitos en la boca. Picaba un poco, pero el sabor era exquisito.

—No es para tanto... —dije, casi alardeando de mi entereza—, he probado otros más picantes —agregué, y desconociendo las señas de todos me puse dos más, enteros, en la boca y los degusté con una sonrisa...

Dos o tres minutos después, la sonrisa se me había borrado de la cara.

Sentía la boca hecha un fuego, la lengua me dolía, el calor me sofocaba y casi no podía respirar.

De nada servían el agua, que bebía a borbotones, ni el vaso de leche fría que pedí, ni ninguna otra cosa. Sólo podía esperar a que pasara...

Mientras tanto se grababa en mi mente y en mi esófago la enseñanza que nunca olvidaré: los resultados de las cosas a veces, en efecto, no son inmediatos, especialmente en cuanto al chile y los efectos de la sabrosísima comida mexicana, aunque también se podrían agregar a la lista de las cosas que requieren su tiempo, los resultados ostensibles de las cremas de belleza y los logros trascendentes del camino espiritual.

Más allá de las ironías, cuando comenzamos el camino, lo más probable es que no notemos ningún cambio y quizá tardemos mucho en registrarlo, sobre todo si estamos pendientes tratando de percibirlo. Y sin embargo, un día, cuando olvidados del asunto nos detengamos a reflexionar sobre algún tema cualquiera, sentiremos de pronto que algo en nosotros ha cambiado y sabremos que ha cambiado para siempre.

A algunos les sucede antes y a otros después.

Debo reconocer que me he cruzado con algunos a los que nunca les sucede nada y posiblemente jamás les pasará. A pesar de "todo lo que hacen", de todo el dinero que invierten, de todo el tiempo que dedican a "su espiritualidad"...

Y es que, en realidad, muchos de ellos no están buscando que les suceda.

Son los miembros activos de la imaginaria SIPLOFE (iniciales supuestas de Sociedad Intelectualoide Pseudomística de La Onda Fashion Espiritual), que recorren las ciudades más cosmopolitas de Occidente.

Personas que tú conoces tanto como yo.

Hombres y mujeres que un día abordan "la gran decisión" y se van a un encuentro de fin de semana empujados por los compañeros de trabajo que ya lo hicieron y para no quedarse fuera de sus conversaciones sobre el tema.

Al regreso cuentan con entusiasmo que estuvieron tres días en un monasterio, sin luz eléctrica y sin agua corriente (!), que hicieron meditación y muchísimos ejercicios espirituales... que vivieron una experiencia única y que las monjitas que atendían la casa cocinaban muy bien. Y ahí se termina todo, porque en realidad no tienen mucho más que decir ni mucho menos que recordar.

Su espíritu no sólo no se ha enriquecido con la experiencia sino que ha regresado quizá más pobre y más vacío de lo que partió.

A mí me hacen recordar el cuento del bomberito y el clarín.

Había una vez, en un pequeño pueblo, un pequeñísimo parque de bomberos voluntarios: una decena de vecinos que con vocación de ayudar se habían entrenado para aprender a organizar la tarea de apagar el fuego cada vez que alguna casa o algún granero era presa de las llamas.

En la casa de al lado vivía Juanito, un niño de unos diez años, un poco duro de entendimiento, al que se le había asignado la tarea de avisar a los voluntarios cada vez que llegaba al "destacamento" la noticia de un incendio.

Todos estaban muy agradecidos con la heroica tarea de los bomberos, pero nadie dejaba de quejarse de que en realidad su desempeño no era demasiado efectivo. De hecho, la mayor parte de las veces, cuando el grupo de voluntarios llegaba, las llamas ya habían destruido gran parte de la finca incendiada.

Juanito, que se tomaba muy en serio su trabajo de bombero, aprovechó un día que estaba de visita con sus padres en el pueblo vecino para correr hasta el destacamento de bomberos a contarles lo que les pasaba y a saber si podían aportar algo al respecto.

—A nosotros nos pasaba lo mismo —le contó el jefe del parque—. Nunca conseguíamos llegar antes de que las llamas hubieran destruido todo. Pero ahora las cosas por fin han cambiado...

—¿Cómo lo consiguieron? —preguntó el solícito bomberito, más que interesado.

—Hemos comprado este clarín. ¿Ves?

—Sí... ¿y?

—Cada vez que llega un aviso de incendio, el vigía hace sonar el clarín y todo se resuelve más rápido y mejor... ¡No hemos tenido un siniestro total en los últimos dos años! —dijo el jefe, orgulloso.

El joven bombero pidió dinero a sus padres y antes de volver a su pueblo compró un clarín igual al que le había mostrado el jefe del destacamento.

Al llegar lo ocultó en su cuarto.

Qué sorpresa se llevarían todos en el próximo incendio.

Un par de semanas más tarde, don Aparicio llegó a caballo hasta la caseta pidiendo auxilio: su establo se estaba quemando.

Juanito tomó su clarín y, sin avisar a nadie, llegó hasta el incendio.

Bajó de su bicicleta y se puso a tocar el clarín, esperando ingenuamente que con eso el fuego se apagara solo...

Limitados a soplar la corneta, confundiendo su sonido con la acción pertinente para ocultar su pobreza espiritual, los hombres y las mujeres del SIPLOFE están condenados a una búsqueda inútil en los lugares inadecuados.

Espiritualidad y religión

La espiritualidad es la chispa de Dios en el hombre.

LA PROPIA ESPIRITUALIDAD

Te recuerdo lo que decía el padre Clemente (aquel de los cantos gregorianos): no hay un único camino espiritual, ni siquiera uno que sea mejor que otros. Nuestra espiritualidad será, por eso, siempre única y personal; aunque lo más probable es que al explorarla, aun sin saberlo, nos acerquemos bastante a algún camino ya trazado por otros.

La mayoría de las corrientes filosóficas y teologales ha dedicado tiempo y espacio al análisis de lo espiritual como entidad y como vivencia, ocupándose de resaltar sus diferencias y particularidades, pero dejando ver también todos sus puntos de contacto. Todas contraponen por igual la esencia espiritual del hombre con el entorno ligado a las acciones, las estrategias, las posesiones y las ambiciones mundanas, atribuyéndolas a dos aspectos diferentes de la persona: uno tangible (llamado por algunos *material* o *físico*) y otro intangible (llamado *espiritual* o *metafísico*).

El mundo transita una situación nunca vista en la historia de la humanidad: todo, lo bueno y lo malo, lo exquisito y lo vulgar, el problema y la solución, la enfermedad y el tratamiento, todo, de una u otra forma, se ha globalizado.

La primera consecuencia evidente es que todo tiene o puede tener una dimensión planetaria.

La segunda es que justamente esa posibilidad genera un temor y una incertidumbre gigantesca, la mayor de todos los tiempos y que además se apoya sobre señales más que evidentes que la confirman. Nunca antes los medios de comunicación, la literatura y el cine llevaron a la población a pensar en la posibilidad de una megacatástrofe, sea una guerra nuclear, una hecatombe ecológica, una pandemia, o un crack financiero internacional definitivo.

Cierto es que, como compensación, y por eso traigo aquí este comentario, estamos más cerca que nunca de comprender que todos los pueblos de la Tierra comparten un destino común. Nunca antes la red de comunicaciones fue tan rápida ni tan eficaz y nunca tanta gente tomó conciencia de la necesidad de mirar hacia dentro.

Para mí y para muchos otros, esto parece confirmar que, aunque la esencia espiritual o religiosa de cada individuo probablemente no haya cambiado, la brutal modificación del mundo en el que vivimos ha transformado la búsqueda interna de las personas, dejando nacer en tanta gente, si no una nueva actitud religiosa, por lo menos una nueva manera de vincularse con la fe, de la mano de una espiritualidad muy distinta.

En los últimos tiempos se percibe, por ejemplo, en la sociedad occidental, mayor sensibilidad e interés por las dimensiones o disciplinas místicas de Oriente, como el yoga, la meditación trascendental o el zen. Y aunque este encuentro no es nuevo, ya que comenzó hace cuatrocientos años,[10] agrega hoy a Occidente una nueva visión de la relación del hombre consigo mismo y con Dios, un modelo espiritual más libre y creativo, más individual y variable, más ligado al mundo interior y personal, más dependiente de lo que siento que de lo que pienso, más atado a lo que soy que a lo que hago.

Hoy por hoy, la espiritualidad está muy lejos de conformarse con pensar en lo sagrado. La nueva clave es sentirlo como si fuera lo que es: un vínculo que nos atraviesa a todos, interconectándonos, completándonos, y uniéndonos en armonía al cosmos (y, para los creyentes, estableciendo la comunión con Dios).

Una definición que nos vuelve más conscientes de la necesidad de cuidar el vínculo que liga y religa todas las cosas.

Los grandes filósofos, religiosos y pensadores, influyentes generadores de opinión, nos plantearon, con todo derecho, sus posicionamientos, bastante distintos y a veces contrapuestos, respecto del camino religioso espiritual y respecto de la presencia de Dios en la vida del hombre contemporáneo: el Dios "escondido" de Josef Sudbrack; el Dios "eclipsado" de Martin Buber; el Dios "encontrado" de André Frossard; el Dios "lejano" de Kart Rahner; el Dios "faltante" de Martin Heidegger, y hasta el Dios "muerto" de Thomas J. Altizer o de Friedrich Nietzsche.

Religiosidad e historia

La historia de las religiones está llena de muchos momentos de gloria y de muchísimos otros de tormento, aunque esos momentos de oscuridad no hayan sido responsabilidad de religión alguna, sino más bien de hombres o mujeres, falsos religiosos, que se presentaron como "guardianes de la verdad", cuando lo que en realidad pretendían era ser "dueños y creadores de la verdad", obviamente para acomodarla y distorsionarla a su gusto y conveniencia.

Cuentan que, cierta vez, Buda llegó a un pueblo cercano a un monasterio y que mucha gente le preguntó por qué no le gustaban los monjes ni las religiones. Dicen que Buda contestó que no entendía el trabajo de aquéllos ni el sentido de éstas.

Un día unos monjes fueron a visitarlo; llevaban una cesta llena de fruta, una guirnalda de flores y los respetos del gran sacerdote del monasterio.

—Escuchamos tus palabras —dijeron— y venimos a aclararte que nosotros somos apenas intermediarios entre Dios y el hombre... y lo sabemos.

Ante ese comentario, Buda preguntó:

—¿Dios necesita intermediarios? ¿Acaso no está presente en todos los hombres y en todos los lugares?

El monje le explicó:

—No, no los necesita, pero los hombres deben descubrirlo. Dice nuestro maestro que lo que hacemos es vender agua a la orilla del río con la esperanza de que un día los hombres se den cuenta de que pueden recoger el agua por sí solos.

Buda rio a carcajadas...

Los monjes le preguntaron cuál era la parte graciosa del planteamiento.

—Según me dicen, ponen mucho empeño en esa tarea transitoria, esperando el momento en que ya no sea necesaria, pero no quieren aceptar que si no estuvieran allí para vender el agua, ellos tardarían mucho menos en darse cuenta de que pueden hacerlo sin ustedes.

La espiritualidad de la que hablo sostiene precisamente que cada persona ha de recorrer su propio camino, marcar sus objetivos, determinar su ritmo y fijar sus reglas. Que decida de quién se acompaña, quiénes son sus guías y cuáles sus compañeros de ruta, religiosos o no, sean de nuestro culto, de cualquier otro o de ninguno.

Estoy diciendo que el camino espiritual, como yo lo pienso, puede recorrerse en un entorno religioso o no, y aunque admita que quizá una fe determinada puede facilitar algo mi avance en los tramos más costosos y difíciles, esto no significa que pueda ofrecerme ningún atajo.

Salvación instantánea, revelación de lo supremo y encuentro con Dios son hoy ofrecidos en grandes marquesinas y enormes escaparates como atractivas propuestas para quienes verdaderamente han perdido el camino. Sin embargo, difícilmente serán esgrimidas por auténticos guías espirituales ni animadas por los mejores valores religiosos. Al verlos, se parecen más a una oferta de descuento de temporada que a otra cosa, quizá porque lo que sus creadores pretenden es justamente vender algo que tal vez no tienen.

No voy a meterme en el maniqueísmo de la pregunta acerca de determinar si las religiones son buenas o malas, porque, aunque adivino la interrogante en algún lector, creo que corresponde a la moderna afición de encasillarlo todo, incluso a las religiones.

¿Tales creencias son constructivas o destructivas?
¿Sus promesas son falsas o verdaderas?
¿Sus pastores son honestos o embaucadores?
¿Sus rituales son razonables o no?...

Este tipo de preguntas, expresadas en estos términos, aunque cada vez más utilizadas, me parecen siempre interesadas, ulteriores y malintencionadas.

Muchas veces he repetido, en algunos otros tantos contextos, que para mí el poder no corrompe, del mismo modo que las armas no matan y los ravioles no engordan. De atrás hacia delante: soy yo quien engorda si los como; quien mata es el que empuña el arma, no su herramienta; y el poder... el poder sólo consigue corromper un poco más a los que ya eran corruptos antes de tener poder.

Como sucede con casi cualquier cosa, el argumento religioso (y no la religión) puede ser utilizado para ayudar o para destruir, para construir o para dañar, para acercar a los hombres o para enfrentarlos. Nunca más pertinente esta vieja parábola:

El nieto pretende sorprender a su sabio abuelo tratando de hacerlo fallar en su respuesta.

—Abuelo... abuelo —le dice—, tengo un pajarito atrapado entre las manos... Adivina, ¿está vivo o está muerto?

Planea dejar volar al animal si el anciano le dice que está muerto o estrujarlo entre sus dedos si contesta que el ave está viva.

La vida realmente vivida es la única fuente de la que mana verdadera sabiduría, así que con sus años a cuestas el anciano contesta:

—Depende de tu intención, muchacho, depende de tu intención.

Lo mismo pasa con casi todas nuestras acciones.

Lo mismo pasa con las religiones.

Lo que se aleja de la senda correcta o del camino auténticamente espiritual es, en todo caso, la intención de algunos hombres, que a veces se autodefinen como religiosos, y no la religión.

LA RELIGIÓN ES EL CÍRCULO Y LA ESPIRITUALIDAD, EL CENTRO.

OSHO

Una de las diferencias fundamentales entre la religiosidad y la espiritualidad (y para mí una de las pocas significativas) es la direccionalidad del culto, que es parte constitutiva de la primera, y la contrapuesta falta de un rumbo preestablecido, que es característica (o debería serlo) de la segunda.

Si bien hay excepciones, la mayoría de los cultos religiosos incluyen la presencia de uno o más dioses, que directa o indirectamente ordenan o han ordenado, legislan o han legislado, determinan o han determinado lo que es correcto y lo que no lo es, premiando o castigando a los fieles según sea su conducta.

Incluso en algunas religiones, primitivas y autoritarias, la piedra fundacional de la pertenencia al culto y el argumento primordial (si no el único) de control de las acciones de sus fieles era el miedo. Se inculcaba, desde arriba hacia abajo, la amenaza del castigo de Dios (o de los dioses) si no se obedecía lo que sus ministros, oficiantes o representantes dicen que la divinidad espera de cada uno: decenas o centenares de cosas que hay que hacer o dejar de hacer para evitar la tragedia que se anuncia en maléficas profecías.

Se podría decir que la espiritualidad que proponemos sostiene todo lo contrario, pero me conformo con establecer que sus argumentos, por lo menos, van por otro lado.

Mientras que las religiones primitivas, instigadoras del miedo, tenían como objetivo un grado de dependencia y de sumisión creciente de sus fieles, la espiritualidad (y la fe religiosa auténtica) defiende a ultranza la no dependencia, y busca justamente fortalecer la libertad personal. Una libertad que no puede venir de otro lado que no sea la confianza en uno mismo y en la propia capacidad de cada quien para orientar su vida, decidir sus acciones y elegir su propio camino.

La espiritualidad y la religiosidad esencial son por definición humanistas y, por tanto, reniegan de levantar barreras entre las personas; si alrededor de una creencia se configura un grupo, trabajará por principios en el crecimiento de todos y en la calidad de vida de la nueva comunidad. La verdadera fe en Dios Padre, por ejemplo, jamás podría apoyarse en frases del estilo de: "Tú eres de los nuestros pero él o ellos no lo son". Para los que de verdad recorren el camino espiritual, dentro o fuera de un culto, todos somos uno, aunque habitemos en diferentes pieles.

Quizá por eso, por lo menos como yo lo entiendo y lo siento, no hay en este plano ningún listado de disposiciones que deben ser acatadas si uno quiere salvarse, porque para la verdadera espiritualidad (que, recalco, no excluye a la religión) la única condena, si se le quisiera llamar así, sería perderse el aprender, el crecer y el disfrutar en el camino. (Uno de mis mejores amigos en el mundo, sacerdote por vocación, casi coincide con Borges al sostener que hay un único pecado que ciertamente ofende a Dios y es no ser felices.)

Dios y religión

A lo largo de la Historia, los pueblos se han volcado siempre a elegir (cuando se les permitió elegir) religiones teístas. Sea en pos de un Dios único y todopoderoso o de varios que comparten o compiten por poderes y zonas de influencia. Sean dioses antropomórficos o personificados en entidades de la naturaleza como el sol, la luna o los planetas. Dioses de todos los tipos, conductas y características. Dioses más benévolos e indulgentes o exageradamente justos, hasta rozar la crueldad.

Siempre cabe preguntarse la veracidad de aquello que Martin Buber solía decir para irritar a los más religiosos:

> No es verdad que Dios haya creado al hombre a su imagen y semejanza, ha sido exactamente al revés. Finalmente fue el hombre quien creó a Dios a su imagen y semejanza (o lo que es lo mismo, a su antojo y conveniencia).

Si por un momento aceptamos la idea de algunos especialistas en psicología respecto de que existe un aspecto religioso en cada persona, no podremos evitar darle a Buber algo de razón, porque ¿qué sería de su natural religiosidad sin un Dios (o un conjunto de ellos) donde depositar la fe?

Escribo esto y pienso que tampoco este argumento es inapelable.

Después de todo, muchos hombres y mujeres proponen hoy día separar con claridad a Dios de la religión y a ésta de la Iglesia o Entidad que la administra. ¿Será eso posible?

Me doy cuenta de que cuarenta años después, vuelvo a la pregunta que no supe contestarme a los dieciocho años...

El ejemplo que siempre se pone, para contestar afirmativamente, es el del budismo, que, a pesar de ofrecer un lugar por donde canalizar esa esencia de religiosidad de la que hablamos, no la deposita en ningún Dios, por lo menos no en el sentido clásico en el que usamos la palabra.

Por otra parte, es posible que el hombre necesite de una religión casi tanto como las religiones necesitan de los fieles, pero no sucede así con Dios; aunque Él pueda ser necesario para algunos, la inversa es indudablemente falsa (Dios no necesita al hombre).

Confieso que no me cuesta admitir que quizá el hombre haya inventado a Dios, ni tampoco tengo problemas para pensar que ha sido al revés, pero me gusta pensar en una sutil combinación de ambas alternativas. Lo que sí me parece más que evidente, y espero con sinceridad que nadie se sienta ofendido por esta idea, es que seguramente fue el hombre y no Dios quien inventó la religión (aunque lo haya hecho bajo inspiración divina).

Religiones y matices
Reglas y preceptos

Durante muchos años he recorrido una buena parte del mundo contando historias, leyendas y mitos de todos los tiempos y de todas las culturas, descubriendo y compartiendo la idea de que los cuentos más tradicionales hablan básicamente de las mismas historias: cambian los nombres, los oficios y las palabras de los personajes, cambian los escenarios y las circunstancias, pero la trama es básicamente la misma.

En el prólogo de la primera compilación de cuentos de la historia, la que hicieron los Hermanos Grimm, se dice que todos los cuentos formaron parte alguna vez de un ánfora maravillosa; un día el ánfora se rompió y los pedazos se desparramaron por todo el mundo. Cada cuento de las culturas y tradiciones más lejanas y diferentes tiene, como la metáfora lo sugiere, un mismo origen y una misma esencia. Si uno investiga los mitos más autóctonos y folclóricos, que supuestamente simbolizan la historia de cada pueblo, se encuentra con historias que, en lo profundo, son en realidad idénticas.

Con las religiones pasa lo mismo que con los cuentos. De lejos pueden parecernos distintas e incluso contradictorias, pero si nos acercamos a investigarlas o vivirlas, descubriremos que tienen en común muchos más elementos que los que nos imaginamos; como si todas hubieran formado parte alguna vez de una misma cosa: un ánfora en la que se recogían deseos, vivencias, imaginarios y valores universales, más o menos compartidos por todos los hombres.

Cuando el ánfora de las religiones se rompió, aparecieron los matices:

> Yo veo a Dios de una manera y tú de otra.
> Yo lo adoro con flores y tú con vino.
> Yo le canto, tú le rezas.
> Yo le rindo culto en silencio y tú le hablas...

Matices que a lo largo de la historia, cuando los hombres se olvidaban de la coincidencia esencial, se convirtieron lamentablemente en una excusa, que podía ser utilizada por los hombres para enfrentarse entre sí.

Matices creados a la sombra o necesidad de cada pueblo y transformados después, a fuerza de su repetición durante siglos, en preceptos, reglas y costumbres, que vistos desde fuera muchas veces terminaron generando burlas o menosprecio, y que vistos desde dentro (desde una religiosidad mal encauzada) pueden ser considerados absurdos, anacrónicos, ridículos o insensatos.

En defensa de los críticos, deberíamos admitir que también demasiadas veces los rituales y las tradiciones olvidan su origen o sentido y se convierten en actitudes vacías de contenido y utilidad.

Hace ya veinte años contaba en mi libro *Recuentos para Demián*, ahora lo puedes encontrar como *Cuentos para Demián*, esta viejísima historia que aquí se me hace tan pertinente:

Había una vez, un gurú que vivía con sus seguidores en su *ashram* en la India. Una vez por día, al caer el sol, el gurú se reunía con sus discípulos y predicaba.

Un día, apareció en el *ashram* un hermoso gato que seguía al gurú por dondequiera que él fuera. Resultó que cada vez que el gurú predicaba, el gato se paseaba permanentemente entre los discípulos, distrayendo su atención de la charla del maestro.

Por eso, un día, el maestro tomó la decisión de que cinco minutos antes de empezar cada charla, ataran al gato para que no interrumpiera.

Pasó el tiempo, hasta que un día el gurú murió y el más viejo de sus discípulos se transformó en el nuevo guía espiritual del *ashram*.

El gato no tenía ninguna afinidad con el nuevo gurú, y por eso ni se acercaba a él, sin embargo, para seguir la tradición, el maestro, cinco minutos antes de su primera prédica, mandó atar al gato.

Sus ayudantes tardaron veinte minutos en encontrar al gato para poder atarlo...

Pasó el tiempo, hasta que un día murió el gato.
El nuevo gurú ordenó que consiguieran otro gato para poder atarlo.

Claro está que la esencia de aquella ánfora originaria sigue estando en esas tradiciones. Para sacarla a la luz habría que dedicar tiempo, interés y energía a esa búsqueda, pero estoy seguro de que valdría la pena. Sería un interesante desafío para nuestras modernas religiones recuperar las verdades y los contenidos de la esencia de cada actitud, de cada precepto, de cada tradición, para que no queden limitadas a automatismos vacuos.

De todas las religiones, el judaísmo es quizá la que más acento pone en las restricciones y condiciones de la alimentación. La leyes de Kashrut no sólo prohíben familias enteras de alimentos, sino que además legislan sobre las condiciones y situaciones en las que se puede tomar el alimento que no está prohibido, de qué manera se debe cocinar, con qué otros alimentos se puede mezclar y con cuáles no.

Una conclusión más o menos obvia y que parece genéricamente aceptada como verdadera es la que sostiene que estas normas pretendían proteger al pueblo de la ingesta de alimentos efectivamente peligrosos.[11]

En esa línea, algunos estudiosos modernos sostienen que la norma judaica que prohíbe mezclar carne con lácteos sería el resultado de un conocimiento empírico de la ventaja digestiva de mantener un buen manejo del equilibrio ácido alcalino a nivel del estómago. Pero a mí nunca me satisfizo esa explicación.

El precepto tiene su origen en un pasaje bíblico en el que el profeta lo proclama como mandato: "No cocinarás el cabrito en la leche de su madre".

La tradición entendió que esa orden no era "literal", pero en lugar de restarle mérito, la extendió hasta transformarla en no mezclar carne con leche.

En mis jóvenes años de observancia, una tarde me pregunté por el sentido real de la norma. Intuía que en todo el asunto había algo muy importante y significativo que se me escapaba.

A lo largo de toda mi vida nunca pude mantener la tranquilidad si por alguna razón se me aparecía una pregunta a la que no conseguía darle aunque fuera alguna respuesta provisoria.

Para buscar esa respuesta me puse a estudiar un poquito de historia y de las costumbres de los pueblos.

No fue difícil encontrar algo que se relacionara con este hecho.

Era más una norma que una costumbre, en muchos pueblos primitivos, extender honores y castigos a los hijos e hijas de cada uno de los miembros de una familia: no sólo se heredaban los dominios sobre las propiedades o los títulos nobiliarios, sino también los estigmas y "pecados" de cada uno de los progenitores en cada uno de sus hijos.

Así, el hijo parido por una ramera era lapidado, al hijo del ladrón se le cortaban las manos, y a la familia del criminal se la expatriaba, aunque el delincuente hubiera muerto a manos del verdugo...

De pronto todo empezó a tener sentido.

¿No sería éste el mensaje que el profeta quería dejar a su pueblo?

Si la leche materna es lo que la pobre cabra daba al mundo, cocinar al cabrito en la leche de su madre termina siendo una excelente metáfora para simbolizar la horrorosa actitud de juzgar o condenar a los hijos por los errores o pecados de los padres.

La enseñanza es clara, y el mensaje del profeta también, aunque obedecer la orden quizá no sea tan sencillo, ni siquiera para nosotros.

Cumplir la simple regla alimenticia, en cambio, es solamente instituir un hábito, aunque ¿qué sentido tiene mantener por siglos una norma vacía de contenido?

¿Estoy diciendo entonces que la regla es absurda o que debería desaparecer?

En absoluto.

Recorriendo el camino de la espiritualidad, un judío observante puede, cada vez que come carne y la separa de la leche, recordar la norma y a través de ella actualizar su sintonía moral y ética con la decisión. Teniendo esos valores presentes, un religioso practicante podría evitar, por ejemplo, caer en la tentación injusta de despedir al hijo del empleado que le robó.

En este sentido sigue teniendo una lógica recordar que no se debe mezclar carne con leche. Me parecería una horrible hipocresía que alguien que nunca mezcla carne con leche viviera juzgando a los hijos, bien o mal, según lo que sus padres hicieron.

Si bien hacer determinadas cosas dentro de la práctica religiosa puede, por sí solo, hacer que me sienta "dentro" de un grupo de elegidos o protegidos por Dios, saber que eso mismo tiene un sentido trascendente puede darme algo más. Puede unirme a otros en la motivación de lo que hacemos y entonces transformarse en una disciplina que nos ayude a avanzar hacia nuestro desarrollo espiritual y hacia la mencionada tarea de ser mejores personas cada día.

LA RELIGIOSIDAD DEL ESPÍRITU

Una persona educada en una profunda fe y observancia religiosa, sea de la religión que sea, verá que al crecer su espiritualidad accede a su mejor religiosidad.

En el plano de la espiritualidad, tu religión puede acompañarte y ayudar, pero se transformará en un lastre si solamente la vives en el campo de la mente, de las afirmaciones, de las creencias y del miedo (se puede tener una vida de devoción religiosa exacerbada y no haber tenido nunca un despertar espiritual).

Una persona que no sea religiosa, al crecer su espiritualidad, crecerá como persona sin que esto en ningún caso suponga la obligación de orientarse hacia un determinado credo, aunque los hechos demuestran que la gran mayoría de los que recorren este camino se acercan a la religión, muchas veces a aquella que habían abandonado o despreciado años atrás. Todos nos cuentan que a su regreso encontraron cosas nuevas en su fe, incluyendo una mejor relación con Dios, más adulta y más nutritiva.

Unos y otros se verán fortalecidos en el camino, aunque quizá los primeros atribuyan estas nuevas vivencias a la presencia de Dios y los otros prefieran pensar en el despertar de un potencial que ya tenían.

Religión y espiritualidad son dos hechos vinculados, pero en ningún caso interdependientes. Son como dos ramas de un mismo tronco que muchas veces crecen juntas y entrelazadas, como se puede ver en la vida y la obra de la Madre Teresa.

En el camino de tu religiosidad, la espiritualidad será siempre (eso creo) el disparador de tus descubrimientos más trascendentes.

Religión y espiritualidad.

Juntarlas o no, es tu decisión.

Sumarlas es una forma de hacer el camino, solamente una forma.

Sumar por sumar, también deberíamos ser capaces de sumar emociones, pensamientos, valores y principios, y aún más, integrarlo todo armónicamente en nuestra conducta.

En mi especialidad eso se llama *congruencia* y ha sido mi objetivo terapéutico de referencia en estos treinta años de trabajo con adultos, con parejas y con grupos.

Espiritualidad y principios

Al explorar tu aspecto espiritual, descubrirás algunos valores y principios que están dentro de ti, y que muchas veces contienen algunas de tus mejores virtudes, que permanecían hibernando, olvidadas de tu conciencia o encerradas bajo siete llaves.

Uno no puede dejar de preguntarse: ¿no habrá también algunos monstruos escondidos entre esos pasajes de mí mismo, que salgan a la luz en este recorrido?

Te contesto brevemente: NO.

Te aseguro que no.

Es más, si algún monstruo dañino o amenazante aparece, será una manera de enterarte de que no estás realmente en el camino espiritual.

No lo estás cuando tu camino espiritual te aleja de la gente.

No lo estás cuando la religión se vuelve política.

No lo estás cuando la institución que congrega se hace dogmática.

No lo estás cuando el miedo supera a la fe.

No lo estás cuando la idea de Dios se vuelve utilitaria.

La fe enseñada

Yo fui educado en una casa en la que Dios tenía una presencia importante. En cada situación significativa o peligrosa para alguno de nosotros, mi madre, especialmente mi madre, pedía, prometía o agradecía la generosa mirada divina. De alguna forma era lógico y esperable que, con la llegada del tiempo turbulento de la adolescencia, la idea de Dios no se salvara de mis cuestionamientos a todo y a todos, ni se mantuviera al margen de mi rebeldía indiscriminada (una actitud tan lógica y esperable en un adolescente, como irritante y desafortunada en un adulto).

Recuerdo que ni las famosas "Vías" de santo Tomás de Aquino (que me recomendó leer mi querido padre Ramón cuando mis preguntas se volvieron cuestionamientos) fueron suficientes, aunque por lo menos sirvieron para aclararme que mi preocupación no pasaba por saber si Dios existía, sino por decidir si Dios existía para mí.

Creer en Dios, aceptar su existencia como un hecho y tenerlo presente casi en todo momento (como hacía mi madre) me pareció siempre el resultado de una maravillosa mezcla de emoción y decisión.

No se puede tener fe si uno conscientemente reniega de ella, pero tampoco alcanza con la mera decisión de creer. La fe se elige, se siente y se actúa, pero ninguna de esas cosas se puede imponer desde fuera.

Algunas veces, como a mí me pasaba, el conflicto es interno. El corazón dice que sí, pero la cabeza se opone, intentando demostrarnos que Dios no existe, aunque para eso deba negar o menospreciar algunas de las propias vivencias o sensaciones. Y entonces cometemos la estupidez de someter nuestra duda al arbitraje de la ciencia, en un absurdo intento de razonar lo irracional o de explicar lo inexplicable.

Louis Pasteur (según algunos, Albert Einstein) decía:

> Un poco de ciencia nos aleja de Dios. Un poco más nos acerca a Él.

Al final, la fe en Dios nunca es resultado de un debate interno, sino consecuencia de una vivencia necesariamente personal e intransferible (como la espiritualidad en sí) que nos lleva a sentir y a saber de su existencia más que a plantearnos si existe o no.

El Dios en el que crees puede darle matiz y color a tu vivencia espiritual, pero no la determina, salvo que tú decidas que lo haga; porque la espiritualidad se puede explorar por igual (aunque no de la misma forma) creyendo en Dios o renegando de su existencia.

Uno de los personajes más espirituales de la historia ha sido, para mí y para muchos, la Madre Teresa de Calcuta. Esta mujer, tan extraordinaria como diminuta, llegó a la India procedente de su Albania natal, donde conoció su vocación religiosa.

Tremendamente comprometida con la misión que la Iglesia le había encomendado, la Madre Teresa vivió entregando su vida no a los pobres sino a "los siguientes", como ella llamaba a aquellos que eran tan pobres que ni siquiera podían acceder a saber lo pobres que eran. Tenía una gran fe y una inquebrantable confianza en Dios, y esta religiosidad, según sus palabras, amplificaba cada día su conexión con lo espiritual y lo sagrado.

Su vida es pródiga en episodios sorprendentes y anécdotas únicas que, después de su muerte, se han convertido en leyendas.

Su centro en Calcuta fue en vida de la Madre Teresa (y sigue siendo hoy) uno de los lugares de visita obligada para muchas personalidades. Hombres y mujeres, ricos o famosos, solían visitar sus hogares para los pobres y enfermos.

Dice Dominique Lapierre, el escritor francés que vivió durante tres años en los barrios más pobres de Calcuta, en contacto cotidiano con la labor y el pensamiento vivo de la Madre Teresa, que ella era consciente de que algunos de esos visitantes sólo buscaban sacarse una foto en aquel lugar, y sin embargo, nunca les decía que no, nunca los rechazaba; todo lo contrario: se ocupaba de guiarlos por los lugares más deprimentes. Pese a lo que algunos podrían creer, su actitud no estaba condicionada por el donativo que pudieran dejar, sino porque, según sus palabras, "Mi misión es hacer más por los que menos tienen, y no quiero perderme la posibilidad de llegar al corazón de esas personas que sólo tienen mucho de lo material".

Cinco años después de su experiencia en la India, Lapierre escribió un maravilloso libro que se llamó *La ciudad de la alegría*, el nombre que dio a un barrio miserable de casuchas de Calcuta y que es un canto a la vida, un himno a la fe y un homenaje a la devoción, no sólo cristiana sino universal.

En esas páginas, cuenta el escritor que un día le propuso a la Madre Teresa hacer una huelga de hambre enfrente de la sede de Naciones Unidas.

—Nadie podría cerrar los ojos ante semejante protesta —dijo—, sería una eficaz manera de conmover a los poderosos.

Ella simplemente le dedicó una sonrisa y le respondió:

—Me interesa la gente que no tiene un pedacito de pan para sobrevivir un día más. No puedo ir a ocuparme de la humanidad cuando alguien a mi lado está a punto de morir de hambre. Hay otras personas en el mundo que pueden dar esa batalla y luchar por los derechos humanos. En Calcuta nos enfrentamos a la miseria total de los que viven aquí y ni siquiera nos alcanza el tiempo para ocuparnos de todos.

El ejemplo de la Madre Teresa es un icono de la religiosidad y a la vez un ejemplo incuestionable de la conexión entre fe y espiritualidad. Más aún si pensamos que su obra continúa en aquellas monjas de su orden que lo aprendieron todo a su lado.

Cuentan que una tarde una joven mujer de la realeza europea presenció consternada cómo una monja de la orden de la Madre Teresa limpiaba con dedicación arrodillada en plena calle las pestilentes heridas de un leproso.

Cuando la asistencia del enfermo acabó, la joven le dijo a la religiosa:

—Yo no podría hacer algo así ni por un millón de dólares.

La monja le tomó las manos y bajando la voz, como si fuera un secreto, respondió:

—Yo tampoco.

Me preguntarás, después de tanta divagación filosófica y de tantas idas y vueltas, si hoy creo en Dios.

Te contesto con sinceridad:

Cada día más.

Pero agrego...

Nunca he aceptado (y espero no llegar a aceptar) la idea de un Dios vanidoso que necesita ser halagado y alabado, para dejarnos en paz.

No creo en un Dios que se enoja cada vez que uno no hace lo que nos dice (aunque fuera cierto que él lo dice).

Acepto su existencia, pero me reservo el derecho a creer, aunque sea por conveniencia, que puedo pensarlo como un padre amoroso, respetuoso, comprensivo, nutritivo, tierno, omnipresente y absolutamente piadoso. Lo cual no es un problema, porque así es.

LIBRO II

Los descubrimientos

El hombre en red

La aceptación

La intuición

El amor

El hombre en red

SOMOS PARTE DE UN ENTRAMADO MAYOR

Durante muchos años trabajé con Julia Atanasopulo y con Ernesto Vitale como terapeuta de grupos, coordinando espacios terapéuticos semanales y ocasionalmente sesiones de terapias prolongadas a las que llamábamos "Laboratorios".

Aprendimos de muchos maestros, colegas y terapeutas un centenar de dinámicas, juegos y tareas que proponíamos a los asistentes a nuestros talleres, en un intento de disparar el ansiado "darse cuenta" que tanto deseábamos para ellos y para nosotros mismos. Trabajábamos a veces con disfraces; otras, con juegos teatrales; muchas, con máscaras.[12]

Uno de los ejercicios que yo más disfrutaba era el de la apertura del taller que habíamos llamado "Vivir en red".

Cuando llegaban todos y aun antes de dejar que los asistentes se presentaran ante sus compañeros, les pedíamos que se pusieran de pie y formaran un círculo alrededor de una red de pesca que estaba extendida en el suelo, justo en el centro del salón.

Ubicados allí, invitábamos a que cada uno, en silencio, tomara con firmeza en su mano uno de los bordes de la red.

Justo cuando habían comprendido la consigna y todos lo habían hecho, yo les proponía que dieran un paso atrás, sin soltar la red, y que la tensaran un poco.

Con la red de pesca ya en el aire, les pedía que cerrasen los ojos y les contaba que yo iba a tocar a alguno de ellos en la espalda; el elegido debía tirar de la red hacia sí, siempre en silencio y sin brusquedad, como para no poner en evidencia quién era el señalado.

Cuando el participante que sentía el toque, tensaba un poco más la red, yo les preguntaba a los demás si sentían alguna diferencia.

Por supuesto, todos decían a viva voz que sí.

Repetíamos después el ejercicio con cada uno de los asistentes para que todos completaran la experiencia y, una vez que cada uno de los que formaban el círculo había corroborado personalmente que hasta un pequeño tirón de su trocito de red era sentido por todo el círculo, les pedía que abrieran los ojos y miraran al resto de los integrantes de la rueda.

—En la vida de todos los días —solía decir yo— las cosas funcionan de esta misma manera. Uno puede pensar que lo que hace, o deja de hacer, no tiene ninguna repercusión en el resto de las personas, pero eso nunca es cierto. Cuando tú das un tirón en tu costadito de este entramado que es tu vida, al otro lado hay personas, que a veces no conoces y otras que ni siquiera te imaginas que puedan estar allí, que registran tu accionar, que recogen los beneficios o que terminan pagando por lo menos una parte de las consecuencias de todo lo que tú haces.

La vieja tradición jasídica tiene una imagen muy similar. Dicen los herméticos libros sagrados que en la antigüedad sucedía cada año una coincidencia muy particular. Era, según los sabios de Israel, el momento en que el sumo sacerdote abría el Arca donde estaban guardados los rollos de la Torá, durante la ceremonia del Iom Kipur, en el más reverenciado lugar del mundo antiguo: el gran Templo de Jerusalén.

Era una conjunción tan única y sagrada de día, lugar, persona y acto, que, según la tradición, si en ese momento un mal pensamiento, de daño o de crueldad para con otros pasara por la cabeza del sumo sacerdote, el mundo entero podría destruirse.

Y la sabiduría talmúdica agrega:

Para Dios, cada día es tan importante como el Iom Kipur, la casa de cada uno es tan sagrada como aquel Templo, cada momento de nuestra vida es tan trascendente como el de la apertura del Arca, y cada persona es tan significativa como el sumo sacerdote del Templo... y por esa razón deberíamos ser conscientes de que cualquiera de nuestros malos o crueles pensamientos para con otros podría destruirlo todo.

La idea es tan poderosa como romántica, y sobre todo me sigue pareciendo una señal indiscutible del valor y de la trascendencia de la sabiduría de los pueblos.

Miles de años después los terapeutas intentamos enseñar esa misma idea a los que nos consultan, por ejemplo realizando el ejercicio de la red de pesca: el hombre es un engranaje que forma parte de un todo mucho mayor que lo contiene.

Puede que seas el engranaje más sencillo en la máquina más compleja del mundo (no lo creo), pero estás allí y tienes tu responsabilidad. De la misma manera que ningún buen ingeniero coloca una pieza que no sirve para nada en un motor, cada uno de los seres humanos tiene un lugar y un papel en este todo global que es el planeta y en ese enorme grupo que es la humanidad.

A principios de los años noventa la industria automovilística mundial se revolucionó por un ingeniero vasco llamado José Ignacio López de Arriortúa, conocido por el sobrenombre de "Superlópez". En aquella época José Ignacio fue nombrado jefe mundial de compras de la General Motors. Al tomar posesión de su cargo, pidió que desalojaran una nave, dispuso que llevaran allí un coche recién salido de la línea de producción y ordenó a los mecánicos que lo desmontasen pieza por pieza.

Cuando cada una de las miles de piezas necesarias para montar el coche, desde el eje de la transmisión hasta el último tornillo o las gomas de los limpiaparabrisas, estuvieron separadas y desplegadas en el suelo de la nave, mandó a hacer una detallada ficha de cada una de ellas, grande o pequeña, fundamental o accesoria. Al final de la ficha había dos preguntas: "¿A quién se la compramos?" y "¿Cuánto cuesta?".

Una vez terminado el "inventario", Superlópez hizo algo que nunca se había hecho en la famosa empresa, mandó a sus ingenieros mecánicos a evaluar la verdadera función de cada pieza, por insignificante que fuera.

No sin antes confirmar que ni siquiera una rondana fuera prescindible, hizo actualizar el diseño, recotizar y presupuestar cada una de las partes del auto, desde el más pequeño remache hasta el block central del motor.

Separadas del resto, cada pieza recuperó su verdadero valor y encontró su mejor diseño.

Un año después, construir ese mismo modelo de auto, con mejor calidad y mayor rendimiento costaba diez por ciento menos, a pesar de que se habían mejorado sustancialmente los salarios del personal de planta.

Nosotros somos como las piezas de un coche, todos tenemos una finalidad y un sentido. Y ninguno está de sobra. Quizá algún "Superlópez" más elevado y perfecto se ha ocupado de descartar los tornillos y las tuercas inservibles en algún momento, quizá ni siquiera hizo falta. Lo que parece que debemos asumir es que todos somos necesarios; unos pueden realizar una función que parezca primordial, y otros, alguna complementaria; unos son la estrella del equipo y otros quizá sólo llevamos el agua al estadio, pero todos formamos parte de lo que sucede. Y es necesario recordarlo. Por ese camino podremos también revalorizar lo que hacemos.

Un explorador avanza por el camino del valle y se cruza con una hilera de trabajadores que, uno tras otro, acarrean grandes piedras en sus carretillas. Los porteadores llegan desde el fondo de la planicie y se pierden en el polvoriento sendero que sube por la empinada ladera de la montaña. Sorprendido por tanto despliegue, el explorador se acerca a uno de los porteadores y le pregunta:

—¿Qué haces?

—¿No lo ves, imbécil? —contesta el hombre—. Transporto piedras en una carretilla.

El explorador se acerca a un segundo porteador, de aspecto menos huraño que el primero, y le pregunta:

—¿Qué haces?

—Trabajo llevando estas piedras, para así pagar la educación de mis hijos.

El explorador se dirige a un tercer porteador, éste parece tener una pequeña sonrisa dibujada en su cara.

También le pregunta:

—¿Qué haces?

—Mira allí, extranjero, en la montaña. ¿Lo llegas a ver? —le pregunta el obrero señalando hacia arriba.

Luego sigue:

—Estamos construyendo un templo.

Esta tercera respuesta sólo puede ser dada bajo la batuta de nuestra más profunda conciencia de nosotros mismos, la que nos permite comprendernos como parte de un todo mayor que se proyecta constructivamente hacia delante, en el resultado global.

Conciencia espiritual

La singularidad de lo espiritual en el ser humano se manifiesta por ser conscientes de estar insertados en ese todo.

Pero no sólo eso.

Conscientes además de ser un cuerpo animado y finito.

Conscientes de un alma que lo vive y de una mente que lo registra.

Conscientes de la necesidad del encuentro, de la vida compartida, de la comunión y de la trascendencia.

Conscientes de la urgencia de vivir con horizontes cada vez más distantes.

Puede que sea cierto que la espiritualidad, como dijimos, nazca con nosotros y hasta con anterioridad a nuestro nacimiento, pero esta conciencia de nuestra espiritualidad no nace en nosotros tan tempranamente y casi siempre ocurre después de haber recorrido un largo trayecto alejándonos de ella.

Lo he visto tantas veces...

Alguien tiene todo lo que alguna vez pudo soñar y más. Vive con todas las comodidades posibles, y tiene un éxito ostensible hasta en las cuestiones del amor, pero, a pesar de ello, un día, posiblemente una tarde gris (como en el tango), le asalten unas injustificables ganas de llorar.

Sin más motivo que su desazón, no puede alejar de su cabeza un absurdo pensamiento recurrente, la idea de que cientos o miles de personas, en ese mismo instante, estarían pensando y sintiendo lo mismo. Pero toda esa compañía, en ese momento, en lugar de consolarlo hace que se sienta aún más solo.

Si viniera a mi consulta... o si yo pudiera acercarme a donde está... le llevaría aquel poema, atribuido a Rimpoche, para que por lo menos supiera que ya otros han caminado por esa acera.

> Construimos casas cada vez más grandes...
> y familias más pequeñas.
> Gastamos más...
> pero tenemos menos.

Compramos más... pero lo disfrutamos menos.
Habitamos en edificios más altos...
con vidas poco profundas.
Vamos por autopistas más amplias...
con mentes cada vez más estrechas.
Tenemos más comodidades...
pero vivimos más incómodos.
Tenemos más conocimiento...
y menos sensatez.
Más expertos... y menos soluciones.
Más medicinas... y menos salud.
Son tiempos de comida rápida...
y de digestión lenta.
De casas fantásticas...
con hogares rotos.
De enojarnos enseguida...
pero de perdonar lentamente.
De salir muy temprano...
y llegar siempre tarde.
Levantamos las banderas de la igualdad,
pero sostenemos los prejuicios.
Tenemos la agenda llena
de teléfonos de amigos
a los que nunca llamamos...
Y los estantes de nuestra biblioteca
repletos de libros,
que jamás leeremos...
Nos ganamos la vida,
pero no sabemos cómo vivirla.
Poseemos cada vez más cosas,
y desperdiciamos casi todas.

Tal vez le pediría que leyera la columna que escribí hace meses para un periódico, ese texto de tono impersonal pero claramente dirigido a mí mismo:

> Alejado de su espiritualidad el hombre crece con las limitaciones que le impone una mentalidad estancada, en la que se atrofia el deseo de perseguir lo fundamental, especialmente cuando intenta sustituirlo con lo superfluo... Y lo más doloroso es nuestro argumento, jamás esgrimido: lo hacemos así porque sabemos (nos han enseñado, hemos aprendido) que nos resulta más sencillo ir detrás de esto que de aquello.
>
> Ciertamente funcionamos como aquel borracho que buscaba la llave alrededor del farol no porque la hubiera perdido allí, sino porque dos calles más arriba donde realmente se le cayó... no había luz suficiente para encontrarla...
>
> Actuamos como si estuviéramos empeñados en descender por aquella escalera, la del crecimiento personal, que el mexicano Alfredo Torres decía que sólo estaba diseñada para subir.

No será por el poema... y menos por mi artículo, pero después de experimentar un episodio como el que describo, uno muchas veces amanece con la clara sensación de comprender desde dentro la diferencia entre lo trascendente y lo intrascendente.

Las tres maneras de trascender

Un aspecto relacionado con nuestra entrada en el plano espiritual es justamente la conciencia de lo trascendente de nuestras vidas, actos e ideas.

La palabra *trascendencia*, en sentido literal, quiere decir: llegar más allá. ¿Más allá de qué? Más allá de nuestros límites físicos y temporales. El puntal de toda una filosofía de vida.

Por un lado, porque implica que nuestros actos, por pequeños que sean, tienen siempre consecuencias en nuestro entorno y es obvio que esa conciencia nos agrega una mayor responsabilidad sobre nuestra conducta (cuanto más si agregáramos que estos efectos alcanzan, aunque a veces ni nos enteremos, a personas a las que no conocemos o que ni siquiera saben que existimos).

Por otro lado, porque el deseo o la necesidad de trascender se podría definir, si se me permite simplificarlo a ultranza, como la intención (asociada a una conducta congruente) de dejar una huella en otras personas, en otros lugares, y hasta en nosotros mismos en otro tiempo o en otras dimensiones.

Supongamos que el equivalente de la manera de ser y de actuar de una persona pudiera simbolizarse con la evolución y el rendimiento de un árbol. Una forma de evaluar su vida "arbórea" (no la única, por supuesto) es mirar la cosecha de sus frutos desde su nacimiento hasta su muerte.

Si nos fijamos, por ejemplo, en el manzano que se alza en el jardín de mi amigo Kike, descubriremos que no todas sus frutas son del mismo tamaño. Unas manzanas son más grandes y otras más pequeñas (pese al esfuerzo genuino y a la inversión efectiva que Kike le pone para que no sea así). También observaremos, seguro, que las manzanas de este año son más rojas y de una calidad muy superior a las de temporadas anteriores, o viceversa. O que sumando resultados, su ciruelo ha rendido mucho más que su manzano.

¿Transformaría alguna de estas aseveraciones, aunque fuera absolutamente cierta, a este árbol en algo absolutamente intrascendente o despreciable?

Por supuesto que no.

Como no podría ser de otra manera, el valor y el sentido del manzano no se pueden juzgar exclusivamente por la cantidad de manzanas que nos ha dado esta temporada ni por ningún otro "cuánto" medido en un momento puntual de su existencia. Debe evaluarse, en todo caso, por el qué a lo largo de toda su vida.

La importancia y la fuerza generadora del deseo de trascender es tanta que se ha colado para muchos (entre los cuales me incluyo) en la lista de esas necesidades "innatas" de las personas que se nos imponen naturalmente, sin tener que pensarlas ni justificarlas.[13]

En este sentido yo veo tres tipos de búsqueda de trascendencia, que se corresponden con otros tantos estilos, caminos y deseos.

Existe para mí una trascendencia que podríamos llamar Horizontal, otra que definiría como Vertical, y una última a la que le pondría el adjetivo Perpendicular.

La *trascendencia horizontal* es lo que se persigue y se logra en relación a los pares, tus vecinos, tus amigos, tus compatriotas, tus contemporáneos. La gente suele conocerla como popularidad, o fama, o gloria. Si consigues trascender horizontalmente, el resto de la gente sabe de ti. Te transformas en un referente, en un ídolo o en un héroe. Seas consciente de ello o no, a muchos les llega lo que haces o dices; los toca, influyendo (mucho o un poco) en sus decisiones, gustos o maneras de analizar las cosas.

La *trascendencia vertical* incluye, en cambio, el factor tiempo. Tiene que ver con que esa misma "fama" o influencia traspase tu vida y tu tiempo. El recuerdo de quien fuiste sigue vigente cuando tú ya no estás; son muchos los que valoran lo que hiciste, a veces hasta el punto de convertirte en un modelo a imitar. Para poner tan sólo un ejemplo, Miguel de Cervantes escribió *El Quijote* a principios del siglo XVII y si bien no fue bien recibido en su tiempo, hoy, cuatrocientos años después, el libro sigue siendo considerado una joya literaria y su autor, un ejemplo del novelista ideal para los que mucho saben.

Por fin, en el deseo de *trascendencia* que llamo *perpendicular*, las personas jamás actúan en función directa de la valoración o el reconocimiento de los hombres y las mujeres de su entorno, ni de los que vendrán. Se hace, se piensa y se actúa en función de otro plano de existencia, quizá en función de la vida eterna, o de una supuesta reencarnación que seguirá a la muerte, o de la sola mirada de una instancia superior o metafísica. Esta búsqueda es la de una trascendencia en lo sagrado o en lo divino.

VALORES Y TRASCENDENCIA

Como es obvio, este deseo de trascender, sea horizontal, vertical o perpendicular, señala una dirección, marca un sentido y determina una forma de actuar que en todos los casos debería poder conjugarse con facilidad con una determinada y propia escala de valores.

No se puede avalar, sosteniendo la bondad de mis intenciones, los alienantes condicionamientos que nuestra sociedad impone a los más jóvenes.

No se puede hablar del amor al prójimo sosteniendo que "está justificado" matar, torturar, quemar o mutilar a seres humanos para salvar los intereses o la integridad de otros seres por lo menos tan humanos como aquéllos.

No se puede declamar a viva voz el respeto a la individualidad y legislar después qué es lo que "hay que hacer", por fuerza, para ser "alguien en la vida".

No se puede vivir profiriendo loas sobre la pareja que has construido y en la intimidad vivir peleando por el más pequeño espacio de poder.

Cuando me toca atender a una pareja que discute demasiado, siempre les cuento esta historia, extraída casi literalmente de un hecho real:

Él, después de una sesión muy dolorosa, en la que estuvo hablando de ella y de sus desencuentros, vuelve a su casa y (quizá por una vez sin malas intenciones) le dice a su esposa:

—¿Nunca pensaste que uno de nuestros problemas es que somos demasiado competitivos?

Ella, furiosa, le contesta:

—Claro que lo pensé. Y mucho antes que tú... ¡Idiota!

Competir, imponer, manipular.

Palabras tan lejanas al verdadero encuentro con otros y, sin embargo, tan presentes en los intercambios nuestros de cada día.

En una vieja taberna de Madrid, al lado de antiquísimos afiches publicitarios de principios de siglo pasado, cuelga todavía en la pared, un cartel que dice:

PROHIBIDO HABLAR DE POLÍTICA Y DE RELIGIÓN.

El anuncio parece creer (o más bien quiere creer) que el problema está en el tema de la discusión, minimizando así la importancia de la actitud de los que discuten, cuando en realidad el más ingenuo de los espectadores puede darse cuenta de que no es así.

De todas formas, es el dueño de aquella taberna madrileña quien no ha caído aún en la cuenta de que el verdadero problema del hombre no está basado en el poco respeto que se siente por las ideas ajenas sino, sobre todo, en el poco sostén que se tiene para las propias.

Cuentan que un famoso líder revolucionario menospreciaba, criticaba y perseguía con dureza la labor y la presencia de la Iglesia católica en su país.

Alguien se le acercó un día para intentar convencerlo de que, ya que su oposición era tan contundente, por qué no adoptaba para él y para su pueblo otra religión que no fuera la católica.

El general miró gravemente a su interlocutor y le dijo:

—¿Qué me dice? ¿Usted está loco? Si no creo en la Iglesia verdadera... ¿voy a creer en otra?

Vuelvo a pensar en el local de Madrid... Te prometo que la próxima vez que pase por la taberna de las peleas, voy a proponer un pequeño agregado al anuncio que cuelga en la pared, como para que quede así:

PROHIBIDO HABLAR DE POLÍTICA Y DE RELIGIÓN
SIN REÍRSE DE UNO MISMO Y DE LAS PROPIAS IDEAS.

Estoy más que seguro de que si se hace caso a mi sugerencia y el público acata la restricción, las peleas terminarán de inmediato.

LA OTRA RED

De la misma manera que, más allá del límite de nuestra piel, formamos parte de una red transpersonal, en nuestro interior vivimos en una urdimbre particular constituida por las distintas facetas de nuestra personalidad (y entre ellas, por supuesto, nuestra muchas veces olvidada vertiente espiritual).

Vuelvo atrás para aprovecharme de la recién incorporada imagen de la red de pesca. Aunque nos empeñemos en negar nuestra esencia, nuestro espíritu está sosteniendo su trozo de la red de lo que somos, y cada vez que tira de él, el resto de nosotros lo siente y lo registra. Asimismo, cada vez que otra de nuestras facetas, por ejemplo el cuerpo, tira de la red (se esfuerza en demasía, se hiere o se enferma), lo siente, claro, nuestro espíritu.

Es por esa razón que por mucho que pretendamos negarla, por mucho que queramos ignorarla, por mucho que busquemos esconderla, nuestra espiritualidad siempre está presente. Y no parece una buena idea cerrar los oídos a sus reclamos de atención, porque en todo caso jamás conseguiremos hacerla desaparecer, y más tarde o más temprano comenzará a gritar, cada vez más fuerte, hasta que nos ocupemos de ella. (Según mi opinión, que sé que muchos comparten, algunos de los problemas que actualmente tiene la sociedad son consecuencia de no prestarle suficiente atención a la llamada de nuestros aspectos más elevados y fundamentales.)

Quizá en la sobremesa familiar nos manifestamos conscientes de su presencia, en la charla con los amigos sostenemos y defendemos una manera de pensar más que espiritual... y sin embargo, un poco después, a la hora de actuar, nos comportamos como si nuestros pensamientos y palabras fueran por un lado y nuestra conducta cotidiana fuera por otro. Y lo peor es que algunas de estas acciones "incongruentes" demasiadas veces no se corresponden con ingenuos errores ni con meras distracciones. Antes bien, son respuestas repetitivas y clásicas, condicionadas por nuestra educación, que están diseñadas en función de obtener algunos logros que satisfacen nuestro ego o vanidad o que nos empujan en dirección de superar las metas que garantizan la cosecha del aplauso, la fama y hasta un poco de poder...

Y lo peor es que esa indignidad suele ser inútil, porque las más de las veces el afán desmedido de éxito suele aterrizar en una catástrofe personal de la que es muy difícil volver, resultando ser esos "atajos cortos que conducen a desvíos largos".

Vivir en congruencia

Mi pensamiento puede evolucionar (y es más que saludable que así sea), mi manera de ver las cosas hoy puede ser radicalmente distinta a cómo las veía ayer, pero entre uno y otro momento, o entre las dos ideas, debe haber un hilo conductor del proceso que permite comprender el cambio de los conocimientos y del proceso. Los dos pensamientos, aunque contradictorios, son congruentes:

uno con la persona que yo era en ese momento, y otro con la que soy ahora (asumiendo de paso que ya no soy el mismo).

Hoy puedo ser de izquierda y mañana de derecha; hoy pueden gustarme las rubias y mañana las morenas (o los morenos); hoy puedo ser católico y mañana musulmán, ateo o judío; hoy puedo ser del Madrid y mañana del Barça (bueno, bueno, tanto no...), pero lo importante es que en todo momento esté siendo fiel a mi manera de sentir y pensar. No es lo mismo ser contradictorio con mi pasado (quizá eso sea incluso deseable como pauta evolutiva) que ser incongruente aquí y ahora.

Una vez más recuerdo la parábola del hombre que llora frente a su maestro, quejándose de una imagen que lo atormenta:

—Pienso en el día en que llegue al cielo. Quizá Dios me esté esperando para preguntarme por qué no fui como Moisés, como Jesús o como Gandhi... Me angustia darme cuenta de que no voy a poder darle más que excusas absurdas...

El maestro lo mira y le dice:

—A mí me pasa igual... pero diferente. Si cuando yo llegue al cielo, Dios me hace esa pregunta, sé que tendré mucho para argumentar. Sin embargo, si apenas llegue al cielo, Él me preguntara: "¿Por qué no fuiste como realmente eres?", sé que sólo podría bajar la cabeza y quedarme mudo, porque no tendría ni una sola respuesta para dar...

En mi vida como terapeuta he intentado ayudar a otros a vivir vidas congruentes y he visto a muchos de ellos abandonar la congruencia conseguida, sin siquiera replantearse si se justificaba hacerlo, para partir detrás de un objetivo al que suponían una urgencia emocional, o simplemente detrás de alguien que les parecía más importante que nada en el mundo. No está mal, las pasiones son así (y enamorarse es la más hermosa de todas las pasiones, por cierto).

Pero es bueno saber que cualquiera de nosotros terminará siendo incongruente...

si trata de satisfacer a otro y renuncia a ser el centro de su propia existencia;

si pretende responder o ajustarse a un modelo que no es el propio;

si intenta aparentar que es lo que debiera ser, en vez de ser lo que es;

si divorcia lo que piensa de lo que siente, y lo que siente de lo que hace;

si negocia su autenticidad a cambio de una mirada de aprobación.

No parece, pues, buena idea acceder, ni por un momento, a hacer lo que está en contra de mis principios, reñido con mi ideología, o a contrapié de mi crecimiento... Mucho menos después de darme cuenta, en este plano, que lo único que podría perder, si perdiera algo, serían esas cosas que alimentan el peor de mis narcisismos.

Y habrá que tener cuidado con las "pequeñas excepciones", porque, como venimos diciendo, cada una de mis acciones de una u otra manera es capaz de cambiar o modificar la realidad de alguien más.

Hace unos pocos años se filmó una película fantástica llamada *El efecto mariposa*. El filme habla del fenómeno de la influencia cruzada, concatenada y recíproca de cada hecho y de una realidad cualquiera sobre su entorno y más allá. Este "efecto dominó", desde su presentación ante el mundo de la ciencia, quedó anclado al ejemplo utilizado por los primeros que hablaron de esta teoría. Ellos decían que se podía demostrar científicamente cómo y por qué una variación en el ritmo del aleteo de una mariposa en Brasil puede acabar, a través de un particular encadenamiento de efectos, formando un tornado en Japón.

Sin tanta espectacularidad ni grandilocuencia, pero con mucho más arte y belleza, la maravillosa ópera *Turandot* nos muestra desde el primer acto otra consecuencia del mismo efecto potenciador de los hechos.

El príncipe Kalef, pretendiente a la mano de la inabordable y odiosa princesa Turandot, se prepara a jugarse la cabeza intentando resolver los enigmas que la virginal heredera plantea cada año.

En la plaza de Pekín, miles de súbditos se reúnen para ver, una vez más, rodar la cabeza de otro pretendiente.

Entre la multitud, Kalef reconoce a su anciano padre, el destronado rey de un lejano país... El pobre está ciego y enfermo, vive de la limosna que pide para mantenerlo una joven mujer llamada Liu.

Kalef se da cuenta de que el encuentro con su padre, al que busca desde hace años, es un prometedor augurio; no obstante, algo más ocupa su mente: no comprende por qué esa desconocida mujer se ha hecho cargo de su padre y lo ha servido desinteresadamente todos estos años.

Liu explica, en un aria bellísima, el origen de esa fidelidad, que después le costará la vida...

—Un día, para celebrar el aniversario de nuestra hermosa ciudad —cuenta Liu—, tu padre, el rey, había organizado un desfile. Yo bajé de mi casita en la montaña para verlos pasar. Esa mañana, allí, entre miles y miles de personas, cuando pasaste... desde lo alto de tu carruaje... tú... me sonreíste...

La aceptación

Nada hay en el mundo más blando que el agua... y sin embargo, no hay cosa que supere mejor que ella el más difícil de los obstáculos y siga su curso.

LAO-TSE

Cuando yo todavía era un estudiante de medicina en la Universidad de Buenos Aires, nuestro profesor de psicosemiología solía bromear con cada nuevo grupo de alumnos a la hora de explicar a grandes trazos las diferencias entre las principales patologías psiquiátricas.

—Si le hacemos a una persona "normal" una pregunta sencilla sobre la realidad externa, aunque sea abstracta, como podría ser "¿Cuánto suman dos más dos?", contestará seguramente "Cuatro" mostrando su ligazón con la realidad.

"Si le hacemos la misma pregunta a un paciente psicótico —decía luego—, posiblemente conteste 'Doce' o 'Mil quinientos' o 'Automóvil', mostrando que ha perdido ese contacto con el mundo real.

"Finalmente —decía el profesor sonriendo con complicidad—, si sometemos a idéntico test matemático a un neurótico, lo más probable es que nos diga: "Dos más dos son cuatro... ¡pero no lo soporto!".

Bromas aparte, esta humorada refleja, con mayor pulcritud que algunos cientos de libros técnicos, el gran problema que nosotros, en alguna medida neuróticos, tenemos con la realidad en la que habitamos: sabemos más o menos claramente cómo son las cosas, pero simplemente (o no tanto) nos negamos a aceptarlo.

Adentrándonos en el plano espiritual, gran parte de este conflicto básico comienza a disiparse. La conciencia del prójimo y la nueva manera de conectar con el amor, son renovados puntos de apoyo para desarrollar una nueva actitud: aceptar las cosas tal como son.

La espiritualidad es, sobre todo, la aparición de una auténtica apertura a otros, capaz de gestar un novedoso canal de comunión que se manifiesta aun en el silencio de una reflexión.

Es en este estado de amorosa conexión con el universo de lo esencial cuando el entusiasmo te invade y percibes a tu alrededor una belleza que los ojos físicos no pueden ver, una gozosa energía y una definitiva aceptación de los hechos, las personas y las situaciones de nuestro entorno.

Poco a poco vamos aprendiendo y ejercitando el oficio y el arte de vivir en alegre sintonía con el mundo real.

Y no estoy diciendo que entrando en el plano espiritual uno se cure de su neurosis (aunque a veces así suceda); estoy diciendo que ese síntoma neurótico, el más emblemático y angustiante de los signos de nuestra dificultad para vivir mejor, se acomoda siempre en un lugar más saludable a medida que recorremos el camino hacia nuestro interior. Por decirlo de otra manera: no creo que el descubrimiento de tu aspecto más elevado te reconcilie con la realidad de las cosas, ni tampoco que aceptar la realidad te conecte con tu espiritualidad, pero estoy seguro de que estas dos cosas, muchas veces, suceden al mismo tiempo.

ACEPTAR LOS DESENCUENTROS

Yo soy yo y tú eres tú. Yo no estoy en este mundo para llenar tus expectativas. Ni tú estás en este mundo para llenar las mías. Cuando tú y yo nos encontramos... es hermoso. Y cuando no nos encontramos, no hay nada que hacer.

FRITZ PERLS

Andando el camino aprendemos que el universo es uno y que los demás, todos los demás, forman parte de él.

Y nos damos cuenta de que somos capaces de amar sin condicionamientos y de dejarnos amar de la misma manera...

Esta doble conciencia será, de aquí en adelante, lo que nos permitirá ver a los otros desde una perspectiva más amplia y conectar con ellos no sólo desde las coincidencias sino también desde las discrepancias.

Es absurdo pretender que alguien comparta conmigo el ciento por ciento de mis creencias (ni el noventa, ni el ochenta), y eso no tendría por qué ser un problema si no fuera por el hecho de que, necesariamente, cada quien vive ubicándose y conduciéndose según lo determinan aquellas cosas en las cuales cree, orientándose según esos tres o cuatro puntos que suponen referencias ciertas.

Pero si las cosas en las que uno cree dependen de lo que cada uno vivió o aprendió, de lo que cada uno leyó o escuchó, y no puede haber en el mundo dos personas que hayan vivido o aprendido exactamente lo mismo, será inevitable asumir que no puede haber dos personas que piensen exactamente lo mismo sobre nada, mucho menos sobre verdades esenciales. Quizá apoyado en este razonamiento, Jean-Paul Sartre sostenía que si dos personas están absolutamente de acuerdo en algo... ¡debe tratarse de un malentendido!

Puntos de referencia

Como cualquier explorador, la primera vez que recorremos un camino, vamos recogiendo ciertos frutos, registrando ciertas cosas, incorporando ciertos parámetros que podrían ser después puntos de referencia para ubicarnos en los momentos en que nos hallemos confusos o para regresar atrás si acaso perdemos el rumbo. En los tiempos más difíciles de la búsqueda de la propia esencia, sólo es posible centrarse si uno es capaz de tomar como referencia aquellas cosas en las que cree, lo que sinceramente opina, lo que honestamente piensa, aquello que tiene para uno la fuerza de una certeza.

Siempre pensé que existen muy pocas auténticas verdades trascendentes que resisten los cuestionamientos a lo largo del tiempo.

Las otras "verdades", las relativas, quizá no tan ciertas, o transitoriamente ciertas, nos acompañan solamente una parte del camino. Creemos en ellas durante un tiempo para luego cambiar de idea o descubrir que hay otra verdad que nos parece "más verdadera"... O simplemente la cuestionamos y descartamos quedándonos, por lo menos por un rato, sin la certeza que nos proporcionaba nuestra creencia y con la esperable y lógica desubicación.

Éste es un mundo sumamente cambiante, diferente de momento en momento, en el que la velocidad a la que viaja la información hace que resulte muy difícil conservar ideas y sensaciones, sostener creencias o apostar por verdades perdurables.

Las tres verdades

Hace algunos años escribí en la introducción de mi libro *Cuentos para pensar* un texto en el que aseguraba que no había encontrado demasiadas cosas en las que confiar como verdades incuestionables, que no sólo fueran duraderas en el tiempo sino que además tuvieran pretensión de ser permanentes. Decía yo que solamente había sido capaz de encontrar tres de esas verdades de referencia, ideas ciertas y confiables, que cuando me perdiera y no pudiera "organizarme" fueran capaces de ayudarme a entender dónde estaba parado y orientarme acerca de por dónde seguir adelante.

Dos de esas verdades siguen tiñendo todo lo que hago y todo lo que digo, siguen siendo el punto de apoyo de la manera y el sentido de mi forma de vivir. La tercera ha sido y es cuestionada demasiado dentro de mi cabeza como para compartir con las otras el honor de estar en esta lista.[14]

La primera, de la que quiero ocuparme ahora, una vez más, decía: la realidad es tal cual es.

De someternos a esa verdad tan obvia habla este capítulo.

De este paso necesario para vivir de una manera más espiritual.

De este desafío a nuestra educación que nos empuja a no aceptar las cosas que no son como nos gusta, como nos conviene, como deberían ser, como fueron o como nos dijeron que eran.

Y, muy especialmente, de la inútil pretensión de cambiar algo sin antes haber aceptado que era como era.

Es sencillo escribir "lo que es, es", y no es para nada complicado entender lo que significa y estar de acuerdo (una especie de verdad de Perogrullo), y sin embargo, parece que no es tan sencillo vivir respetando esta idea.

Y es que utilizar este concepto como referencia implica aceptar que las cosas, los hechos, las situaciones y las personas son, ni más ni menos, que como son; y que, aun aceptando que se puede desear cambiar algo de la realidad, solamente se puede modificarla partiendo de esta verdad.

La pregunta podría ser: ¿cómo descubrir lo que es? Porque, en definitiva, yo sólo veo con mis ojos, y ya sabemos que no suelen ser totalmente confiables. Esto es tan cierto que algunos llegamos a dudar de la auténtica objetividad.

Vuelve entonces la duda: "Lo que es, es". ¿Cómo saber lo que es?

La respuesta de la fenomenología

Contemporáneo de Sigmund Freud, Edmund Husserl planteaba que la realidad debe ser registrada tal como se manifiesta, sin agregar al fenómeno de lo observado ningún juicio de valor ni interpretación intelectual referente a su causa o su contexto, ya que estos últimos distorsionan esa realidad. La búsqueda de lo que es debe basarse en lo obvio y no en la mirada siempre teñida de intencionalidad del observador. Esto exige, claro, cierta disciplina y seguramente algo de entrenamiento, de cara a conseguir registrar lo que se percibe sin incluir (y sin excluir) información prejuiciosamente.

En un experimento que lo haría famoso, el renombrado experto de la conducta B. F. Skinner reclutó a dos grupos de investigadores para evaluar el comportamiento de dos grupos de conejillos de Indias. A los investigadores de la costa este les tocaron los conejillos de pelaje blanco, que según los informes previos eran más hábiles y aprendían con más facilidad, mientras que los de la costa oeste se ocuparían de los conejillos de pelaje gris, a priori calificados como más torpes y duros de aprender. Se trataba de una compleja evaluación comparativa de la capacidad de aprender un recorrido en un laberinto antes y después del uso de pequeñas dosis de vitamina C. Al cabo de algunas semanas, los grupos de investigadores presentaron sus informes y confirmaron los resultados esperados: los conejillos blancos no sólo habían demostrado ser más inteligentes en el arranque sino que también mejoraban su capacidad de aprender con las vitaminas; el otro grupo, en cambio, se mantuvo igualmente torpe durante toda la prueba. No obstante, el éxito de la experiencia sólo se pudo evaluar apropiadamente cuando el doctor Skinner les reveló que ambos grupos de conejillos eran de la misma cepa (unos teñidos de gris y otros no).

El verdadero objetivo del experimento no era el comportamiento animal sino la conducta humana: demostrar que el prejuicio del investigador tiñe el resultado de la observación.

El experimento de Skinner dejaba establecida con claridad la falsedad de la rígida postura científica clásica y "racionalista" que parte de la idea de que existe una realidad "objetiva" independiente del observador.

Obviamente, no es lo mismo partir de la idea de que las cosas son como son —más allá de que uno sea o no capaz de percibirlas—, que partir de la idea de que no hay absolutamente nada que provenga del afuera ni que se imponga o condicione mi percepción de la realidad.

¿Cuál es la forma correcta de pensarlo? No la hay, ninguna es mejor ni más acertada, son simplemente dos posturas diferentes, dos maneras de plantarse en la vida.

Por poner un ejemplo, en el tradicional planteamiento de la filosofía acerca del dilema del árbol que cae en el bosque silencioso,[15] la ciencia pura no dudaría en asegurar que hace ruido aunque nadie lo escuche, pero un análisis fenomenológico posiblemente lo pondría en duda o, por lo menos, cuestionaría el concepto de "ruido" cuando no hay quien lo escuche o lo mida.

Percibir la totalidad sin "razonarla" propone incluir en el fenómeno de lo observado la presencia y la mirada del observador como parte de una realidad indisoluble, entendiendo la objetividad como una mera coincidencia de subjetividades. En ese mismo sentido, cuando alguien me pide "mi opinión objetiva" suelo bromear diciendo que no puedo cumplir su deseo, porque para hacerlo debería ser yo un objeto y no lo soy.

Es a todas luces evidente que la sola recopilación pasiva de los datos que aportan los sentidos no permite captar el conjunto completo de una realidad y mucho menos sus posibilidades. Es más que conocida la famosa paradoja del abejorro: conociendo el peso del insecto, el tamaño de sus alas y su estructura aerodinámica, es imposible que vuele, y sin embargo...

A la hora de intentar comprender el mundo que nos rodea, Gregory Bateson recomienda distinguir la realidad puramente física de la que se puede observar en la conducta de los seres vivos, resaltando la cuota de impredecible de esta última.

En el mundo de los objetos físicos se puede establecer una relación causal precisa y prever consecuencias; en el mundo de las cosas vivas, podemos presumir, pero no asegurar. Los hechos se realimentan y los resultados varían hasta el infinito, condicionados incluso por el encadenamiento circular que produce cada estímulo y su respuesta (algo que los psicoterapeutas podríamos englobar genéricamente en lo que llamamos "mecanismo de *feedback*").

En resumen, no sé si se puede saber lo que ciertamente es verdad, pero he aprendido que todo crecimiento personal tiende a procurar que uno por lo menos se informe cada vez más acerca de cómo es la realidad para otros, aunque sólo sea para ayudar a que la propia mirada sea más eficaz respecto de su "darse cuenta". Darse cuenta del afuera y del adentro.

Aceptar. Aceptarse. Aceptar a otros

En el plano espiritual, una percepción del afuera sin prejuicios ni condicionamientos riega de forma ideal el sendero del encuentro y favorece la comunicación con los demás.

Es en este plano donde se termina de aprender a escuchar sin interpretaciones, descartando preconceptos y expectativas, siempre derivados de una idea prejuiciosa de quienes somos (es decir, de quienes éramos antes que ahora) y de quienes queremos o creemos que son los demás.

Si queremos disfrutar de un concierto, debemos intentar captarlo y comprenderlo como una totalidad. Si no somos expertos con el oído entrenado y nos detenemos en el virtuosismo del primer violín, no podremos evitar perdernos algo de la belleza de la música.[16]

Desde esta perspectiva, cada encuentro con otra persona (y cada momento de nuestra vida) puede ser una experiencia irrepetible si aprendo a vivirlos como un todo, válidos en sí mismos e indivisibles. Descartaremos así para siempre los comentarios del estilo de: "Me gustó lo que dijo, pero no cómo lo dijo", y otras tantas frases descalificadoras, y superaremos, de paso, nuestra perniciosa manía de andar permanentemente hurgando en los detalles, tratando de descubrir "qué le falta a esta situación para ser perfecta...".

No es posible transitar en este plano si no lo hago con la decisión de conocerme y aceptarme, al par que me animo a conocerte y darme a conocer con la intención primaria y sincera de aceptarte tal como eres, aun sabiendo que seguramente...

no eres como a mí me gustaría, y no tienes por qué serlo,

no eres como a mí me conviene en algunos momentos, y no tienes por qué serlo,

no eres como yo quisiera a veces que fueras, y no tienes por qué serlo y

no eres como yo necesito hoy que seas, y no tienes por qué esforzarte en serlo...

ni siquiera en parecerlo.

Tú eres como eres, y es mi responsabilidad y mi tarea aceptarte, aunque aceptar no quiere decir que me guste.

EL ENTENDIMIENTO MEZCLADO CON LA ACEPTACIÓN

Digo que hay tres formas de relacionarse con el otro.

Una es entenderte, que es la más fácil de todas. Porque entender es cosa "de la cabeza", una cosa intelectual.

El entendimiento es de mente a mente. Yo entiendo lo que me dices y entiendo el objetivo de tu conducta. Lo entiendo, lo puedo explicar y hasta justificar, pero esto no garantiza nada... puede ser que aun así no lo acepte.

Un poco más profundo —digamos un poco más comprometido— que entender es comprender. Si dijimos que entender es cosa de la cabeza, comprender es cosa del corazón. Cuando digo que te comprendo estoy diciendo que puedo darme cuenta de lo que sientes porque yo siento dentro de mí lo mismo que tú, o porque reconozco que en tu lugar sentiría lo mismo, o porque alguna vez estuve en ese mismo lugar sintiendo algo muy parecido...

Esto es comprender al otro; es algo muy difícil, y más que osado.

Sin embargo, a pesar de ello, a veces no es suficiente.

No sólo porque comprender no incluye entender (son procesos separados e independientes), sino porque tampoco la comprensión, por emocionante que suene, garantiza la aceptación.

Aceptar es un poco más.

Aceptar es dejar de enfrentarme con lo que eres.

No pelearme con lo que piensas ni con lo que haces, aunque no esté de acuerdo, aunque no lo entienda, aunque no lo comprenda ni lo justifique.

La cantidad y el estilo de las cosas de ti que no me gusten será con seguridad uno de los puntos que determine nuestra relación.

Seremos amigos o no.

Seremos más íntimos o menos.

Hablaremos cada día o no nos saludaremos más...

Pero en todos los casos, mi aceptación implicará no esperar ni pretender (y mucho menos pedirte) que cambies.

Aceptar es asumir con honestidad que no “debes” cambiar, que yo no quiero que cambies, por lo menos, no por mí ni para mí.

Tu cambio de manera de actuar o de forma de pensar o de estilo de vida, que te deseo (si es que llega), se producirá cuando tú quieras, cuando tú decidas, cuando sea tu tiempo, cuando sea él el que llegue hasta ti y se te imponga, cuando sea tu momento, cuando no lo hagas por nadie ni movido por un fin ulterior.

Siempre me río al anunciar a las parejas que van a casarse o a comenzar su convivencia que se preparen para algo que por previsible no dejará de sorprenderlos.

Después de la primera alegría que uno siente por la maravilla de despertar junto a la persona amada y después de darnos por enterados que así será quizá para toda la vida, aparece una segunda y conmovedora emoción. Puede suceder a la mañana siguiente o el primer lunes compartido en convivencia, pero siempre ocurre:

Los dos piensan, aunque quizá ninguno se anime a decirlo, que el otro es... raro.

Puedes reírte de mi profecía pero recomiendo que, cuando te suceda y no resulte gracioso, no dejes que ese pensamiento (el de la rareza ajena) te lleve a creer que tienes que cambiarlo o cambiarla para que deje de ser así (y agrego, menos aún si crees tener la certeza de que es por su bien).

Cuenta una vieja historia que había una vez en el palacio de un poderoso rey un hombre un poco corto de entendimiento que trabajaba en el establo.

Cierto día, cuando el rey regresó de cazar, dejó su águila junto a su caballo, en el establo, con la intención de volver después por ella.

El sirviente, al ver el ave y sabiendo nada de cetrería, dijo en voz alta:

—Pobrecito... animalito de Dios..., ¿qué te ha pasado?

Y tomando unas pinzas recortó el pico del águila, le arrancó las uñas y le desplumó las alas.

—Ahora sí estás mejor —anunció al terminar su trabajo—, ahora eres una paloma normal.

Para los terapeutas que nos consideramos humanistas, los cambios que son verdaderamente útiles para las personas sólo pueden suceder cuando el individuo no se siente presionado para producirlos (una afirmación con la que supongo coincidirían casi todos los líderes espirituales de la historia).

La Teoría Paradojal del Cambio, de la que con tanta frecuencia hablamos los gestaltistas, sostiene que los cambios positivos y duraderos de una persona sólo suceden después de que el individuo acepta que es como es, es decir, cuando deja de querer cambiar.

Una paradoja, ¿verdad?

Sí.

Pero también una realidad fundamental.

Paradoja porque esa afirmación incluye en principio, o aparentemente, una contradicción en sí misma.

Para los que estén menos familiarizados con el tema de las paradojas, pondré un ejemplo. Si yo digo: "Esta frase tiene seis palabras", ¿es verdad lo que digo? Claro que no, porque "Esta frase tiene seis palabras" tiene cinco palabras. Y eso es ya una paradoja.

Pero si esto no es verdad, según la lógica más formal, debería ser cierta la negación de lo anterior.

Entonces, para corregir el error anterior digo: "Esta frase no tiene seis palabras". Y qué sorpresa... porque esta frase también miente; de hecho ¡la frase ahora sí tiene seis palabras! Otra paradoja.

La tercera paradoja, en este caso lingüística, se da al comprobar que es mentira que "esta frase tenga seis palabras" y es mentira también que no las tiene.

Nuestra cabeza nos dice que no puede ser... pero también acepta que es la pura verdad.

También parece mentira que una persona sólo pueda cambiar cuando deja de quererlo, pero así es.

Afortunadamente, cuando llegamos a este plano nos damos cuenta (de una vez y para siempre) que no es buena idea (ni un esfuerzo sensato) tratar de parecerse a alguien, ni querer lograr lo de otros, ni forzarse a hacer lo que hace la mayoría. El mejor camino para llegar a ser la mejor persona que cada quien puede ser, es, paradójicamente, permitirse ser quien cada uno es.

Decía mi profesor de filosofía que una mesa perfecta es aquella a la que no le falta nada para ser una mesa y no le sobra nada de lo que tendría que tener una mesa.

Un perfecto "tú" eres tú cuando no te esmeras en ser perfecto.

Ésta es la paradoja del cambio, algo que la lógica no puede descodificar, pero que conserva el germen de su verdad y su enseñanza.

Vuelvo al principio de este capítulo y recuerdo a Alan Watts cuando utiliza la tradicional imagen taoísta del estanque para transmitir el estado de máxima receptividad y más profunda aceptación:

> La mente debería ser como el agua de un estanque, que cede ante cualquier cosa que se introduce en ella. No opone resistencia

> alguna. Y como siempre cede, nada puede dañarla. Podemos intentar golpearla con el objeto más pesado o cortarla con el arma más filosa, pero nunca conseguiremos herirla. El agua consiente lo que le llega desde fuera y se deja atravesar. A veces intentamos endurecernos, volvernos firmes como la piedra, impenetrables. No nos damos cuenta de que al oponer resistencia es justamente cuando salimos heridos. Si fuésemos como el agua y nos dejáramos atravesar en lugar de pelearnos con lo que nos sucede, nos volveríamos invulnerables. Nada podría lastimarnos. Nada nos desgarraría. Dejaríamos que las cosas nos atravesasen para luego recomponernos y volver a la calma. Aceptar que cada cosa es lo que es, en su máxima expresión, significa justamente eso: convertirnos en un estanque de agua.

Libre de todos los condicionamientos, puedo llegar a ser el mejor yo mismo posible y puedo esperar con sabiduría los mejores cambios que todavía están por llegar, y también aquellos que desconozco y no espero. Porque, como lo anticipa el poema de Booth, "cada semilla sabe cómo llegar a ser árbol".

Recordemos la maravillosa oración de san Francisco:

> Señor, dame la fuerza para cambiar las cosas que puedo cambiar.
> Dame la serenidad para aceptar las cosas que no puedo cambiar.
> Y dame sobre todo, Señor, la sabiduría para distinguir entre unas y otras.

La intuición

Tal como sucedió con la conciencia de pertenecer a una red mayor que tu existencia y con la necesidad de ser congruente, descubrirás en el camino otra de tus capacidades esenciales, una voz que seguramente te acompaña desde siempre pero a la que casi seguro no escuchabas lo suficiente: la intuición. Un sorprendente compañero de ruta, que se desarrollará en toda su magnitud justamente después de aprender a aceptar las cosas como son, hasta transformarse en un poderoso aliado.

Por definición, la intuición es el conocimiento irracional, instintivo y de alguna manera "artístico" de la realidad, analizada en un momento puntual, que podría permitirnos llegar a conclusiones sin necesidad de transitar los procesos explícitos o conscientes del pensamiento formal.

Esta herramienta (valiosa herramienta) no es un don concedido a unos pocos, como muchas veces se cree; en mayor o menor medida, todos somos intuitivos. Y la mejor prueba es que alguna vez lo fuimos.

"Todas las personas mayores han sido niños antes (pero pocos lo recuerdan)", dice Antoine de Saint-Exupéry en la dedicatoria de *El Principito*.

Y es esa amnesia del niño que fuimos lo que parece condenarnos a perder por lo menos parte del maravilloso potencial intuitivo que teníamos de pequeños (los que tenemos hijos, o tuvimos hermanos menores, nunca olvidaremos la desarrollada percepción de esos pequeños a los que no se les escapaba nada).

Mucho antes de poder "pensarlo", por ejemplo, ellos perciben de inmediato quiénes a su alrededor los aman de verdad y mucho, en qué lugares se sienten más contentos y cuidados, en qué vínculos de su entorno abundan conflictos y tensión, cuál es un lugar seguro y cuál no.

Nosotros, los adultos, ya no sabemos hacerlo.

¿Cómo fue que nos deshicimos de tan formidable herramienta?

La contestación es fácil: la subordinamos a nuestra mente pensante.

¿Por qué lo hicimos?

También es fácil responder a esta pregunta, aunque nos resulte mucho más doloroso admitirlo: nuestros mayores nos enseñaron a desprestigiar estas sensaciones. A veces desmereciéndolas bajo el nombre de "fantasías infantiles sin ninguna base"; otras restándoles mérito llamándolas "simples corazonadas"; otras, al fin, exagerando su valor anticipatorio sometiéndolas a juntarse con "la adivinación", "la precognición" o "el sexto sentido" para poder depositarla en manos de unos pocos que poseen el "don" o para homologarla peyorativamente con algunas ciencias más oscuras.

Y a pesar de que, la llamemos como la llamemos, nadie desconoce que en algunas situaciones una alerta interna nos avisa y previene de algunos peligros o nos acerca a encontrar alguna solución que se nos escapa, muchos sesudos detractores consideran que esos resultados son un mero subproducto de las casualidades, sugiriendo que ese imaginario toma valor y es recordado sólo cuando resulta coincidente y se olvida por completo cuando no lo es.

En lo personal, yo creo que todos llevamos esa especie de brújula interna, que llamamos aquí *intuición*, y que, aunque no comprendamos cómo funciona, está dispuesta a ayudarnos en el difícil arte de navegar la propia vida.

Uno de los padres de la psicología, Carl Gustav Jung, consideraba que la intuición era una de las cuatro funciones básicas de la psique, junto con la percepción, el pensamiento y el sentimiento.

Esta habilidad primitiva y descontrolada, a pesar de conectar directamente con el subconsciente (o quizá por eso) es la que permite al individuo manejar datos que en lo cotidiano han pasado inadvertidos, se han olvidado, reprimido o negado, de cara a vincularlos con su presente para que le allanen el camino y seguir adelante.

Para la gestalt, el mundo de lo intuitivo es el contexto ideal del contacto auténtico con la realidad y la consecuencia natural del proceso de "darse cuenta"; una forma de volverse consciente de los hechos no apoyada en la razón, sino en vivenciar, sentir e imaginar. Desde esta perspectiva el valor diferencial de la intuición radica en que no intenta fijar posturas ni sacar conclusiones lógicas, no se ocupa de satisfacer la subjetiva necesidad de conceptuar, ni se desespera tratando de definir lo que está ocurriendo, sólo fluye relacionándose súbita y creativamente con las cosas, con las personas y con las situaciones.

Si la consecuencia de lo racional es "entender" un problema y "evaluar" posibles soluciones, la consecuencia del darse cuenta es intuir la esencia de lo que está sucediendo y visualizar una salida o una comprensión de la realidad diferente, más ligada a lo interno, más vinculada con nuestros aspectos más fundamentales.

TIPOS DE INTUICIÓN

Hay quizá una docena de modelos en los que se manifiesta nuestra intuición, y su mecanismo suele ser distinto en cada persona y en cada situación.

La mayoría de las veces se nos presenta como una inexplicable experiencia sensible y para nada razonable. A veces, por ejemplo, una sola mirada parece bastarnos para percibir por completo una situación o captar las características de una persona. Es una respuesta visceral, apoyada en lo emocional, y no es válida más que para nosotros, en ese momento y para ese particular objeto.

Otras veces, la intuición parece teñirse de lo intelectual, y aparece como la capacidad de establecer relaciones, similitudes y diferencias generalizadoras entre cosas aparentemente no vinculadas. Aquí, la intuición parece penetrar las cosas, hasta captar su esencia, su estructura o su evolución, su pasado o su futuro, empujando desde allí una serie de asociaciones que podríamos describir como respuesta básicamente espiritual.

En otras ocasiones, finalmente, la intuición aparece asociada con la capacidad de ciertas personas para presentir algún acontecimiento o adivinar lo que seguirá, como señal de que existe en algunos un sentido extra para percibir lo que no todos perciben.

¿Somos capaces de intuir nuestro futuro?

El destino es un concepto presente en casi todas las religiones y culturas, más o menos definido con la idea de que todo está predeterminado y/o es parte de un "plan" mayor, decidido por algo superior a lo humano. Desde este punto de vista, intuir el futuro sería nada más (y nada menos) que la capacidad de conectarnos con eso que ya "está escrito".

Según una mirada fríamente cientificista que evalúa la realidad como la compleja interacción de muchos binomios de causa-efecto, el futuro sería la consecuencia forzosa y lógica de la realidad ya existente, y desde este punto de vista, si se tuviera memoria suficiente de todo lo sucedido, o registro exacto de todo lo que actualmente sucede, no sería difícil anticipar lo que sigue. Así, un científico puro podría aceptar la intuición como expresión de un acceso momentáneo e inexplicable a esas bases de datos completas y globales que por lógica permiten conclusiones anticipatorias.

Y me gusta esta idea porque me permite deducir que si el germen de lo que seremos, como dijimos, está dentro de nosotros, somos potencialmente capaces de tener conocimiento de esa información sobre nuestro propio futuro, especialmente si nos animamos a mirarnos sin prejuicios.

CONDICIONES PARA UNA MIRADA INTUITIVA

Toda esta pequeña disquisición cientificista podría terminar de explicar (sumada a la fuerza de las profecías que se autocumplen) lo que intuimos de nosotros mismos, pero sería insuficiente para entender cómo a veces "sabemos" lo que les pasa a otros sin que nos lo cuenten.

Nadie se sorprenderá demasiado si afirmo que muy frecuentemente podemos darnos cuenta de si una persona está cansada, enferma, triste o asustada con sólo verla, especialmente si la miramos con los ojos del corazón, y más todavía si esa persona es importante para nosotros.

En estos casos, nuestro informante no es precisamente la intuición, sino un afinado registro de la situación y del otro (gestos, actitud, lenguaje corporal o timbre de voz). Esta lectura, que no siempre hacemos conscientemente, nos delata lo que está sucediendo debajo del nivel de lo explícito.

Esta habilidad, al igual que la intuición, no es el resultado de ningún poder o fenómeno extrasensorial, y de hecho, tal como sucede con aquélla, se entrena y se desarrolla, pero requiere una actitud primaria de apertura en cada uno, que comienza por permitirse que aparezca, prestarle cierta atención y, aunque en un principio no podamos ponerla en pie de igualdad con nuestros cinco sentidos usuales, concederle al menos una mínima cuota de credibilidad.

Lo mismo que pasa en cualquier contacto genuino con la realidad, para percibir hace falta estar abiertos, disponibles, conectados incondicionalmente con lo que ocurre.

Cuanta más necesidad de tenerlo todo bajo control, menos permitimos que aparezca lo que nos sorprende.

Cuanto más rechazo sentimos por lo que sucede, menos lo entendemos.

Cuantos más asuntos pendientes tenemos sin acomodar, menos dispuestos estamos para dejar entrar cosas diferentes.

Cuanto más nos concentramos o centramos en una sola cosa, menos caminos alternativos se cruzan a nuestro paso.

Cuanta más rigidez en el análisis, menos creatividad en la interpretación.

Cuanto más ruido y voces internas, menos posibilidad de que se escuche el susurro de lo intuitivo.

La base neurológica de la intuición

Con la tomografía computarizada, los neurólogos han explorado los hemisferios cerebrales y ubicado en una especie de mapa sus diferentes funciones.

De esa manera, se conoce que la mitad izquierda del cerebro se activa especialmente cuando se trata de ejecutar acciones relacionadas con el análisis lógico de las cosas, las operaciones numéricas o matemáticas, el razonamiento intelectual puro y todo aquello que tiene que ver con la palabra hablada o escrita.

En el hemisferio derecho, en cambio, se albergan sobre todo

las capacidades de espacio-tiempo, de memoria y de expresión artística.

La sabiduría popular habla desde siempre de la "intuición femenina" (como sugiriendo que ellas tienen más capacidad de disponer de ese recurso que ellos), y alguno de los estudios sobre el tema parece confirmar el mito, ya que se puede demostrar que las mujeres poseen estadísticamente un mayor desarrollo del hemicerebro no dominante, el lugar donde se cocina la percepción intuitiva.

También es frecuente observar que las personas muy sensibles y curiosas suelen ser más intuitivas y perceptivas que el resto.

Siendo el camino espiritual un espacio donde florecen los aspectos más "femeninos" y receptivos de las personas, donde se agudiza nuestra sensibilidad y donde renace la curiosidad de nuestro niño interno, no es de extrañar que en este plano la intuición se desarrolle en toda su magnitud.

DÉJATE LLEVAR POR TU INTUICIÓN

Mi maestra Raj Dharwani solía proponer un ejercicio que hoy comparto contigo. Ella decía que era como un juego de aquellos a los que jugábamos de niños, cuando acordábamos con nuestros compañeros imaginar una situación y nos metíamos en ella "en cuerpo y alma".

Jugar como si fuéramos niños nunca puede ser menos que útil, y a veces puede ser además revelador.

Juguemos pues...

Imagina que vas por un sendero abierto en un bosque muy frondoso.

Llegas a un claro y encuentras un círculo de piedras.

La luz del sol ilumina ese lugar.

Te sientas en el suelo.

Espiras profundamente y, cuando el aire vuelve a entrar en ti, formulas en silencio una pregunta que para ti es importante en este momento.

Después espera y permanece a la escucha de una respuesta, o más de una.

Si alguien aparece en tu imaginario, no pierdas tiempo en tratar de reconocerlo, no pienses, siente su presencia y relájate. No temas.

No importa si te es conocido o desconocido, ha venido a ayudar. Niño o anciano, varón o mujer, dale la bienvenida y repítele tu pregunta.

Escucha su respuesta. O sus respuestas.

Quédate en silencio y quietud unos momentos.

Luego...

Regresa al presente por el mismo camino por el que llegaste.

El neurólogo portugués Antonio Damasio, verdadero creador del concepto "inteligencia emocional", sostiene (como avalando el sentido de este ejercicio) que las emociones pueden ser más eficaces que la inteligencia a la hora de tomar decisiones.

Ante un determinado problema debemos dar una respuesta y actuar conforme a ella, debemos ocuparnos más que preocuparnos.

La preocupación se presenta como una manera de dar vueltas en busca de una solución, cuando en verdad es la expresión de una guerra entre nuestro raciocinio y nuestros sentimientos para adoptar la solución más adecuada.

Decidido a explorar tu espiritualidad, no sería mala práctica dedicar cada día un tiempo a invocar tus aspectos menos racionales (los racionales vendrán a ti aunque no los llames). Enriquece, pues, tu espíritu, privilegia tu sentir y déjate guiar un poco más por tu intuición.

Muchos se han ocupado de describir métodos para estimular las zonas cerebrales que acumulan la sustancia de nuestras intuiciones y percepciones anticipatorias. Algunos podrían tener trazos de realidad, otros lindan con lo fantasioso, y algunos, al fin, me parecen francamente delirantes.

Te resumo a continuación algunas de las cosas que a otros les han servido y que podríamos probar:

Seguramente podría servirnos de alguna ayuda aprender a prestar más atención a esas alertas internas que cada uno tiene.

Podría sernos útil también animarnos a pensar con imágenes y no sólo con palabras.

Quizá también podríamos prestar más atención al lenguaje de nuestro cuerpo (¿qué nos dice con esta dolencia o con este bienestar?).

El mundo sensorial se vería muy incentivado si pudiéramos dedicar más tiempo a simplemente captar lo que el entorno nos muestra, mirando todo con interés y atención, sin crítica ni quejas y, como ya dije, sin pretender tener control sobre todo lo que nos rodea.

La rutina, como su nombre indica, nos obliga a recorrer siempre la misma ruta y eso por supuesto está en contra de la capacidad de descubrir lo nuevo.

Por eso solía aconsejar a mis pacientes, cuando llegaban quejándose porque se sentían atascados en una situación, y lo ponían en palabras diciendo que no sabían dónde ir:

—Por un día... cambia de hábitos... da un paseo... llama a alguien a quien hace mucho que no ves... ve a comer un tipo de comida que nunca probaste... dale una oportunidad a tu darte cuenta.

Es más que obvio que caminando exclusivamente sobre tus pisadas, llegarás siempre al mismo destino.

Amor y espíritu

Me pregunto: ¿Eres la sed o el agua en mi camino? [...]

Eres el amor, y por lo tanto eres ambas cosas ...

Sed y agua [...] *Una gustosa ansiedad.*

Antonio Machado

Tan importante como aquello con lo que nacemos es lo que adquirimos interactuando con el afuera a lo largo de la vida. Desde habilidades básicas, como el habla y la postura erecta, hasta cualidades como la honestidad y la perseverancia.

Todo lo que sabemos, más allá de lo instintivo, es fruto de la educación y de la experiencia. Somos como pedazos de una arcilla potencialmente capaz de moldear criaturas extraordinarias.

Creer en el ser humano incluye apreciar en plenitud tanto el valor de cada individuo como el inmenso potencial que tiene por desarrollar. Integramos la humanidad y debemos ser conscientes de ello, hasta conseguir que el talento, la obra, las virtudes y la belleza de otros seres humanos hagan que nos sintamos orgullosos de lo que "somos" y de lo que podríamos llegar a ser.

El concepto de sociedad está en nuestra naturaleza, lo demuestra la necesidad que tenemos de relacionarnos con otros para desarrollar nuestra vida, explotar nuestras capacidades y ser felices. La sociedad es mucho más que un acuerdo de todos, necesario o provechoso; de la misma manera que tu hogar es mucho más que un techo sostenido por paredes que te sirve para dormir cuando llueve o hace frío.

El amor es el primero y el último de los compañeros que encontramos en nuestra exploración del camino espiritual. Un compañero que creíamos conocer pero que descubriremos "de nuevo" en este plano y será como si nunca lo hubiéramos visto antes.

Su significado e importancia han sido abordados por las más variadas disciplinas que uno pueda imaginar: la filosofía, la antropología, la religión, la ética, la psicología y hasta la metafísica.

La mayoría de estas aproximaciones coinciden en señalar que hablar sobre la naturaleza humana es hablar del contacto con otros, y eso implica analizar como mínimo dos instancias: la comunicación (de la que ya hablamos) y la implicación afectiva.

¿Se puede llegar a definir una emoción, un sentimiento, una pasión? ¿Tiene sentido intentarlo con el amor, cuando todos lo aceptamos como una conducta, una respuesta o una vivencia más o menos inexplicable? La etimología no nos ayuda mucho, en parte por el origen difuso de la palabra, y en parte por la diferente vertiente que la origina en cada idioma. Lingüísticamente, está relacionada con el deseo (*lubh*) en las lenguas sajonas, y relacionada para muchos con la vida en las lenguas latinas (*a+mort*).

En *El camino del encuentro* escribía yo sobre el amor:

> Hay muchas cosas que puedo hacer para demostrar, para mostrar, para corroborar, para confirmar o para legitimar que te quiero, pero hay una sola que puedo hacer con mi amor, y es quererte, ocuparme de ti, actuar mis afectos como yo los sienta. Y ésa será mi manera de quererte.

Como su propia definición, la acción de amar abarca una gama tan amplia de comportamientos, que sería imposible enumerarlos. Por nombrar algunos, anoto: cuidar, escuchar, atender y, por qué no admitirlo, preferir a alguien por encima de las demás personas.

Aunque los que creen que sólo es real el mundo físico sigan sosteniendo que cada evento es la reacción a un estímulo previo y se devanen los sesos midiendo los efectos de la liberación de hormonas, neurotransmisores y evaluando todo tipo de interacción entre cientos de componentes bioquímicos, el amor que describen quienes han amado alguna vez nos habla de la inexplicable vivencia gozosa de la compañía del amado y del más que inexplicable sufrimiento que acompaña tradicionalmente al más romántico amor de pareja.

Confieso que es un poco frustrante comprobar que en las definiciones de otros (de casi todos) se indica que, en última instancia, sólo quien lo experimenta puede saber su naturaleza. Lo malo de esta aseveración es que, tomada literalmente, su comprensión está restringida solamente a los expertos, en el sentido de los que han vivido la experiencia. Los otros, los no iniciados, los que supuestamente son incapaces de entenderlo, quedarían así condenados a sentir sólo aquel deseo físico o una mera atracción y supuestamente sentenciados a confundirlos con el "amor" verdadero.

Afortunadamente no es así.

La visión más elevada

Desde los primeros pasos en el terreno del amor, uno se da cuenta de que existe algo más que lo tangible, aunque por supuesto no lo pueda poner en palabras (a excepción de los poetas, claro).

En el plano espiritual, el amor adquiere, quizá por primera vez, el valor sagrado de un sentimiento que vive en nosotros y está presente siempre; no sólo en compañía de determinadas personas, no sólo en esos momentos especiales o "mágicos".

Este aspecto, que nos conmueve el alma, se manifiesta espontáneamente, y sin embargo, reclama nuestra colaboración para mostrarse en plenitud y permitirnos así descubrir, trepados a él, la belleza, a veces oculta, de todas las cosas. Una estética fascinante e irresistible del mundo a nuestro alrededor, que de la mano de la verdad nos sigue o nos guía hacia la realización del ser que podríamos llamar felicidad, nirvana o simplemente alegría de vivir.

No es casual entonces que en este plano aparezca privilegiada una clara definición del amor (para mí la mejor de todas), la de Josef Zinker: el amor es la alegría y el regocijo por la simple existencia del otro.[17]

Nuestra actitud frente al amor humano

En sentido espiritual, el amor por alguien, que descubrimos en este plano, es el reconocimiento de un alma que complementa mi propia alma, algo de fuera que me completa o me expande dejando salir lo mejor de mí.

Con semejante experiencia, no es de extrañar que algunos lo definan como el lenguaje de la divinidad más interna y que otros lo consideren el eco humano del amor de Dios.

Ese amor que a veces nos cuesta entender.

Esta historia, inspirada en los Santos Evangelios, nos la acercó un día un paciente en señal de gratitud; relata el encuentro de un hombre con Jesús en el final de su vida.

—Maestro —le dice—, recorrí mi vida hacia atrás y llegué a la playa en la que te encontré una vez. Mis huellas y las tuyas estaban impresas en la arena. Fue muy emocionante ver todos esos momentos en los que caminaste a mi lado. Sin embargo, había largos trayectos, que se correspondían con los momentos más duros de mi historia, en los que, para mi decepción, sólo había un par de huellas en la arena. ¿Por qué me abandonabas justo cuando yo más te necesitaba?

El maestro sonrió.

—¿No notaste que en esos tramos las pisadas se hundían un poco más que antes en la arena?

—Sí, maestro, y eso aumentó mi dolor. Es evidente que llevaba una pesada carga en mi espalda en esos momentos...

—Pero ¿no lo entiendes? En esos momentos, cuando tú, desesperado, te aferraste a mí, yo decidí llevarte en brazos...

Visto así, como la expresión más profunda de la entrega y la compasión, parece evidente que nuestros terrenales intentos de traer amor a nuestras vidas dejan bastante que desear.

Hablamos de nuestra necesidad de amar en los mismos términos y con la misma actitud con la que hablamos de necesidades como comer, dormir o respirar. Y aun cuando lo hacemos con la intención de jerarquizar nuestra vida afectiva, equiparándola a nuestras necesidades básicas, el resultado no es para nada halagador.

Cuando consideramos el amor como una función más del cuerpo no nos damos cuenta de que otra vez estamos reduciendo su concepto a una cuestión fisicoquímica, olvidando que el agua o la comida son elementos materialmente imprescindibles para sostener el cuerpo físico, pero el amor, al menos este amor que describo, pretende ser un nutriente más esencial diseñado para sostener también al alma.

Si el amor fuera sustancia, no podría ocupar el corazón de los hombres más que hasta llenar su capacidad, o con un sentimiento único y excluyente, y sabemos que no es así. Que no dejamos de amar a nuestros viejos amigos cuando otro amigo nuevo aparece en nuestra vida, que no abandonamos a un hijo porque acabamos de tener otro, que podemos amarnos saludable y grandiosamente a nosotros mismos y amar en la misma magnitud, o casi, a otro ser humano.

Quienes se enfrentan al amor como si fuera algo material sostienen que no es posible amar verdaderamente, sin condiciones, para siempre... Y se equivocan. Ellos son los que más frecuentemente llegan al camino erróneo de la espiritualidad, ya que terminan mezclando y confundiendo el amor hasta sustituirlo primero con el sexo y luego con las más que terrenales aspiraciones narcisistas de ser adulados, buscados, deseados o elegidos.

El amor verdadero del que aquí intento hablar supera esas vanidades, al igual que traspasa las barreras del tiempo y del espacio, conjugando y sumando al mejor amor propio el mejor amor a los demás. Por esa razón, la urgente necesidad que expresamos cuando decimos que estamos carentes de amor y que no podremos vivir sin alguien que nos ame, es solamente una verdad a medias (la carencia existe, pero la necesidad verdadera es la de aprender primero a bien amarnos a nosotros mismos, es decir, conectar a gusto con nuestra propia esencia). Cobijado y satisfecho con mi relación amorosa con todas mis partes, puedo superar el temor de que alguien a mi lado deje de amarme o se aleje, puedo renunciar con facilidad a mis más egoístas y controladoras intenciones posesivas, ya que mi relación con los demás no se enfoca en lo que puedo obtener de ellos sino en lo que tengo para dar.

EROS, PHILOS Y ÁGAPE

Amor, Eros, Philos y Ágape son utilizados muchas veces como términos semejantes, hasta el extremo que se les suele confundir o intercambiar como sinónimos equivalentes, cuando en verdad, si somos puntillosos, se refieren a cosas bastante distintas.

Los que amamos las palabras sabemos de sobra que estas maniobras lingüísticas nunca son inocentes ni carentes de ulterioridad.

La sociedad siempre tiende a minimizar ciertas diferencias sutiles de significado en algunas palabras que se relacionan con un mismo tema, pero no como técnica para agilizar la comunicación, sino con la aviesa intención de cancelar los matices y buscar una uniformidad global, menos perturbadora y más previsible.

Por esta razón, me detengo a intentar definir y explicar brevemente qué quieren decir y qué representan (por lo menos para mí) cada uno de estos términos.

El término Eros se refiere básicamente a la atracción sana y necesaria que un ser humano siente por otro.

Para Platón, es una manifestación de la natural búsqueda de la belleza, la representación de esa mirada estética capaz de evocar, en el que contempla, todo lo bello que hay en el universo, incluidos los sueños, los proyectos y las ideas.

Es así que el "amor" hacia alguien, para Platón, no es en sí mismo un sentimiento dirigido hacia esa persona, sino el reconocimiento de su participación en la belleza del todo (una idea que metafóricamente no deja de ser hermosa y sugerente, ¿no es verdad?).

Pero como Eros (del griego *erasthai*) era en la antigua Grecia el nombre del dios del amor (hijo de Zeus y Afrodita), con el tiempo comenzó a utilizarse esta palabra para referirse a la parte del amor que constituye un apasionado e intenso deseo por algo o por alguien (en este sentido se le identifica con lo sexual, y por eso nos referimos a lo sensual con la palabra *erótico*).

Roma, que transformó y tradujo el Olimpo al latín, convirtió al dios Eros en Cupido, que, con la transculturalización, ganó un par de alas y un arco con flechas pero perdió muchas de sus atribuciones y virtudes. Cupido se convirtió así en una divinidad relegada a lo romántico y sentimental, perdiendo gran parte de su esencia turbulenta y pasional. Con el tiempo hasta su imagen se transformó en la de un querubín, cándido, infantil y de alguna manera inofensivo, dejando atrás su poder para inspirar a los hombres a perseguir enloquecidamente sus grandes pasiones, y no sólo las amatorias.

En la mirada teórica de los primeros psicoanalistas se usaba la palabra para representar la suma o el conjunto de todos los impulsos sexuales (no necesariamente "genitales") de la personalidad. Aunque luego, por extensión y comprendiendo más el amplio concepto freudiano de *libido*, Eros pasó a ser la expresión emocional y física del principio de vida, en oposición a Thanatos, el principio de muerte.

Philos, en cambio, era para los griegos el emblema de algo tan importante como significativo. Encarnaba al Amor de la amistad, de la hermandad, de la familia. Philos hacía que alguien igual a todos se volviera de pronto único e importante para ti, sin que eso dijera nada de sus virtudes ni de sus verdaderos atributos.

También el tiempo fue cambiando la mirada que sobre la Philia se tenía, esta vez ampliándola al sentido de pertenencia que elijo para con los míos, los de mi escuela, los de mi ciudad, los de mi país.

Ágape tampoco escapó de la evolución de su significado.

En un principio, Ágape era la deidad encargada de acompañar al difunto a su morada eterna.

En las sociedades primitivas se creía en la existencia de una vida ultraterrena, por ese motivo se solía enterrar al muerto acompañado de provisiones para que se alimentara en su viaje eterno o en el momento de la resurrección; en las tumbas faraónicas se han encontrado numerosos restos de estos alimentos mortuorios.

Quizá como rastro de aquella costumbre, en las sociedades occidentales es bastante frecuente que en los velatorios se contemple la necesidad de que la familia prepare comida y bebida para recibir a los que llegan a dar el pésame.

Esa comida, que siempre excede la que se consume, fue recibiendo el nombre de su dios inspirador, Ágape, y su actitud, la de acompañar a la persona después de muerta, aun cuando nada se puede esperar de ella, esta entrega por definición desinteresada, se fue atribuyendo de la mano de la divinidad a diferentes vínculos.

Primero, al amor infinito y protector de Dios para con el hombre; después, y por extensión, al amor del hombre por Dios, y por último, ampliando su concepto, hasta incluir el amor indiscriminado entre los seres humanos y especialmente el amor desinteresado a la humanidad.

Así, Ágape, de tenebroso comienzo, terminó siendo la palabra que señala el amor total, el amor que invade el alma, el amor de los que saben que nada tiene más importancia que amar. Encarna el más espiritual de los sentimientos, porque trasciende lo particular hasta entregarse en la pasión por el bienestar de otros sin necesidad de reciprocidad.

Martin Luther King, su mayor "agente publicitario", llegó a decir que sólo Ágape es capaz de convocar al amor verdadero, ese que llega a incluir a los que te lastimaron. Su fuerza es tal, decía en sus prédicas, que en su presencia, cualquier intento de dañar a otra persona, aun para defenderse, se hace polvo.

Misteriosamente, o quizá no tanto, a lo largo de la historia, cientos de hombres y mujeres notables han encontrado la manera de conectarse con este amor generoso, pero lo han materializado de dos formas diametralmente opuestas al vivir sus vidas: algunos con el aislamiento, dedicando casi todo su tiempo a la meditación y el silencio; otros con el entusiasmo, transformando el amor en contacto, en trabajo, en acción. Dos formas de vivir la vida que a pesar de ser tan diferentes no siempre se excluyen, algunas veces se complementan y otras, las más, se alternan.

Me encanta la palabra Entusiasmo, en especial así definida, como el resultado del amor dirigido a alguna idea, a alguna cosa. El arrebato apasionado por una tarea presente o futura, según el diccionario; el vínculo con lo divino, si lo traducimos etimológicamente.

Cuando estamos entusiasmados, amamos y creemos en lo que hacemos, somos los más fuertes del mundo, y nos invade la serena seguridad de que al final nada evitará que lleguemos a destino.

Desde estas definiciones, Ágape es el amor perfecto; para los creyentes, es el amor que proviene de Dios. Un amor incondicional, que siempre perdona y que puede soportar cualquier frustración. Un sentimiento bondadoso que no puede ser cuestionado ni alterado por las circunstancias.

Uno de los cuentos que más trabajo me dio aceptar y que más me costó comprender es este que ahora te resumo.

En un viejo reino de una antigua ciudad, un anciano, solitario y silencioso, vivía en una pequeña casa excavada en la piedra a la salida del poblado. Su existencia era más que sencilla: se levantaba en la mañana cuando el sol salía, se preparaba algo para comer y luego bajaba al pueblo, a mendigar. No hablaba con nadie (más que para agradecer la limosna) y nadie hablaba con él. Cuando había conseguido las monedas que necesitaba para comprar la comida para ese día, regresaba a su casa, de la que no volvía a salir hasta el día siguiente.

Una tarde, mientras el anciano se quitaba sus raídas sandalias, golpearon a su puerta.

Al abrir, una joven irrumpió en el cuarto y cerró la puerta tras de sí, poniendo el pasador para asegurarla.

—Por favor, protégeme... —dijo la muchacha—, me persiguen los soldados del rey. Escóndeme... por favor...

—Quédate tranquila —dijo el viejo—, puedes descansar un poco en la casa antes de seguir viaje a la tuya...

—No lo entiendes... No puedo volver a la mía... Mi padre es el rey, y es él quien me busca.

El anciano no dijo una palabra.

Se dio la vuelta y agregó un poco de agua al caldo para poder compartirlo con la joven.

—Mi padre no acepta que yo me haya enamorado de un soldado de la guardia. Los dos pensábamos fugarnos, pero ahora hemos descubierto que estoy embarazada y él se ha asustado mucho y ya no quiere seguir adelante. No tengo dónde ir... Por favor, deja que me quede contigo. No molestaré, te lo prometo...

—Está bien... —dijo el hombre— está bien.

Durante meses la jovencita vivió en la casa. Salía sólo de noche para encontrarse con su novio, el soldado. El anciano mendigaba para los dos, juntaba abrigo para los dos y escuchaba pacientemente las quejas de ella acerca de su mala suerte.

Una tarde la joven se marchó, sin decir una palabra.

Cuando el viejo llegó y se dio cuenta de que se había ido, sólo dijo en voz alta:

—Está bien... está bien.

Dos días después, los soldados entraron casi tirando la puerta abajo.

—¿Cómo te atreviste a raptar a la hija del rey? —le preguntaron—. ¿Estás loco? Ella ha contado cómo la tuviste prisionera y cómo consiguió escapar. Ahora el rey nos ha mandado aquí para que te demos una lección que nunca olvidarás.

Los soldados golpearon al anciano hasta cansarse y rompieron en pedazos las pocas cosas que había en su pobre casa.

—¿Qué tienes que decir? —preguntó el jefe de la guardia.

—Está bien... está bien —dijo el viejo.

Algunas sorpresas más le esperaban...

Cuatro meses más tarde los soldados volvieron y se lo llevaron a rastras a palacio.

Allí el rey lo hizo traer ante el trono.

—Mi hija me ha contado que tuviste la infamia de violarla y dejarla embarazada, maldito seas viejo del demonio. Me gustaría matarte con mis propias manos. Pero sé que no me conviene. Ese bastardo hijo que lleva mi hija en su vientre nacerá pronto. No puedo evitarlo y ella no me dejaría matarlo. Así que tú, escoria, te harás cargo del niño. Y será mejor que nunca reveles su origen porque entonces te cortaré la lengua y te quemaré los ojos. ¿Entiendes?

—Está bien... está bien... —repitió una vez más el anciano.

En efecto, cuando el niño nació, una sirvienta de la princesa metió al bebé en una rústica canasta y lo dejó en la casa del viejo.

Sin decir palabra, el anciano se hizo cargo del bebé. Lo cuidó. Lo alimentó. Lo educó. Y se ocupó durante cinco años de que nada le faltara.

Una mañana muy temprano, golpearon en la puerta del viejo. Era la princesa. A su lado, un joven y apuesto soldado la sostenía del brazo con la cabeza gacha.

—Tomé valor y le conté a mi padre toda la verdad —dijo la mujer—. Él me ha perdonado y ha autorizado nuestra boda...

En silencio, el viejo miró al niño, como sabiendo lo que seguía.

—Venimos a llevarnos a nuestro hijo. Él es el futuro rey... y, como comprenderás, no puede seguir viviendo aquí.

El anciano puso con mucha suavidad un abrigo sobre los hombros del muchacho y lo llevó de la mano hasta sus padres.

El joven soldado hizo ademán de decir algo, pero el viejo le indicó con un gesto que no hablara, mientras repetía:

—Está bien... está bien.

A diferencia de aquel Philos que, como dijimos, sentimos por amigos, parejas y familia, Ágape no tiene limitaciones, ni excepciones, ni condiciones. Nada de lo que suceda tiene la capacidad de romper su capacidad de amar.

A diferencia de Eros, que habla de una expresión temporal de amor, Ágape no está ligado a la condición externa o interna del otro, ni a las variaciones de mi gusto de las cosas. Quizá en compensación de lo efímero de su esencia, Eros es capaz de conectar con el placer con una intensidad que Ágape no conoce. Para repetirlo en los términos en los que suelo decirlo: aquél tiene la intensidad y éste la profundidad. Qué pena que sólo puedan estar juntos mirando lo mismo por muy poco tiempo.

El protagonista del cuento habitaba indudablemente en el plano espiritual, donde uno se cruza con Ágape y a sabiendas decide llenarse de él.

En los otros planos aprendemos a amar a aquellos con los que tenemos alguna afinidad y a los que pueden darnos algo (aunque sólo sea su capacidad de recibir o valorar lo que nosotros les damos).

Amamos cosas, a grupos y a personas a las que podemos caratular con un "mi" o etiquetar como "mío" o "mía".

Es obvio que ése no es el mejor amor del que somos capaces.

Si somos dolorosamente sinceros, deberíamos admitir que este tipo de sentimientos no puede terminar en otro lugar que separando a algunos de todos, por lo menos en nuestro corazón.

Si somos cruelmente honestos, deberíamos admitir que ese amor es potencialmente capaz de olvidarse de su origen y transformarse en mero deseo de posesión o de reconocimiento; una de las puertas que llevan a las personas a la competencia, a la rivalidad, a los celos, a la lucha, a la manipulación y a casi todos los conflictos vinculares entre los hombres.

Las capas de la cebolla

Fritz Perls, uno de los grandes maestros de la psicoterapia, fundador de la escuela Gestalt, para definir la forma de vincularnos con los demás nos comparaba con una cebolla. Decía que todos estamos formados por varias capas concéntricas, que se ocultan y se descubren entre sí, según el vínculo que seamos capaces de establecer con los demás.

Hemos nacido esencia y espíritu puro, y hemos asumido muy temprano (con razón o sin ella) el peligro que representaría la posibilidad de que nuestro aspecto más tierno y permeable quedara permanentemente expuesto a expensas de los errores o decisiones odiosas de otros.

Casi por instinto, nos hemos rodeado de emociones, primero, y de pensamientos, después, resultado de nuestros intercambios iniciales con el mundo, especialmente el de nuestros padres. Rápidamente nos hemos dado cuenta de las cosas que podíamos y las que no podíamos hacer si pretendíamos ser queridos, mimados y premiados por el entorno, y hemos comenzado a desarrollar una nueva capa de protección: la de los roles adecuados.

La educación y la escuela nos entrenaron en las primeras herramientas de la conducta socialmente correcta y la cara que podíamos mostrar a todos. Nuestra esencia estaba por fin protegida (y oculta).

Fritz decía que somos como una cebolla que esconde su meollo detrás de capas y capas que lo ocultan y que el desafío de una vida comprometida es ir pelando poco a poco esa cebolla.

El esquema no sólo es interesante, sino además muy esclarecedor.

Todos andamos por el mundo con una gruesa capa exterior, que equivale a una cáscara y que contiene lo único que mostramos a los demás en nuestros encuentros casuales e intrascendentes de cada día. Un disfraz de persona educada y socialmente aceptable.

Si, por alguna razón, nos implicamos un poco más con el afuera, recurrimos a alguno de los roles que aprendimos y que están almacenados y clasificados prolijamente en la segunda capa. Roles que aprendimos por conveniencia en algún momento o que nos fueron impuestos bajo amenaza, pero que en el presente hemos aceptado y asumido como propios. De alguna manera, son también uniformes, pero de tan lejos no se ven. Cuando entablamos una relación, aunque sea superficial con una persona, abrimos un hueco en la cáscara y le permitimos conocer algunos datos de nosotros que van un poco más allá de nuestro primer disfraz. Le hacemos saber al otro (y se lo mostramos) que somos cumplidores, o respetuosos, o confiables, o inseguros, o trabajadores, o lanzados.

Si la relación prospera y empiezo a sentir el germen de la confianza en el otro, posiblemente me anime (porque hay que animarse) a mostrarle una tercera capa, la de mis creencias, la de mis pensamientos más verdaderos. Le descubro a alguien o a unos pocos (no a todo el entorno) lo que está por debajo de esos roles, aun a riesgo de que ya no piensen que soy agradable, amable o encantador. Me muestro tal como soy (o como creo que soy).

La última capa que descubro, junto al meollo, es la que va más allá de las palabras y de los pensamientos, es la capa de las emociones. Siento y me expongo a mostrarlo.

Si la otra persona hace lo mismo, no sólo sabré cómo es, sino que comenzaré a comprenderla, quizá pueda darme cuenta de por qué actúa como actúa, qué cosas la han llevado a ser quien es. Descubro no lo que hace, no sólo lo que piensa, sino además lo que siente, su esencia más profunda.

Hemos dejado fluir nuestros sentimientos, permitiendo que ellos tiñan con su peculiar color no sólo el vínculo con el otro o la otra sino todo lo que nos rodea cuando estamos juntos.

Hasta llegar aquí podías mostrar sólo algunos de tus aspectos, aquellos que sabías que al otro más le gustaría encontrar, pero desde ahora puedes mostrarte entero, sin tener que calcular qué es mejor decir, qué es mejor callar o cómo debes actuar para mostrar lo mejor de ti. En la intimidad no hay espacio para forzamientos ni disimulos. Los convencionalismos, los hábitos y las costumbres familiares o grupales han quedado atrapadas del otro lado de la puerta que te dejó entrar en este plano.

Como es obvio, esta apertura establece un vínculo muy especial entre las personas. Tan especial que, llegados hasta aquí, solemos darnos cuenta de que tamaña entrega nos deja en un lugar muy vulnerable, de alguna manera a expensas del otro. Y si bien aun sabiéndolo decidimos correr el riesgo, vale la pena saber que el riesgo no es tal, porque en el plano espiritual nuestra fortaleza no está ya apoyada en lo resistente de nuestra armadura, sino en la solidez de lo que somos en esencia.

En este sentido, nuestra apertura al mejor amor deja de ser una actitud constructiva o inteligente, es simplemente la única posibilidad, y las consecuencias son siempre útiles.

Y esto es así porque, aunque parezca mentira, el amor verdadero es contagioso y aunque seamos muy diferentes y tengamos ideas a veces encontradas que nos llevan a tomar decisiones aparentemente incompatibles, nada de eso es trascendente cuando nos damos cuenta de que estamos hechos con la misma receta y navegamos en la misma barca.

Ágape nos enseña que el amor no impide valorar la inteligencia de una persona, su carácter, su atractivo o sus otras cualidades personales, lo que sucede es que, cuando es auténticamente amor, no se apoya en ellas para ponerle condiciones antes de abrirle el corazón.

Un poema que llegó a mis manos y cuyo autor desconozco, me conmovió. Decía más o menos así:

Cuando él rezó, yo me di cuenta de que no era de mi religión.
Cuando gritó su odio, no estaba dirigido a los que yo odiaba.
Cuando se vistió, sus ropas no eran siquiera parecidas a las mías.
Cuando habló, no lo hizo en mi idioma.
Cuando tomó mi mano, su piel no era del color de la mía.
Sin embargo, cuando rio,
        noté que se reía igual que como yo me río.
Y cuando lloró, supe que su llanto
        era exactamente igual al mío...

Amando de verdad seremos capaces de obrar adecuadamente en todas las situaciones, porque sería imposible olvidar que los deseos o necesidades de los demás tienen igual validez que los nuestros, aunque sean incompatibles.

El amor espiritual

El amor es un sentimiento y, como tal, nunca entiende de razones ni precisa de justificantes, pero el amor más maduro llega más allá, porque siempre, repito, siempre, anide en el corazón de un santo, de un pecador, de un perdido, de un ateo o de un papa, nos conecta con la entrega, con la renuncia, con la comprensión y con la compasión, es decir, con el auténtico dolor por el dolor ajeno y la auténtica alegría de poder amar (no es sólo la alegría del que es amado, sino la alegría del que ama).

A veces, mientras pienso en estas cosas, me pierdo en la necesidad de explicar con exactitud el significado que para mí tiene el verdadero amor incondicional, el *feedback* que sostiene los vínculos, el sentido de la entrega auténtica y permanente...

En esos momentos, como ahora, mi cabeza pensante se toma un descanso y viene a mí, sin que lo busque, el recuerdo del que fue mi perro durante un poco más de diecisiete años.

"Demasiados años para un collie", me dijeron algunos que sabían de perros.

"Pocos, para mí", pensé yo, que sabía de mis sentimientos.

Quizá alguien se sorprenda de este comentario, quizá alguien más se sienta ofendido; finalmente algún otro, que nunca tuvo perro, crea que esta digresión está fuera de lugar... Pido disculpas por anticipado, pero puedo asegurar, por haberlo vivido, que algunos perros, cuando son cariñosos, como era Super, expresan sus sentimientos tanto como, o mejor aún, que algunos humanos y se dejan querer casi siempre mejor que algunas personas.

Cuando tienes una mascota y te encariñas con ella, su cuerpo, su mirada, su postura, su gesto y hasta su silencio te hacen saber no sólo que está allí contigo, sino que sabe, siente y aprecia que tú estés presente.

La base del amor real entre las personas es espiritual y por eso trascendente.

Ser consciente de esa realidad es parte del amor espiritual.

El amor verdadero se da cuando existe el encuentro de almas, como lo llama una amiga mía. Ese amor del alma por el alma que es el único que tiene la posibilidad de ser eterno, ya que el alma nunca muere.

Un amor tan saludable y nutritivo que sólo puede darnos alegrías.

Un amor que no incluye competencia ni celos, ni manipulaciones, ni control, ni mucho menos lucha por el poder.

Al sentirlo, las personas comienzan a liberarse de su dependencia de la aprobación, el reconocimiento o la validación de los demás. No es el resultado de la pérdida de interés por ellos, todo lo contrario.

Si uno puede amar de esta forma, hacer naturalmente algunas cosas que alegran la vida de los que le rodean se volverá un hábito primero y una forma de alegrarse después. Si existe alguna posibilidad de transformar el mundo entero en un lugar mejor (y por supuesto que existe) es a través de la visión de un amor más espiritual y de acciones individuales y colectivas que sean congruentes con ese sentimiento.

LIBRO III

Los aprendizajes

Desapego

Dejar la cárcel

Meditación

Religiosidad y oración

Desapego

Si se nos pidiera que pusiéramos en palabras, tal como lo imaginamos, el aspecto y la actitud de un hombre sabio, es probable que la mayoría de nosotros coincidiéramos en una descripción bastante similar: un hombre algo mayor que vive prácticamente solo, en un lugar alejado del tumulto cosmopolita y que lleva un modo de vida sencillo, carente de lujos y excesos, con pocas o ninguna señal de confort o comodidad.

Esta imagen responde seguramente a un prejuicio, a un estereotipo, aunque quizá eso no sea todo. ¿Por qué no pensar que también podría ser el resultado de esa "percepción" que algunas páginas más atrás llamamos *intuición*?

Sabemos, sin saber cómo, que si fuésemos más sabios no seríamos tan dependientes de las cosas materiales y que, por tanto, no precisaríamos rodearnos de ellas ni dedicarles tanto tiempo. Intuimos que elevándonos como individuos ya no necesitaríamos que hubiera otros constantemente a nuestro alrededor para aplaudirnos, validarnos o decirnos lo mucho que nos quieren o nos necesitan, y, por tanto, no dedicaríamos tiempo ni esfuerzo a tratar de ser lo que no somos.

Algo dentro de nosotros nos dice que nuestra debilidad, nuestra ignorancia, nuestra neurosis, o nuestra pobreza espiritual (podemos llamarla de muchos modos) es la que nos empuja hacia estas cosas, en realidad superficiales, y la que nos hace considerarlas imprescindibles.

¿Pero es rigurosamente cierto esto que intuimos?

Si me animo a ser absolutamente sincero, debo contestar que no lo sé.

Desde hace varios años, paso una significativa cantidad de tiempo en mi casa de Nerja, una simple casita en ese pequeño pueblo de pescadores, donde me relaciono poco y menos con mis vecinos, que en los meses de invierno se reducen a unos pocos miles de personas.

Cuando estoy allí, casi no trabajo, salvo la redacción de alguna columna semanal, me encuentro casi con nadie y no hago mucho más que leer, escribir y comer algo sencillo mientras contemplo el Mediterráneo. ¿Es todo esto una muestra de que me he vuelto más sabio? Me temo que no.

¿Es la expresión del tan mentado desapego, del que tanto se ha dicho en los últimos veinte años y que tanto he perseguido? Quizá sí, quizá no.

Y no lo sé porque me parece que existe más de un modo de entender el significado del desapego y, por supuesto, más de un modo de intentar llevarlo a nuestra vida.

Entonces, antes de continuar, aclaremos de qué hablamos cuando decimos *apego* o *desapego*, por lo menos en este libro.

Si bien la palabra *apego* se refiere literalmente a una suerte de afición, inclinación, simpatía o afinidad con algo (o a alguien), esta relación es siempre muy particular e insana, porque incluye una devoción que esclaviza, un gustito que duele, una preferencia que ata, un vínculo que retiene. Es una forma de dependencia de lo amado o elegido que incluye el temor a la pérdida, la dificultad para separarse y la subjetiva imposibilidad de soltar algo y dejarlo ir.

Es evidente que el mundo se vuelve cada vez más vertiginoso, los cambios se suceden con una rapidez que la humanidad no había experimentado nunca antes, y la oferta de todo (y quiero decir todo de todo) es inmediata y universal. Esto transforma nuestro futuro en un catálogo de incertidumbres que no puede generarnos más que una creciente inseguridad, ligada casi siempre más a lo que podríamos perder que a lo que pudiera sucedernos.

Después de lo dicho, quizá nos quede más claro el porqué de la necesidad de aprender a caminar por la senda del desapego.

Aprender a soltar es pues, casi, casi, casi una urgencia (¿se nota que ni aun en este caso me atrevo a utilizar sin más la palabra *urgencia*?).

Ahora bien... ¿cómo podemos trasladar esta idea a nuestras vidas?

¿Qué conceptos o enfoques podrían guiarnos para ponerla en práctica?

En la segunda parte de este ensayo, mientras hablábamos de la necesidad de sumar sabidurías, nos detuvimos a dirigir la mirada a la disciplina china del taoísmo para hablar sobre la aceptación de las cosas tal como son.

Si cruzamos apenas el Mar de China y llegamos a Japón, podríamos, ya que estamos, buscar alguna respuesta a estas preguntas en el budismo zen.

Para esta filosofía (y para la mayoría de las corrientes espirituales de Oriente), el modo de poner en práctica el desapego comienza "sencillamente" con la toma de una decisión: la de dejarlo todo. Es decir, renunciar voluntaria y conscientemente a todas las posesiones materiales y a todas las ataduras a las otras personas.

Para el zen, una vida simple y despojada es muestra de una conciencia elevada y, al mismo tiempo, un modo de entrenarse en la disciplina de "No depender". La transmisión de ese entrenamiento y de ese estilo de vida ha sido uno de los pilares fundamentales de esta doctrina desde su nacimiento, hace varios siglos.

Pero nosotros vivimos aquí en Occidente, y no en el Lejano Oriente, y vivimos ahora, en pleno siglo XXI, y no hace siglos; ¿será imprescindible renunciar a todo lo material para alcanzar la plenitud espiritual?

No lo creo, por lo menos no en esos términos.

En el desafío de recorrer y explorar el plano de nuestra espiritualidad aprendemos, como ya dijimos, que el viaje tiene límites de equipaje bastante escuetos. Para empezar el camino espiritual lo único estrictamente necesario es ponerse a andar. Desde el inicio, te das cuenta por ti mismo que deberás dejar todo lo que te sobra, aquellas cosas que no son necesarias y que tarde o temprano serán más un lastre que una ayuda.

La sociedad de consumo transforma lo accesorio en necesario, y lo necesario en urgente y escaso (una manera de hacerlo más deseable, claro, y de facilitar la tarea de vendedores y publicistas).

Para muchos será el dinero o las posesiones materiales; para otros, esas comodidades que utilizaban como sustituto de una vida feliz; para algunos, al fin, el anclaje de alguna relación en la que se encontraban prisioneros.

Como sea que fuere, en el nuevo plano cada uno puede darse cuenta, a poco de empezar a andar, de lo que sobra, lo que más le pesa, y lo que carga inútilmente.

Es ya clásica la historia zen que cuenta de un viajero a quien sorprendió la noche en medio de la travesía y tocó a la puerta de la casa de un sabio a fin de pedirle cobijo hasta la mañana siguiente. El sabio accedió e invitó al viajero a pasar. Cuando éste lo hizo, se sorprendió al ver la cabaña totalmente vacía a excepción de una lona doblada a modo de cama y un par de cuencos con agua.

—¿Dónde están tus cosas? —le preguntó el viajero al sabio.

—¿Y dónde están las tuyas? —fue la respuesta del sabio.

—¡Yo estoy de paso! —exclamó el viajero.

Entonces el sabio sonrió y dijo:

—También yo.

Todos estamos de paso en la vida. Especialmente los que no lo saben.

La filosofía zen sostiene que todas nuestras posesiones no son más que bártulos que nos estorban, un peso muerto del que tendríamos que deshacernos a fin de volvernos más livianos y así poder elevarnos (como cuando en el Camino de Santiago los peregrinos vacían la mochila en la primera parada para dejar lo que no es necesario, ¿recuerdas?).

Pero la filosofía zen es budista y por eso va aún más allá. Propone que nos deshagamos también de todos nuestros deseos.

¿Por qué? Porque ellos siempre surgen de algo que nos falta: una casa más grande, un trabajo mejor, más intimidad con nuestra pareja, un compañero más joven, ser el mejor profesional o una persona triunfadora...

Tratamos de tener lo que no tenemos o de ser lo que no somos. Aunque el algo que deseamos no sea necesario, aunque el deseo que ambicionamos sea imposible, o indeseable, o injusto.

Nosotros, los privilegiados, los que nunca pasamos hambre ni frío, los que dormimos bajo techo y los que mal o bien tenemos trabajo, los que nunca caminamos descalzos excepto en la playa, nosotros, siempre estamos deseando algo. Deseamos esto y aquello y lo otro también, porque no estamos satisfechos con las cosas como son.

Dicen que el deseo trae de la mano, invariablemente, la frustración, pero en realidad es exactamente al revés: es ésta la que trae de la mano al deseo; por eso cuando éste se satisface, la frustración más primitiva y profunda sigue insaciable.

A menos que aprendamos a deshacernos de nuestra cuota de insatisfacción endógena, aun cuando consigamos algo de lo que anhelamos, confirmaremos que lo logrado nunca será completo, nunca será idéntico a lo que fantaseábamos, nunca será suficiente.

Un náufrago que había salvado su vida aferrándose a un madero después de que su embarcación se hundiera, vivía en solitario en una isla desierta. Después de muchos años de silencio y penurias, una mañana vio cómo el mar traía hasta su playa una lámpara brillante y misteriosa. Dicen que el hombre, sin dudarlo, frotó la lámpara y un genio apareció.

—Voy a concederte dos deseos —dijo el genio—: uno por rescatarme del mar; otro, por liberarme de mi encierro.

El hombre pensó en lo que había soñado durante todos esos años en la isla...

—Quiero tener una botella de cerveza inagotable, irrompible y eterna.

—Eso es fácil —dijo el genio—. Concedido.

Una pequeña nube apareció a los pies del náufrago y, dentro de ella, una botella de cerveza.

El hombre bebió de ella con desesperación y lleno de deseo postergado.

Cuando terminó de dar el trago más largo de su vida, miró la botella y comprobó que seguía llena.

Rio a carcajadas y empezó a volcar la cerveza en la arena. El chorro del dorado líquido caía infinito en la playa, pero la botella no se vaciaba. Arrojó entonces su preciado tesoro contra una roca, pero el cristal no se rompió y la botella continuaba llena de cerveza hasta el borde.

El hombre dio otro trago interminable y se limpió la boca con la manga de su camisa...

—¿Cuál es tu segundo deseo? —preguntó el genio—. ¿Necesitas tiempo para pensarlo?

El náufrago era insaciable, y los insaciables son muy poco creativos...

—No —dijo el hombre de la isla solitaria—. ¡Quiero tener otra botella igual!

Desde la perspectiva zen, es prácticamente imposible que el ser humano se declare satisfecho ni siquiera con la posesión de la mágica botella inagotable. Por tanto, la única salida, si quiere evitar la frustración y la infelicidad es, en el ejemplo, abandonar desde el principio el deseo de la primera botella.

Dicho de otra manera: conquistar una aceptación absoluta de las cosas, un vínculo relajado y no exigente con lo que es tal como es y está.

Sólo para obligarte a pensar quiero dejar por escrito que esta renuncia a todo deseo debe incluir, como es obvio y paradójico, la renuncia al deseo de dejar de desear...

Un enigmático cuento zen habla de un discípulo que, luego de un periodo de retiro en las montañas, volvió frente a su maestro:

—Lo dejé todo, maestro —le dijo con evidente satisfacción—. Todas mis posesiones materiales y todas mis ataduras con los otros. Mis manos están vacías. Vengo a ti con el corazón en paz.

—Entonces —dijo el maestro—, deshazte también de eso.

—Pero, maestro, si no tengo nada, ¿qué puedo abandonar?

—Magnífico —respondió el maestro—. Conserva sólo esa pregunta.

Para el budismo zen toda posesión, todo vínculo, todo anhelo, conlleva el peligro de apegarse a él y permitir así que se conviertan en ataduras y dependencias. Es por eso que la salida es prescindir de todo. Dicen los monjes zen que aquel que ha alcanzado la iluminación no necesita mucho de nada. Son frecuentes las historias de maestros espirituales que podían pasar días sin comer ni dormir, o caminar por horas sin sentir fatiga o sed.

Leo lo que acabo de escribir y me parece que da la impresión de que afirmo que un iluminado oriental se parece a un asceta. Sin embargo, no es así. Para el ascetismo la aflicción del cuerpo es un ingrediente más capaz de acercarnos a nuestro destino más elevado; para un monje zen, el sufrimiento tampoco es deseable y no se esfuerza en tolerarlo.

Claro que este estado del que habla la filosofía zen, incluyendo el desprendimiento de toda atadura y deseo para con el mundo, es muy difícil de alcanzar.

Quizá ese camino sea sólo para algunos pocos iluminados, o quizá sólo pueda ocurrir de repente, como un fulgurante momento de despertar (como le ocurrió a Buda, ¿recuerdas?).

En todo caso, creo que es un camino más que resbaladizo para aquellos que hemos nacido y nos hemos criado en la cultura occidental, habituados al modelo de acumulación de bienes, de búsqueda de reconocimiento y de seguridad, de pretensiones de amores eternos y exclusivos. Con todos estos condicionamientos, no será fácil poder desprendernos de todo sin sentirnos totalmente desorientados.

EL FALSO DESAPEGO

El enfoque planteado hasta aquí entraña un peligro nada despreciable, que se hace presente cuando la decisión de no desear nada o de no tener nada es parte de una conducta defensiva de aislamiento, cuando es solamente un modo de intentar defenderse del dolor de una pérdida. Una especie de mentira autoimpuesta para no volver a pasar por el sufrimiento de una pérdida.

"Si no tengo nada, no puedo perder nada."
"Si no me ilusiono, nunca me desilusionaré."

Quien utiliza este falso desapego puede en efecto evitar algunos dolores, pero a cambio obtiene algo mucho más horroroso: la miseria interior.

Las personas que se aíslan y se abstienen del contacto con otros como mecanismo de huida de la posibilidad de sentir dolor, viven vidas vacías, grises y pobres, obligadas a descartar rápidamente todo lo que asoma como posiblemente bueno: "Mejor dejarlo ahora que todavía no me produce dolor... no vaya a ser que me encariñe con esto y luego lo pierda".

Mi abuelo, irónico como era, solía decirnos (a mi hermano y a mí, sus únicos nietos varones) que cuando pensáramos en casarnos debíamos buscarnos alguna mujer "muuuuy" fea y amargada.

Cuando le preguntábamos por qué, él respondía que con una mujer bonita y encantadora siempre sufres pensando que podría dejarte.

Mi hermano y yo hacíamos una y otra vez el mismo cuestionamiento:

—Abuelo... Una mujer muy fea también puede dejarte... Por ejemplo para irse con otro que sepa tu secreto...

—Por supuesto —decía él—, pero si es tan fea y tan desagradable... ¡qué diablos te importa que se vaya!

Nadie es tan tonto como para tomarse en serio la humorada de mi abuelo, pero muchos (incluido yo mismo) hemos caído alguna vez en este tipo de razonamiento en alguna situación concreta.

¿Nunca has tenido la fantasía de terminar atado a aquello que no te gusta demasiado por no atreverte a correr el riesgo de sufrir la pérdida de lo que de verdad te gustaría y podrías luchar por conseguir?

Te imagino siguiendo este razonamiento y preguntándome... si el ascetismo de los monjes budistas parece difícil de alcanzar, si la renuncia forzada no tiene sentido, y si la renegación de todo deseo nos deja en la miseria... ¿qué desapego es ese supuestamente tan importante en el desarrollo de nuestra espiritualidad?

¿Es acaso sólo un globo publicitario, una palabra que se ha puesto de moda, como tantas otras que se usan para todo y después ya no significan nada?

El desapego del que hablo poco tiene que ver con un masoquismo sublimado, aún menos con una postura displicente, y nada con el desamor.

El desapego al que me refiero comienza cuando nos damos cuenta y aceptamos que, como la rosa de *El Principito*, todo es efímero, incluso nosotros.

Pero no termina allí.

No se trata de renunciar a tener, ni de dejar de disfrutar de lo que tengo, ni de evitar implicarse.

Se trata de aceptar profunda y sinceramente que, en cualquier momento, yo podría dejar lo que tengo, podría dejar de ser posible lo que hago, podría yo perder a quien quiero, o esa persona podría perderme a mí.

¿Y qué significa "aceptar profundamente"?

Pues no pelearme internamente con eso.

Dejar de pensar: "Eso sería imposible".

Dejar de creer que si sucediera "Yo no podría soportarlo".

Implica comprender, no sé si con una sonrisa pero por lo menos sin perder la calma, que la verdad es exactamente la contraria: las pérdidas suceden y son inevitables. Mi vida seguirá siendo sin alguna de esas cosas. Y las cosas y las personas seguirán siendo sin mí.

Raj Dharwani, cuando un miembro del grupo se quejaba de algo desagradable utilizando la frase que tanto usamos y escuchamos de "¿Por qué a mí?", contestaba sin piedad: "¿Y por qué no a ti? ¿Qué privilegios supones que te corresponden?".

Como anuncié una y otra vez en *El camino de las lágrimas*, todos sufriremos pérdidas. Grandes o pequeñas, justas o injustas, necesarias o inútiles (como dice Viorst), y tendremos que pasar por ellas.

Desapegarse quiere decir aprender a vivir y disfrutar, aceptando la posibilidad de no tener con nosotros las cosas que amamos.

Desapego es la capacidad para soltar lo que amo, especialmente sin dejar de amarlo.

Desapego es aprender a dejar ir, sin odios.

Desapego es comprender que, tarde o temprano, "lo otro" nos dejará o habremos de dejarlo (por lo menos del modo en que lo conocimos hasta ese momento).

Cuando consigo esto, sucede algo maravilloso.

Porque entonces... puedo tener, puedo desear, puedo poseer cosas y armar vínculos sin volverme dependiente de ninguna de estas cosas.

El desapego, como yo lo entiendo, lejos de implicar distanciarme del mundo, es lo que permite relacionarme con él sin vivirlo como una amenaza.

Una vez más, para poder aceptar la posibilidad del desapego debo comprender que la vida no está en lo que tengo. Debo comprender que el que yo ame o desee algo no lo hace necesario o imprescindible. Debo diferenciar la convicción de que tal o cual pérdida me dolería mucho, del prejuicio mentiroso de que no tenerlo me destruiría.

Si creo que no podría "vivir sin ti" haré lo que sea para retenerte: me convertiré en alguien que no soy para gustarte, apelaré a la lástima, la mentira y aun la violencia para impedir que te alejes.

Si creo que no podría vivir sin mi trabajo haré cualquier cosa para conservarlo: soportaré cualquier abuso, renunciaré a toda otra actividad.

Si creo que no podría vivir sin una determinada cantidad de dinero viviré obsesionado por acumularlo y conservarlo, sin poder gastarlo.

"No puedo vivir sin ti... Simplemente no podría soportarlo..." Todos sabemos cuán mentiroso es el planteamiento, toda vez que hemos visto seguir adelante con entereza a hombres y mujeres que lo han perdido todo: soldados que regresan del frente con miembros amputados, madres que han perdido a sus hijos, familiares de miles de jóvenes que han tomado un camino sin retorno de la mano de la droga más cruel. Y sin embargo, nos gusta la frase. Nos fascina pensar que alguien a quien queremos la pueda decir pensando en la posibilidad de perdernos; nos llama la atención cuando la leemos en las revistas del corazón, y nos emociona cuando la imaginamos en la escena final de *Romeo y Julieta.*

Y sin embargo, el desapego, como dijimos, no es un artificio para evitar los duelos complicados. En mi opinión, la clave está, justamente, en poder distinguir entre dos opuestos: amor y miedo. Diferenciar la saludable sensación de la alegría compartida de la odiosa y tóxica vivencia de la necesidad amenazada.

Podrías decirme:

—¿Qué tiene de tóxico vivir temeroso de perder mi trabajo? Es cierto que le dedico mucho tiempo y que me apego a él y a la empresa, pero es que realmente lo necesito.

Podría contestarte:

—Pues no. Aun admitiendo que necesitas *un* trabajo, sigue sin ser cierto que necesites *este* trabajo. Probablemente, si no lo vivieras como una amenaza podrías cuidarlo más y hasta disfrutarlo un poco. ¿No crees?

Estas ideas son "rebusques" (como las llamaría el genial Eric Berne) y funcionan como falsos justificantes de nuestros apegos, de nuestras dependencias, de nuestra decisión (consciente o no) de colgarnos de la existencia de algo o alguien que no soy yo. Porque esto es lo que sucede con los vínculos dependientes con los otros. Es cierto que hay cosas que necesitamos para poder continuar con nuestra vida, necesitamos sustento, compañía, afecto, cobijo y hasta la mirada de alguien... pero debemos comprender que esas cosas no se encuentran en una sola persona, ni en un único vínculo, ni en un lugar específico.

Si comprendemos esto, la perspectiva de perder cualquiera de esos lugares o vínculos no resultará tan nefasta, la fantasía del final será de por sí dolorosa pero no apocalíptica, no sentiremos ese temor paralizante, no intentaremos vivir previniendo el futuro y sobre todo no viviremos aferrados a cosas que ya hemos perdido por creer que no podríamos vivir sin ellas.

Y lo mejor no es eso. Lo mejor es que nuestra capacidad de disfrutarlos auténticamente mientras están cerca se multiplicará.

Hace algún tiempo atendí a un paciente que venía a consulta tratando de recibir ayuda para, como él decía, "retomar su vida". Venía de una dolorosa separación. Había estado en pareja durante muchos años (algunos más de los que él hubiera deseado) y su divorcio resultó un trámite tan doloroso que lo dejó sin saber muy bien cómo continuar. Después de un tiempo se recuperó un poco, pero se daba cuenta de que añoraba la vida en pareja, la compañía de una mujer, el encuentro de almas. También se dio cuenta de que algo en él se negaba a la posibilidad de formar una nueva pareja. No quería volver a pasar por algo tan desagradable como había sido su divorcio.

Después de algunos meses de terapia, conoció a una mujer en un curso y se atrevió a invitarla a cenar.

Según me contó después, al finalizar la cena se quedaron conversando hasta la madrugada, riendo y contándose cosas muy íntimas.

—Algo ha cambiado en mí —me dijo durante una sesión—. Antes, cuando salía con una mujer me preocupaban dos cosas: no volver a verla y volver a verla. La otra noche, nos divertimos tanto que me gusta pensar en volver a verla, y eso es lógico. Lo que me sorprende es darme cuenta de que me la pasé tan bien, que no me preocupa pensar que quizá no la vea más.

Esto es lo interesante del desapego, que nos permite disfrutar de lo que nos sucede sin estar pendientes de lo que ocurrirá en el futuro. No se trata de que nada nos interese sino de perder el miedo al dolor.

Solía hacer un provocativo ejercicio con mis pacientes cada vez que transitaban por un lugar parecido.

Cuando se quejaban diciendo que no podían disfrutar de esto que estaba pasando porque sabían que pronto lo iban a perder, yo les lanzaba un cojín y les pedía que se abrazaran a él, como si fuera la cosa de la que hablábamos, y repitieran en voz alta lo que acababan de decir.

—¿Cómo podría disfrutar de este tiempo junto a él, si sé que pronto no lo voy a tener? —decía aquella mujer, hablando de su marido, portador de una enfermedad terminal.

Entonces yo les pedía que repitieran su frase remplazando el "cómo podría" por un simple "cómo no".

En el caso de esta mujer, se sorprendió y rompió a llorar cuando se encontró diciendo:

—¿Cómo no disfrutar de este tiempo junto a él, si sé que pronto no lo voy a tener...?

Eso es el desapego. El pasaporte para disfrutar de las cosas que tenemos, no sólo porque alguna vez podríamos no tenerlas sino a pesar de que alguna vez no las tendremos.

Y esto, por supuesto, incluye la vida misma. Lo bueno y lo malo, lo que se mantiene y lo que cambia, lo que nunca llegó a ser y lo que ya no es.

Osho siempre decía a los que se acercaban a él:

—Vienes a mí esperando obtener algo, pero te advierto que, si nos va bien, conmigo no ganarás nada, tan sólo aprenderás a perderlo todo.

Me gusta la idea de terminar este capítulo haciendo gala de nuestra capacidad de desapegarnos de nuestra sesuda actitud de comprender este concepto, única condición para poder reírnos de nosotros mismos.

Un hombre de negocios, cansado ya de las presiones de la ciudad, de la superficialidad del consumo y del vértigo de la vida moderna, decide viajar a Nepal para presentarse en un monasterio budista y ofrecerse como discípulo.

Una vez allí, lo recibe un monje.

—Puedes quedarte entre nosotros —le dice—, pero tendrás que renunciar a todas tus posesiones materiales.

—De acuerdo —dice el hombre.

—Tendrás que abandonar todos tus vínculos fuera del templo.

—De acuerdo —dice el hombre.

—Se te dará una toga y un par de sandalias. Harás voto de silencio absoluto. Cada diez años podrás decirle sólo dos palabras al sumo maestro.

—De acuerdo —dice el hombre.

Deja su ropa, se viste con la toga y las sandalias y se incluye en la vida del monasterio como uno más. Así transcurren diez años... Hasta que un día, un monje se acerca y le dice:

—El maestro te espera.

El hombre camina hasta el salón donde el maestro le aguarda sentado sobre su tatam. Cuando éste le pregunta por sus dos palabras, el hombre dice:

—Poca comida.

Por toda respuesta el maestro inclina su cabeza y el hombre es conducido de nuevo a su habitación. Pasan otros diez años hasta que llega de nuevo el día en que un monje se acerca y le dice:

—El maestro te espera.

El hombre camina hasta el maestro y éste le pregunta por sus dos palabras. Esta vez el hombre dice:

—Cama dura.

Nuevamente el maestro tan sólo inclina la cabeza y el hombre se retira.

Diez años más pasan hasta que un monje se le acerca una tercera vez y le dice:

—El maestro te espera.

El hombre camina pausadamente, una vez más, hasta quedar frente al sumo maestro, y cuando éste le pregunta por sus dos palabras el hombre dice:

—Me voy.

A lo que el maestro, perdiendo toda compostura, responde:

—¡Pues sí! ¡Vete de una vez! ¡Hace treinta años que no paras de quejarte!

LO NECESARIO Y LO IMPRESCINDIBLE

Durante muchos siglos los movimientos religiosos estuvieron impregnados del ascetismo que promueve el martirio del cuerpo como elemento de exaltación del espíritu. Con todo respeto, no voto por ello, por lo menos no para mí.

Es más, creo que una cosa es que el camino del espíritu exija que nos desprendamos de todo lo superfluo e innecesario, pero otra bien distinta es que requiera que eliminemos de nuestra vida también lo mínimo imprescindible. Entiendo que esto abre aquí la polémica de definir "lo imprescindible". Se me dirá que alguien puede considerar imprescindible su casa de veraneo en la Costa Amalfitana y que otro puede creer con honestidad que no necesita siquiera ropa con la que abrigarse cuando nieva, y sé que quizá ambos lo crean de verdad; pero también me doy cuenta de que en afán de ayudarlos, aun antes de que lleguen a consultar a quien sabe de estas cosas, como terapeuta, me gustaría intentar mostrarle al primero que quizá no sea tan cierto que su casa es tan necesaria y al segundo que quizá se equivoque cuando sostiene que un abrigo en invierno no es imprescindible.

Y agrego: si la ascesis no es buena compañía a la hora de explorar el plano espiritual, el polo opuesto, el culto al placer y a la estética del cuerpo, tampoco parece ser un aliado. Aunque parezca un delirio, a veces pienso que en algún lugar estas cosas terminan conduciendo a aquéllas. Allí están como prueba las nuevas enfermedades de nuestro tiempo que convierten a las personas en esclavas de su obsesión por la estética o por la salud: la anorexia, la bulimia, la vigorexia y la novedosa adicción a las cirugías correctoras.

Termino el tema diciendo que, como ya vimos, la renuncia forzada no es desapego, el sacrificio sufriente no sirve de nada, y el automartirio no tiene ningún lugar en este libro ni en este camino. Ningún crecimiento espiritual puede venir de una actitud sin otro sentido que obligarnos a hacer cosas sólo porque otro nos dice que es muy bueno para nuestro ser esencial.

No hay que confundir la decisión de renunciar a nuestros apegos, anhelos, deseos o dependencias, con la decisión de renunciar a ser quienes somos...

Aunque quizá... ése no sea más que otro desafío.

Dejar atrás la cárcel

Chuang Tzu fue uno de los filósofos chinos más importantes de la historia, vivió alrededor de trescientos años antes de Cristo y fue, junto con Lao-Tse (su maestro), uno de los dos pensadores más emblemáticos del taoísmo.

La parábola más conocida que lo tiene como protagonista es aquella en la que se cuenta que una noche Chuang Tzu soñó que era una mariposa. El sueño fue tan vívido que, al despertar, el hombre no sabía si era Chuang Tzu que había soñado que era mariposa, o era una mariposa que soñaba que era Chuang Tzu.

No era esta bellísima y significativa parábola lo que quería contarles cuando mencioné a Tzu, pero me doy cuenta de que esta pequeña historia probablemente no sea para nada ajena al tema que discutiremos en este capítulo, puesto que de alguna manera nos obliga a pensar, desde el misterioso planteamiento del soñador, que quizá nuestra identidad (aquello que somos o que creemos ser) no sea algo tan evidente, seguro e incuestionable como en general nos lo parece.

Aprendí la parábola del bote vacío de la mano de Osho; fue la primera vez que tuve oportunidad de escucharlo, en su visita a Brasil, cuando él ya era un iluminado desde siempre y yo apenas empezaba a ser un joven deseoso de aprender.

Propone el maestro Chuang Tzu:

Imagínate que viajas en tu bote, avanzando tranquilamente por un río sereno, dejándote llevar sin prisa camino del lago.

De pronto ves que otro bote, aparentemente arrastrado por la suave corriente, se acerca al tuyo.

Intentas alejarte de él para evitar el choque pero no lo consigues, y el bote, que se ha soltado de alguna amarra, golpea el frente de tu barca y hace unos buenos rasponazos en la brillante pintura de estribor.

Vuelves a mirar, no hay nadie en el bote. Tratas de sujetarlo para que no siga a la deriva. No te gusta el incidente, quizá lo lamentas, pero no te enojas.

Dice Chuang Tzu: ¿por qué y con quién habrías de enojarte?

Ahora supón que, en la misma situación, el otro bote lleva a un pasajero.

Está distraído, dormido o despistado, y su barca se acerca a la tuya, arrastrada por la corriente. Ni bien lo ves venir en tu dirección, te pones alerta, posiblemente gritas "¡Cuidado!" o algo por el estilo.

Supongamos que el hombre no hace nada y que el bote se sigue acercando. Cuando está a punto de chocar con el tuyo, te pones furioso.

—¡Eh! ¡Mira por dónde vas! ¡Que vamos a chocar! —gritas.

Una vez más, el hombre no reacciona y, en efecto, su bote choca con el tuyo.

El golpe y el daño es idéntico que en el primer ejemplo, sin embargo, aquí sí te enojas, quizá hasta seas insultante:

—¿Es usted idiota? ¡Se me echó encima!

De pronto el suceso se vuelve enojoso y frustrante.

Chuang Tzu se pregunta: ¿de dónde viene el malestar?

No ha sido causado por el daño al bote, ya que en el primer ejemplo hubo los mismos daños y no hubo enfado.

El enojo, propone Chuang Tzu, proviene del hecho de que hay alguien en el bote.

Ya no puedes pensar "simplemente sucedió" y aceptarlo sin más. Como hay alguien en el bote, te llenas de preguntas: "¿Por qué no lo evitó?, ¿acaso lo hizo adrede?, ¿es que tiene algo contra mí?, ¿debo tener miedo de este hombre?...". Una espiral de preguntas que a veces crece y crece, generando cada vez más angustia, más enojo, más inquietud, más catastróficas profecías.

Si no somos capaces de encontrar una salida a esta situación de angustia retroalimentada, quizá nunca más podamos dejarnos llevar tranquilamente río abajo en nuestro bote, quizá no podamos evitar, al cruzar el río remando, mirar inquietos hacia uno y otro lado, tratando de esquivar cualquier nuevo encuentro con ese loco o algún otro loco de esos que no saben controlar su bote...

La metáfora da mucho de sí y nos pone frente a una decena de puertas por las que explorar y adentrarnos a través de ellas en otras tantas absurdas maneras de reaccionar que nos acompañan cada día.

Intentar mejorar nuestra vida cambiando a los demás es siempre un camino infructuoso. Siguiendo con la imagen anterior, los botes de los otros vienen como vienen y no hay modo ni motivo para proponerse modificarlo a nuestro antojo. Y, por supuesto, sería estúpido concluir que la forma de viajar sin riesgo de enojarse es "vaciando los botes de todos los demás".

Lo que sí puedes hacer, dice Chuang Tzu, es comprender las veces en las que te enojas contigo mismo porque las cosas no salen como lo planeaste o deseaste y entonces decidirte a "vaciar TU propio bote". Si tu bote está vacío, no habrá enfrentamiento entre una parte de ti más exigente y perfeccionista y otra más serena o distraída. Y sin enojarte contigo surcarás la vida como la superficie de un río plácido, sin que nadie lo note, sin prisas ni metas prefijadas.

Te imagino pensando: "Suena fantástico, pero... ¿de qué se supone que tenemos que vaciarnos?".

De eso precisamente habla este capítulo.

Cuando hablábamos del desapego, decíamos en pocas palabras que nos referíamos a la capacidad de no permanecer aferrado a posesión, situación, ni relación alguna. Se trataba de aprender a despegarse por decisión de algunas de esas cosas "imprescindibles", también y no sólo, para confirmar que nuestra vida no depende de ellas.

En la misma línea, si nos damos cuenta de que nuestro "ego" (como se suele llamarlo) es también una posesión, nuestra identidad, una situación, y nuestro vínculo con nosotros mismos, una relación anquilosada y condicionante, comprenderemos que deshacernos de las ideas rígidas que tenemos de cómo "somos" es un importantísimo escalón en el camino que busca nuestra esencia; porque, tal como hemos visto, esa parte sustancial y auténtica se esconde detrás de capas y capas de personajes, hábitos, creencias y prejuicios que alguna vez ciertamente nos han defendido de amenazas reales e imaginarias.

Contestando a la pregunta ya sembrada: deberíamos pensar en vaciarnos de nosotros mismos.

¿Quién es ese que llamamos "Yo"?

La propuesta es deshacernos de todo aquello que consideramos que somos, comenzando por nuestro YO más interno y controlador, la parte de nosotros que quiere tener el manejo de nuestra vida, nuestro rumbo y nuestros deseos.

Y aclaro que no hablo aquí de estructuras psicológicas complejas ni sofisticadas, ni de terminología reservada para "iniciados". Hablo sencillamente de aquella persona a la que nos referimos cada vez que decimos "Yo".

En otras palabras: esa primera persona del singular (singularísimo) que me define frente a mí mismo y especialmente frente a los demás. "Ese" o "esa" que piensa lo que pensamos, cree lo que creemos, decide qué hacer según su experiencia, y finalmente lo hace, como mejor puede o como lo ha aprendido a hacer a lo largo de su historia.

Ya hemos hablado de cómo desde pequeños hemos venido escuchando la advertencia, de boca de quienes más nos querían, de que si actuábamos como se nos antojara corríamos el riesgo de que los demás no nos dieran su cariño, su aprobación o su atención.

Mi madre, una especie de experta en frases de "folclor materno" (esas cosas que todas las madres dicen), me repetía de vez en cuando aquello que ella había escuchado con seguridad tantas veces de su propia madre:

—Si vas por la vida comportándote así, nadie te va a querer.

Yo, que siempre fui un rebelde (y quizá por eso), un día me atreví a preguntarle:

—¿Nadie me querrá?... ¿Ni tú?

Ella se sumió en un silencio lleno de sorpresa y finalmente me respondió:

—Yo sí. Yo te querré siempre... Pero eso no cuenta —me aclaró mientras me besaba en la frente—, porque yo soy tu mamá.

Mi psicoterapeuta, cuando tenía yo diecinueve años, me ayudó a resignificar ese diálogo y a darme cuenta de que quizá ese día aprendí de mi madre por lo menos tres cosas que de hecho me acompañaron siempre:

Una, la más importante, que eso de que nadie me querría, si yo decidía no cambiar, no era del todo cierto.

La segunda, que solamente siendo rebelde conseguiría algunas respuestas más profundas y sinceras.

La tercera, más que trascendente, que mi madre me premiaba cada vez que yo cuestionaba una pauta establecida...

No todos, y no siempre, tenemos el espacio o la oportunidad de reinterpretar los mensajes de nuestros padres para poder transformarlos en mensajes nutritivos. No siempre y no todos los mandatos admiten una nueva lectura positiva.

Algunos de estos comentarios, sumados a la censura pura y dura de nuestro entorno de la infancia y a los planes que tenían para nosotros, nos han ido llevando a desarrollar una determinada forma de comportarnos; una manera de ser en el mundo que nos define; aun cuando hoy un poco y mañana otro tanto, descubrimos que esa "identidad" no se ajusta en sentido estricto a nuestra verdadera esencia.

Me he contado el siguiente cuento cientos de veces desde que lo escuché por primera vez hace casi veinte años.

En un lejano pueblo de algún lugar de Oriente, vivía el más importante e influyente sacerdote de aquellos tiempos, un hombre simple de una sabiduría nunca vista y una sensibilidad poco común.

Cierto día, llegó al monasterio donde vivía una invitación para ir a cenar a la casa del más rico de los hombres del reino. El sacerdote, que casi nunca salía de sus habitaciones, decidió que no podía seguir siendo descortés con su anfitrión y aceptó la invitación.

El día previsto para la cena, a pesar de la tormenta que se avecinaba, decidió montar en su carruaje y conducir hasta la mansión del hombre rico. Unos quinientos metros antes de llegar a la casa, un trueno asustó a su caballo y un brusco relámpago lo hizo alzarse a dos patas, arrojando el carruaje a una zanja y al sacerdote con él.

El hombre se incorporó como pudo y se ocupó de calmar al animal, acariciándole el lomo y hablándole suavemente en la oreja. Luego se miró. Estaba sucio desde la punta de los pies hasta el último de los cabellos. El fango, la mugre y las hojas sucias y hediondas se habían pegado a su ropa y sus manos.

Como estaba mucho más cerca de su destino que del monasterio, decidió ir allí y pedir algo de ropa para cambiarse.

Cuando golpeó la puerta de la mansión, un pulcro mayordomo abrió y, al verlo con ese aspecto, le gritó:

—¿Qué haces aquí, pordiosero? ¿Cómo te atreves a golpear esta puerta?

—Yo vengo... por la comida de hoy —respondió el sacerdote.

—Vaya poca vergüenza —dijo el mayordomo—. Las sobras estarán recién mañana, y si algo queda, cosa que dudo, debes pedirlo por la puerta de servicio. ¿Comprendes?

—Usted no me comprende —intentó explicar el visitante—. Es que yo no vengo por las sobras...

—Ahhh —se burló el mayordomo—. ¿No pretenderás pasar a sentarte a la mesa de los señores?

—Bueno... justamente...

No llegó a terminar la frase.

El dueño de la casa apareció a preguntarle a su mayordomo qué estaba pasando.

—Nada importante, patrón; es sólo que este mendigo pretende que le dé las sobras de la comida antes de que se haya servido la cena... Le he dicho que se retire, pero insiste en su reclamo.

—Pues que se retire inmediatamente... Mira cómo está ensuciando la entrada... Qué horror... Justo hoy. Llama a la guardia y, si no se va, ¡que suelten los perros!

A empellones y patadas echaron al pobre sacerdote a la calle, amenazado por una decena de perros que ladraban mostrando sus afilados dientes.

Como pudo, el hombre se trepó al carruaje y regresó al monasterio.

Una vez en su cuarto, después de lavarse las manos y la cara, se dirigió a su armario y sacó de allí una lujosa capa de oro y plata que le había regalado un año atrás justamente el dueño de la casa de la que lo habían echado.

Enfundado en la prenda, volvió a subirse al carro y esta vez llegó sin contratiempos a su destino.

Volvió a golpear y el mismo mayordomo le abrió la puerta.

Esta vez le hizo pasar con una reverencia.

El dueño de la casa se acercó y saludó inclinando la cabeza.

—Excelencia —le dijo—, ya estaba pensando que no vendría... ¿Podemos pasar? Los demás nos esperan...

—Claro —dijo el recién llegado.

Todos se pusieron de pie al verlo entrar y no se sentaron hasta que el hombre de la imponente capa tomó asiento, a la derecha del anfitrión.

Sirvieron el primer plato. Una especie de cocido en caldo que, a primera vista, parecía muy apetitoso.

Se hizo una pausa y todas las miradas se posaron en el sacerdote, quien en lugar de decir una oración o empezar a comer, como todos esperaban, estiró la mano por debajo de la mesa y, tomando la punta de su lujosa capa entre los dedos, comenzó a mojarla en el caldo.

En un silencio inquietante, el sacerdote le hablaba a su capa diciéndole:

—Prueba la comida, mi amor... Mira qué lindo caldito... Mira esta papita... ¿Y esta carne?... Come, mi amor...

El dueño de la casa, después de mirar para todos lados buscando una respuesta al comportamiento de su huésped, se animó a preguntar:

—¿Pasa algo, excelencia?

—¿Pasar?... —dijo el sacerdote—. No. No pasa nada. Pero esta cena nunca fue para mí. Está claro que la invitada es la capa... Cuando llegué sin ella hace un rato, me echaron a patadas.

He aprendido de este cuento a pensar en el Jorge Bucay que queda oculto detrás de algunos de mis disfraces. ¿Y tú? ¿Sabes tú cómo eres cuando te quitas todos los tuyos?

La identidad, una hija de nuestra dependencia

Todos nacemos necesitados de amor, de atención y de cuidados; todos nos damos cuenta, en los primeros años de vida, de que conseguimos mejores resultados si somos de una determinada manera. Nos miman más, recibimos más regalos y algunas cosas nos resultan más fáciles si nos comportamos como a los demás les gustaría que lo hiciéramos.

Con el tiempo, corroboramos que esta verdad se confirma a cada paso, pero también conlleva un problema: las personas que nos premian con esos reconocimientos ("caricias", como las llama Eric Berne) no nos quieren a nosotros, sino al personaje que hemos creado para ellas quizá antes incluso de conocerlas.

Después de haber trabajado como terapeuta de adultos por más de treinta años, puedo asegurarte que en algún momento todos tendremos que reconocer que eso que sostenemos, y de buena fe creemos, que somos, es como mínimo parcialmente falso.

Esa idea de nosotros con la que vamos de aquí para allá, presentándonos frente a los otros, es básicamente una ilusión construida por cada uno con mucha o poca ayuda de nuestro entorno social o familiar, al que de manera neurótica tratamos de complacer.

Darse cuenta de esto, como dije, no es tarea fácil y enfrentarse a fondo con esta "realidad", como podrás imaginar, es una vivencia tan perturbadora como trascendente.

Hay una imagen que siempre me ha parecido poderosa y clara: si me tiro al agua elegantemente vestido, con pantalones de pana y saco al tono, camisa bordada y una preciosa corbata a juego con los calcetines, me será muy difícil nadar (y encima nadie notará si estoy elegante o no).

En el plano espiritual, los roles que desempeñamos son como sofisticados ropajes que no me permitirán avanzar y que, al igual que le sucede al nadador, se volverán más y más una molestia, ya que este camino no admite personas irreales que sean fruto de la imaginación de algunos.

Para ser quienes somos, el primer desafío es animarse a dejar de lado todos los roles que hemos ido adoptando a lo largo de nuestra vida, especialmente los que mejor desempeñamos.

El segundo es vaciarse totalmente de lo que me impida ser en cada momento una persona libre, absolutamente espontánea y dueña de una conducta no condicionada por la cárcel de sus propias definiciones de sí mismo.

Esto puede sonar en principio un poco extraño.

¿Cómo puedo vaciarme de mí mismo?

¿No es acaso imposible dejar de ser quien uno es?

Si me deshago de mi Yo, ¿qué quedará?

Todas estas preguntas son válidas, pero nos harán perder el rumbo si no nos damos cuenta de que están formuladas desde el mismo Yo que tratamos de cuestionar.

Volviendo a la metáfora de Chuang Tzu, este planteamiento sólo puede hacerlo el hombre que va en el bote, es parte de su intento de recuperar el control de todas las cosas (un control que además nunca tuvo).

Si el bote estuviera vacío, la esencia de lo que somos permanecería allí, porque en esa historia la esencia es el bote mismo, pero no haría preguntas. Si consigo ser el bote, simplemente me dejo llevar y disfruto del viaje.

Hace tiempo, de regreso de un largo y agotador viaje cruzando el Atlántico y con el cambio de horarios a cuestas, me tiré en mi cama tratando de conciliar el sueño, que por lo visto, pese a mi cansancio, estaba decidido a hacerse rogar. Abrí la mochila con la que había viajado y saqué de ella el libro de Giovanni Papini, *El piloto ciego*, que había estado leyendo en el vuelo. Lo abrí donde estaba mi carta de embarque y era exactamente el comienzo de un cuento que Papini había titulado "¿Quién eres?".

La historia, inquietante por cierto, hubiera merecido un lector más lúcido. Se trataba de un hombre más o menos popular que de repente, una mañana, se sorprende al darse cuenta de que todos sus conocidos y amigos misteriosamente parecen no conocerlo, como si hubiera desaparecido de la memoria de las personas de su entorno...

Esa noche no pude terminar de leer el cuento completo, pero recuerdo que cuando me desperté (o soñé que me despertaba) por la mañana, tenía la pregunta de Papini anclada en mi mente: ¿quién eres?

En ese estado, entre lúcido y confuso, que se produce en los momentos cercanos al despertar, me sentí agobiado por la interrogante, preguntándome a mí mismo (también por culpa de Papini) si tenía yo una respuesta verdadera y conveniente a esa pregunta.

Tentado de explorar mi sensación, guiado más por mi intriga que por mi valor, me dejé llevar por esa extrañeza sin cuestionarla, sin dejar que mi mente pensante despreciara la vivencia imponiéndome la realidad "objetiva" de mi identidad. Me permití, casi divertido, dudar de quién era yo, o por lo menos de "qué tanto" era yo el "Jorge Bucay" que yo creía que era y cuánto de mi persona podía ser definido por mi nombre, por mi profesión o por mis pertenencias.

No podría decir hoy cuánto tiempo estuve tendido en la cama, casi inmóvil, tratando de no interrumpir esa vivencia, de extrañeza, ese diálogo interno que por un lado me parecía ridículo pero por otro me conmocionaba quizá demasiado.

De pronto quedó claro para mí, es ese momento y desde entonces, que todo lo que puedo decir de mí, "soy yo"; pero también que no soy sólo eso. Evidentemente yo soy (y todos somos) muchas más cosas de las que se pueden definir en palabras.

Definir es "de-finir", saber dónde empieza y dónde termina lo que defino. Saber algunas cosas de mí seguramente no es suficiente para poder definir (ni siquiera ante mí mismo) quién soy.

Ante la imposibilidad de abarcarla, ya no con palabras, sino vivencialmente, la identidad queda reducida a poco más que una ilusión, a un esquema de referencia avalado por las pequeñas historias que nos contamos (como los terapeutas sabemos, no siempre verdaderas) para hacer nuestra vida posible y nuestro pensamiento congruente.

Quizá debamos aceptar con resignación o con coraje que en

el fondo la idea que tenemos sobre nosotros mismos es, en gran medida, una construcción más o menos conveniente y que la aceptamos sin cuestionarla porque nos proporciona un marco referencial más o menos seguro.

Todo este desarrollo no parece ser un motivo de inquietud, pero debemos reconocer que si nos conformamos con "ser" solamente esas cosas que conocemos de nosotros y que estamos acostumbrados a creer que nos definen, terminaremos finalmente atados a ellas y le pondremos un cepo a toda posibilidad de cambiar y, por ende, a toda posibilidad de seguir creciendo.

Encerrados en la cárcel de nuestra identidad perdemos toda alternativa de explorar cómo es eso de ser alguien nuevo cada día.

Cuando Osho nos hablaba de esto, solía contar la fascinante historia del príncipe que se creía gallo:

Cuentan que hubo una vez un príncipe que de pronto comenzó a creer que era un gallo. Un día despertó a toda la corte con un estruendoso cacareo a la salida del sol. Cuando llegaron a su habitación, el príncipe estaba desnudo, caminaba en cuclillas de un extremo a otro del cuarto mientras movía sus brazos al costado de su cuerpo como si agitase un par de alas y emitía extraños sonidos que imitaban un graznido.

Los integrantes de la corte se horrorizaron al ver aquella escena e intentaron hacer volver en sí al príncipe, pero éste comenzó a correr por la habitación, dando fuertes "picotazos" con su nariz a aquellos que conseguían acercársele, hasta que se metió debajo de una mesa y permaneció allí.

Los días pasaban y la condición del príncipe no mejoraba. Su padre, el rey, mandó llamar a los más eminentes médicos del reino. Probaron incontables ungüentos y pociones, pero ningún remedio surtió el efecto deseado. Entonces el rey acudió a los sabios y a los místicos y también a aquellos que se hacían llamar hechiceros y chamanes, pero nada dio resultado. El príncipe continuaba tan loco como al principio.

Hasta que un día llegó al palacio un viejo clamando que podía curar al príncipe. Vestía como un pordiosero y, en circunstancias normales, los guardias lo hubiesen echado de allí sin más preguntas, pero la situación era desesperada y el rey accedió a verlo.

—Sólo yo puedo curar a tu hijo —dijo el viejo una vez frente al rey—. Para curar a un loco necesitas a alguien aún más loco que él... y ése soy yo. He viajado por el país de la locura, sólo yo conozco el camino de vuelta.

El rey no sabía ya qué más intentar, de modo que aceptó la propuesta del viejo e hizo que lo escoltasen hasta la habitación del príncipe. Una vez allí, el viejo se desnudó por completo, se arrodilló y, agitando los brazos y cacareando, se metió debajo de la mesa.

—¿Quién eres? —preguntó el príncipe cuando lo vio entrar en su morada.

—Soy un gallo más experimentado que tú —dijo el viejo—. Tú eres apenas un polluelo, un aprendiz. No sabes lo que es ser gallo.

El príncipe parecía algo desorientado.

—Entonces... ¿tú también eres un gallo? —dijo—. Pero pareces un hombre...

—No te fíes de mi apariencia —respondió el viejo—, mira mi espíritu y verás que soy un gallo como tú.

Así, el príncipe aceptó que el viejo viviese con él debajo de la mesa y poco a poco se hicieron amigos. Cacareaban juntos a la salida del sol y se pasaban los días pavoneando por la habitación. Hasta que un día, inesperadamente, el viejo se puso una camisa.

—¡¿Qué haces?! —le dijo el príncipe—. ¡Los gallos no se visten como hombres!

—Me vista como me vista, yo seguiré siendo un gallo. Engañaré a esos hombres y creerán que soy uno de ellos. Pero tú no debes ser tan crédulo. Mi espíritu de gallo no cambia.

El príncipe tuvo que aceptar que tenía razón y así, cuando comenzó a hacer frío, el viejo pudo convencerlo de que usase él también una camisa. Algunos días pasaron y, una noche, el viejo pidió comida a los sirvientes de palacio. El príncipe volvió a rebelarse:

—Pero ¿qué estás haciendo? ¿Vas a comer como ellos?

—Mi ser de gallo no cambiará por lo que coma. Puedes disfrutar cualquier manjar. Puedes hacer lo que desees y continuar siendo un gallo.

Esa noche los dos compartieron una sabrosa carne asada.

De esta manera, el viejo fue, paso a paso, persuadiendo al príncipe de que regresase a su vida entre los hombres. El príncipe llegó a comportarse con total normalidad y el viejo fue admitido en la corte en señal de agradecimiento.

Hasta que un día, en medio de una lujosa cena a la que el príncipe asistía con total acato del protocolo, uno de los cortesanos le comentó:

—¡Y pensar que hace sólo unas semanas su alteza creía que era un gallo!

El príncipe se acercó al cortesano y le susurró al oído:

—No digas nada, pero soy un gallo. Tan sólo actúo como un hombre y así he engañado a todos.

El hombre corrió a contárselo al rey, y éste, furioso, fue a increpar al viejo acompañado de su séquito:

—¡Mi hijo continúa loco! —le dijo.

—Por supuesto —fue la respuesta del viejo—. Está tan loco como todos ustedes. Él cree que es un gallo, tú crees que eres un rey, ustedes creen que son nobles cortesanos... ¿cuál es la diferencia?

El rey quiso contestar, pero ningún argumento válido vino a su mente, de modo que permaneció en silencio con la boca abierta.

El viejo continuó:

—La diferencia está en que él ha aprendido a distinguir la esencia, del comportamiento. El ser, de la imagen. Él puede ser un gallo hoy y un hombre mañana, y pasado tal vez un león o incluso una piedra... Puede ser una mujer, un niño o un pirata, pero su esencia se mantendrá inalterable. Tú, en cambio, estás atado, crees que eres un rey y no puedes actuar más que como un rey. ¡Tú estás loco! Completamente loco. Como todos los que creen que tu locura es parte de una realidad indiscutible... Posiblemente tu hijo también está un poco loco, pero al menos él sabe que lo está. ¡Él está con toda seguridad algo más sano que ustedes!

Y cuando hubo terminado de hablar, el viejo sonrió, tomó los cubiertos y continuó comiendo tranquilamente.

Cuando no podemos desprendernos de nuestro ego ni por un momento, la imagen que tenemos de nosotros mismos se vuelve una prisión.

Y si esto sucede estaremos dejando fuera infinidad de alternativas y anularemos grandes potenciales sólo porque contradicen la idea que tenemos de "lo que somos".

Si en cambio nos animamos a cancelar esta estructura, armada en gran medida por nuestra educación, pero sostenida y aumentada con el tiempo, siempre con nuestra complicidad, podremos, como el príncipe de la historia, elegir hasta cierto punto quiénes queremos ser, de qué forma pretendemos actuar, y qué aspectos de nuestra vida queremos desarrollar o explorar más.

Dos caminos totalmente diferentes

A diferencia de los guías espirituales occidentales que parecen reclamar de nosotros un esfuerzo por aumentar nuestras virtudes y controlar nuestros defectos, deduciendo unos y otros de una lista prefabricada de cómo "habría que ser", los guías espirituales de Oriente parecen señalar una y otra vez la dirección opuesta, la de dejar de hacer el esfuerzo por parecernos a nuestro padre, madre, maestro, o hermano mayor, y aún más la de abandonar por completo el Yo que se fija metas, que desea, que ambiciona...

Durante años pensé que esta última postura no sólo iba en la dirección contraria a la que había asignado todos mis esfuerzos de crecimiento personal, sino que además parecía netamente opuesta e incompatible con todas las propuestas de la psicología occidental.

Hoy ya no lo veo así, aunque quizá sólo se deba a que estoy más viejo y eso me ha hecho bastante más comprensivo.

Por la razón que sea, ahora estoy convencido de que estos dos movimientos no son necesariamente contrapuestos.

Creo que, en la medida en que voy creciendo como persona, voy abandonando las ideas preconcebidas sobre lo que soy y por eso voy también, de algún modo, abandonando mi ego estructurado, mi estructura de personalidad, mis formas “automatizadas” de ser y de pensar (este planteamiento, por sí mismo, podría explicar mi cambio de postura y demostrar, a la vez, lo complementario de ambos enfoques).

Aparecen en mi mente —como en la tuya, sospecho— algunas preguntas obvias. Si es tan deseable y constructivo prescindir de nuestra “identidad”, ¿por qué nos parece tan difícil?, ¿por qué nos resistimos a ello con tanta vehemencia?

Quizá este “Diálogo entre hermanos” que me hizo llegar alguna vez un paciente nos pueda ayudar a pensar este asunto desde otro ángulo...

—No puedo más. Me falta oxígeno, ni siquiera me puedo mover.

—Debes resistir. Esto pasará.

—No lo creo, hermano. Todo ha ido empeorando en las últimas horas. Las paredes tiemblan y alrededor todo se deteriora rápidamente.

—Lo sé, pero este lugar es nuestra única posibilidad. Tienes que aguantar.

—Es que no puedo seguir así. Creo que será mejor que me deje llevar por la corriente.

—No lo hagas, hermano. Si te sueltas, serás arrastrado hacia el agujero que conduce a la muerte y la destrucción. Vamos, esfuérzate un poco más.

—Ya lo decidí, no voy a quedarme aquí esperando la muerte. Quizá, si me suelto, haya otra posibilidad. Ni siquiera sabemos qué hay al otro lado...

—¿Otra posibilidad? ¿De qué hablas?. ¿Qué comerás? ¿Cómo te cuidarás de los golpes? ¿Y el frío y el calor? Es una locura. Vamos, aférrate a mí.

—No. Basta ya.

Y dicho esto el más pequeño se soltó de su amarra y fue arrastrado hacia abajo, hacia el negro agujero de lo desconocido.

Su hermano lo miró desaparecer con angustia y creyó escuchar, unos segundos después, el llanto desesperado de su hermano del otro lado del agujero.

"Pobre —pensó—, una muerte horrible..."

Afuera, su hermano lloraba hinchando sus pulmones de aire fresco.

Había nacido.

Nuestra personalidad es de alguna manera un lugar protegido, un espacio donde hemos crecido hasta llegar a ser quienes somos, un lugar que, aun sabiendo que nos queda pequeño, nos ofrece el refugio y la seguridad de lo conocido. Dejarlo (en la metáfora, "nacer" a una nueva vida) nos asusta porque implica por fuerza la disolución de algunas fronteras seguras o históricas del yo. Abandonar las conocidas ideas sobre lo que somos nos empuja a un terreno de mucha incertidumbre y eso siempre nos conecta con el miedo. En nuestra peor fantasía, dejar de ser se parece demasiado a la propia muerte.

En la primera parte de este libro recordaba yo la idea de Gurdjieff de animarse a morir para renacer más evolucionado. Como conociendo esta frase, o quizá inspirándose en ella, me sorprendió hace algunos años el espectáculo de ballet contemporáneo que presentó en Valladolid un grupo llamado Espiral Danza. El provocador espectáculo se llamaba "El peso de la luz", y desde el pequeño texto introductorio de los programas se anunciaba a la audiencia la idea sobre la cual habían trabajado los artistas: el conflicto de las pequeñas muertes cotidianas, esas muertes necesarias para la continua lucha por encontrarse con uno mismo, deshaciéndose del agobiante peso de la propia imagen.

Creo que ningún terapeuta podría haberlo dicho mejor.

LA FRONTERA

Aprendimos en algún momento, siguiendo los consejos de otros (que decían que sabían), a construir una muralla imaginaria que nos separara un poco del mundo y una barrera que nos permitiera determinar qué cosas podían atravesar y qué cosas no. Gracias a ellas, hemos podido mantener hasta ahora la tibia ilusión de nuestra pequeña cuota de control sobre el mundo y, por extensión, la vanidosa fantasía del absoluto control sobre nuestras vidas.

Por otro lado, para confundirnos o para despertarnos (quizá para ambas cosas), la vida nos enseña que enfrentarse con la verdad es el más deseable de los logros, y eso implica luchar por cancelar cualquier condicionamiento de nuestra conducta.

¿Cuál de estos aspectos triunfará? ¿El que sostiene la frontera o el que pretende dejarse fluir?

¿Y si decido encarar el arduo camino de sentirme uno con el universo?

¿Y si dejo de discriminarme de todo y de todos?

¿Y si ya no hubiera diferencias entre el mundo y yo?

¿Y si renuncio a establecer el límite de mi piel como una frontera insalvable...?

¿Qué podría pasar?

Confirmando el doble mensaje, a una parte de mí le parece más que atractiva la posibilidad de volverme permeable a todo lo que suceda fuera... pero desde otros aspectos, quizá menos seguros, en medio de lo confuso de las preguntas y sus respuestas, se disparan cientos de nuevas alarmas que me alertan de los peligros de derrumbar la muralla, me asaltan algunos temores que no conocía, nuevas fantasías catastróficas y paralizantes, enarboladas por la idea de que quizá yo no pueda soportar el sufrimiento que eso podría causarme.

Si no consigo vencer este miedo, volveré al refugio de la protegida cárcel de mi conocida personalidad y cerraré detrás de mí la puerta, de ser posible con siete llaves, para dejar fuera el dolor, lo desestabilizante o lo desconocido... aun sabiendo que también le cierro la puerta a todo lo nuevo, a todo lo creativo y a todo lo diferente... aun comprendiendo que con ello, termino con toda posibilidad de crecer, porque después de todo, crecer no es otra cosa que abandonar las seguras fronteras anteriores para recorrer espacios diferentes y para poder vivir nuevas experiencias.

Sólo algo más

Dicen que la principal diferencia entre los pueblos sajones y los latinos es que ellos siempre son capaces de encontrar una solución para cada problema, mientras que nosotros somos especialistas en encontrar un problema para cada solución; quizá por eso se me ocurre ahora pensar que "siempre existe una mala interpretación para una buena enseñanza" y que esta vez no es una excepción.

Me inquieta pensar que alguien entienda esto como una asistencia pasiva a los hechos de nuestra vida. Dice un viejo refrán sufí: "Confía en Alá, pero ata tú mismo tu camello".

Un viejo chiste ilustra esto que digo:

Dos amigos se encuentran caminando por la calle y se saludan:

—Oye, ¡cuánto tiempo sin verte! —dice uno de ellos—. ¿Cómo están tus cosas?

—Pues no tan bien... —responde el otro algo apesadumbrado, aunque al momento parece recuperar la emoción y dice—: Pero tengo fe en que a partir de la semana próxima todo cambie...

—Vaya. ¿Qué pasará la semana próxima?

—Este lunes, si Dios quiere, me ganaré la lotería.

—Ahhh... Ojalá y así sea. ¿Qué números has jugado?

—No, no he jugado ningún número.

—Pero entonces, ¿cómo piensas ganarla?

—Bueno, yo he dicho "si Dios quiere"... Y si Dios quiere ¿tú crees que va a andar fijándose en si jugué o no...?

Dejar de querer controlar el universo no implica abandonarse a la decisión de otros ni a tu propia suerte esperando que la vida llame a tu puerta. Se trata de orientar tu vida como quien orienta la vela de un barco, intentando llevarlo en determinado rumbo pero sabiendo que no puede vivir desentendiéndose de la dirección del viento ni enojándose todo el tiempo con la fuerza de la corriente.

Comprender la dificultad de esta tarea, darnos cuenta de la motivación que nos impulsó a crear una personalidad y asumir el esfuerzo que hicimos después por mantenerla y valorar a conciencia los costos que pagamos por aferrarnos a ella con vehemencia, me parece importante, pero no debe disuadirnos de seguir adelante.

Como enseñaba la metáfora del bote vacío, es imposible predecir si alguna vez otro bote va a chocar o no con nosotros y, por tanto, la certeza de evitarlo está más allá de nuestro alcance. En cambio, la forma de reaccionar cuando sucede es de nuestra absoluta competencia, y la forma de actuar después, también.

Conectados con nuestra búsqueda espiritual nos damos cuenta de que lo que sucede sólo es una parte del "problema"; la otra, mucho mayor, comienza cuando empezamos a querer controlar lo que sucederá, a pretender cambiar lo que pasó, o a querer modificar ambas cosas. Dicho de otra manera: muy probablemente, si renunciamos a la seguridad de nuestra cueva, nos daremos cuenta de que nuestro dolor y nuestro placer no son responsabilidad del mundo, sino nuestra. Aunque parezca mentira, nunca sufrimos por las cosas que nos suceden, sino por cómo tomamos o interpretamos lo que nos pasa.

Una persona más esclarecida se dará cuenta de que ha dejado de pelearse con el mundo cuando realmente se desprenda de su necesidad de controlar, y esto sólo es posible si la estructura del ego está dispuesta a revisar sus verdades y abandonar el escenario.

Una vieja tradición budista señala que cada vez que se construye un monasterio budista se pone a la vista una imagen del Bodhi, aquel árbol debajo del cual Buda alcanzó la iluminación, para rememorar aquel momento.

La mayoría de los visitantes termina preguntando:

—Si se trata de conmemorar ese momento, ¿por qué no está bajo el árbol la imagen de Buda meditando?

Siempre hay alguien que se acerca a dar la esclarecedora respuesta:

—Porque, en el momento de la iluminación, Buda ya no estaba allí. Siddharta Gautama se había olvidado de sí mismo y había desaparecido, pasando a ser un todo con el todo. Sólo el árbol quedó, como mudo testigo del proceso.

Si tú y el universo están separados, podrás ganar o perder, pero será siempre una batalla y tu felicidad dependerá siempre del resultado.

Si, en cambio, te das cuenta de que eres una parte de todo (una pequeña parte, por cierto), la frustración y la tensión desaparecerán, pues, al no haber dos partes, no podrá haber enfrentamiento.

Si conseguimos vaciar nuestro bote, quizá descubramos que nos aguarda un universo maravilloso, un universo que, incluso estando desde siempre al alcance de nuestra mano, aun desconocemos.

La conquista de un espacio silencioso

Meditar no significa luchar con un problema. Meditar significa observar. Tu sonrisa lo demuestra. Demuestra que eres amable contigo mismo, que el sol de la conciencia brilla en tu interior y que la situación está bajo control. Eres tú mismo y disfrutas de cierta paz.

Thich Nhat Hanh

LA MEDITACIÓN

En una antiquísima imagen didáctica, que el mismo Freud utilizó alguna vez, se nos explica que hay dos tipos de arte: el arte de agregar y el arte de quitar. En el primer grupo, representado tradicionalmente por la pintura, el artista "agrega" sobre la tela en blanco, líneas, formas y colores, para componer una obra de arte donde antes no había ni trazos de ella. En el segundo grupo, encarnado por la escultura en piedra, el desafío del artista consiste en "quitarle" al bloque de piedra lo que le sobra para descubrir (des-cubrir) la obra de arte que ya estaba allí escondida.

Cuando tuve la suerte de que la vida me llevara a Florencia, un poco por trabajo y mucho por mi afán de conocer esa bellísima ciudad, recibí dos de los impactos más grandes de todos mis viajes, dos imágenes que sigo llevando hoy nítidamente presentes en mi memoria: la increíble estatua del colosal *David* y las esculturas "inconclusas" de Miguel Ángel en los bloques de mármol. Se ve en ellos la expresión más clara de esta idea de dejar salir de la piedra la belleza de la escultura. Increíbles formas de pulida belleza "emergiendo" a medias de un rústico bloque que ni siquiera aparentaba ser mármol.

Imagino ahora a un escultor a punto de tallar una estatua en mármol. Digamos que lo motivó un sereno recorrido por la montaña y ha decidido representar en su próxima obra un águila posada con las alas extendidas en la cima de un risco. El artista pasea por la cantera hasta que encuentra la pieza de mármol que servirá para sus fines. Su ojo entrenado es capaz de ver en las entrañas de la piedra el germen de lo que será la estatua terminada.

Encarga a los trabajadores de la cantera que carguen la piedra en su carro.

De vuelta a casa, pasa por el pueblo. Necesita tener consigo todas las herramientas que sabe que precisará para tallar la roca.

El escultor no olvida que para hacer realidad su obra soñada no sólo necesitará esas cosas, será imprescindible poner en juego su habilidad para manejarlas con técnica y arte. De nada le serviría construir en su mente la más bella de las águilas si luego no sabe manejar el cincel, el martillo, el buril o la lija, la sierra o los raspones. Para aprender a usarlas adecuadamente y sacarles el mejor partido habrá tenido por fuerza que entrenarse en su uso y equivocarse muchas veces.

Así, cuando su pericia y experiencia se encuentren con su sensibilidad artística y su intuición, el tiempo, el sudor y la inspiración harán el resto.

La idea de recorrer el camino espiritual, como vimos, ha surgido en nosotros desde dentro, como la necesidad de nuestro amigo escultor de darle cabida a su inspiración, como un despertar más o menos identificado. El diseño original de cómo crecer espiritualmente se va modificando (como en toda creación artística) según vamos realizando la tarea. Nuestras herramientas serán todas las ayudas que podemos recibir, las enseñanzas que adquiramos, los maestros que nos ayuden y algunos soportes que nos puedan impulsar. La materia prima, el bloque bruto de mármol, obviamente somos nosotros mismos.

Al igual que en la parábola del escultor, con todo preparado, sólo queda ir quitando con mucho cuidado y mucha paciencia lo que sobra y ver emerger poco a poco el resultado (los diversos elementos que van a constituir la estructura de nuestra vida espiritual); es un trabajo personal que nadie puede hacer por nosotros.

Gran parte del trabajo artesanal (es decir, artístico pero entrenado) que significa el recorrido en este plano se puede hacer mejor si somos capaces de aprender a usar una herramienta fundamental: la meditación.

La meditación es la cocina de nuestro espíritu, una herramienta tan sutil como exquisita que nos permitirá, cuando aprendamos a sacarle partido, avanzar en el paradójico camino de transformarnos en lo que de alguna manera ya somos. Osho lo resume diciendo que la meditación es el espacio y el proceso en el que te das cuenta de lo que realmente sucede en tu interior y a tu alrededor.

EL IDEAL MEDITATIVO

La mayoría de nosotros no vivimos en el Tíbet, ni en medio de un desierto, ni en un retiro permanente en un monasterio. Casi todos vivimos inmersos en una realidad más o menos cosmopolita, rodeados de hombres y mujeres que corren de aquí para allí, que exigen y reclaman, que llaman por teléfono o golpean nuestra puerta para ofrecer, para pedir, para negociar, para reclamar. Seguramente tú y yo pasamos, como muchos de nuestros amigos y familiares, largas horas de nuestra vida arriba de un medio de transporte yendo o volviendo de algún sitio, o gastando un trocito de nuestra finita vida en el tráfico. Así, o parecido, es nuestro entorno cotidiano, y en ese ambiente debemos aprender a meditar.

Estoy muy lejos de ser un experto en el tema, pero aprendí de algunos maestros e instructores que ni la forma de meditar ni el lugar, ni la hora del día son en realidad lo más importante. Uno de ellos solía repetir hasta el cansancio que no debíamos perder el tiempo buscando la mejor manera o el mejor entorno para meditar...

—No tiene sentido esperar a que se den las condiciones soñadas para comenzar a meditar —decía—. No es necesario encerrarse en un monasterio tibetano, ni mudarse como un ermitaño a una casa en la montaña, para explorar esta herramienta.

Cuentan que el viejo relojero volvió al pueblo después de dos años de ausencia. El mostrador de su relojería recibió en una sola tarde todos los relojes del pueblo, que a su tiempo se habían detenido y habían quedado esperándolo en algún cajoncito de la casa de sus dueños.

El joyero revisó cada uno, pieza por pieza, engranaje por engranaje.

Pero sólo uno de los relojes tenía arreglo, el que pertenecía al viejo maestro de la escuela pública; todos los demás eran ya máquinas inservibles.

El reloj del maestro era un legado de su padre; posiblemente por eso, el día en que se detuvo marcó para ese hombre un momento muy triste. Sin embargo, en lugar de dejarlo olvidado en su mesita de luz, el maestro, cada noche, tomaba su viejo reloj, lo calentaba entre sus manos, lo lustraba, daba apenas una media vuelta a la tuerca y lo agitaba deseando que recuperara su andar. El reloj parecía querer complacer a su

dueño, que durante algunos minutos se quedaba escuchando el conocido tictac de la máquina. Pero enseguida volvía a detenerse.

Fue este pequeño ritual, este ocuparse del reloj, este cuidado amoroso, lo que evitó que ese reloj se trabara para siempre.

Fue la suma de la motivación y la perseverancia del maestro lo que salvó a su reloj de morir oxidado.

Meditar, para los que eligen meditar, es algo demasiado trascendente para supeditarlo a que las circunstancias sean las ideales. Nuestra actitud, en cuanto a la meditación, debe ser la del maestro del cuento con su reloj, una conducta de cada día, que se mantenga más allá de los resultados.

LA BÚSQUEDA DE LA MEDITACIÓN

La meditación alcanza su máximo desarrollo en las disciplinas orientales, mitad religiones mitad filosofías. La meditación, como tal, es un elemento que supera el hecho religioso y puede partir de las premisas doctrinales de una fe o no. En el último caso podríamos considerarla una técnica o una actividad entrenada y entrenable; en el primero podríamos también, como veremos después, relacionarla con la oración.

A la meditación se puede llegar por muchos caminos y también se puede practicar de muchas maneras.

Un escultor dispone de gran variedad de cinceles y gubias con las que hacer el trabajo y de un sinfín de técnicas para obtener el mejor resultado, pero ya en su primera escultura descubre que lo que a él le resulta más fácil con determinada herramienta manejada de determinada manera, a otros (según le cuentan) les es más sencillo y efectivo hacerlo con aquella otra herramienta y aquella otra técnica; así sucede también con la meditación. Técnicas de meditación hay muchas; cada uno debe encontrar aquella que le sea más útil, o la que mejor se adapte a sus más personales necesidades, exigencias, posibilidades y limitaciones.

En cualquier caso, podemos ponernos de acuerdo en que el primer paso para la meditación (primario y fundamental) es la observación.

Desarrollar una mirada honesta, pura y sin prejuicios..., dirigida hacia tu interior, para poder dejarte ser y, a partir de allí, vincularte en armonía contigo y con todos.

Si pudiera describir paso a paso el progreso espiritual del caminante a través de la meditación, en pocas palabras lo diría así:

Al principio **Sólo yo**
Después **Tú conmigo**
Enseguida **Yo contigo**
Y luego **Yo conmigo**
Hasta llegar al **Yo sin mí**
Para poder ser **Yo con todos**
Y terminar siendo **Todos...**

ENCONTRAR EL SILENCIO

Para que esta mirada sea posible, y esas palabras se vuelvan vivencias, hay que ocuparse primero de desarrollar el mejor contexto, hay que descubrir el silencio.

La palabra *silencio*, tan vacía que sólo parece poder definirse como la ausencia de algo (el sonido), es, sin embargo, un término lleno de contenidos y rebosante de significados, algunos quizá hasta opuestos. Decir que un hombre está condenado al silencio significa que está resignado a no comunicarse, al aislamiento, a no tener acceso al mundo de lo compartido con otros; sin embargo, encontrar el silencio buscado puede ser la expresión de una realidad bien distinta: la de un hombre que en su silencio (interno y externo) percibe mucho mejor lo que ocurre a su alrededor y es capaz de comenzar a ver aquellas cosas a las que estaba ciego en medio del bullicioso mundo actual.

Sólo el mejor de los silencios permite oír esos pequeños sonidos que halagan los oídos: el trino de los pájaros, la música que fluye o la canción del viento.

Si el ruido distrae, el silencio concentra.

Si el ruido nos espanta, el silencio nos convoca.

Si, como la medicina enseña, el ruido puede ser causa de numerosas enfermedades, el silencio convoca, por oposición a la sanación, la distensión y el crecimiento.

Sería demasiado sencillo y un tanto engañoso concluir que la mayor responsabilidad del ruido que entorpece nuestro espíritu se debe a las bocinas de los coches, a los golpes de las máquinas, o al estridente sonido de la música de última generación saliendo por los altavoces de las tiendas a todo volumen. El peor de los ruidos, el que más debe evitarse, el más enfermizo y el que más nos interrumpe, es el que producimos nosotros mismos, especialmente cuando hablamos más de la cuenta.

En su maravilloso libro *Los tres tesoros del tao*, Osho nos relata un episodio de la vida de Lao-Tse. Dice que el legendario maestro daba dos "conferencias" por día: una de mañana, cuando el sol asomaba, y otra al atardecer, cuando se ocultaba.

Sus discípulos lo acompañaban en sus caminatas durante una hora o dos, compartiendo con él el bello paisaje alrededor del enorme lago. La única condición para sumarse al grupo era que se debía permanecer, como el maestro, en absoluto silencio.

Fiel a su pensamiento de que la verdad no se puede transmitir con palabras, cuando uno de sus acompañantes decía más de una frase en una caminata, Lao-Tse le pedía que no volviera. Decía entonces que hay muchísimas personas que no pueden aguantar el desnudo que significa estar en silencio, renunciando al disfraz que conceden las palabras.

El hombre que habla por demás, cree que escuchar es lo de menos. Y como el que escucha poco, sabe menos; la conclusión es inevitable. Sin espacio para escuchar, sin el silencio de apertura que deja la ausencia de las propias palabras, el hombre se vacía a pasos agigantados, pues no permite que nada de fuera encuentre el hueco para filtrarse a su interior.

Y si ésta es la norma en todas las áreas, en el plano espiritual encarna la regla más importante y primordial. Demasiadas veces somos nosotros el principal obstáculo para que nuestro espíritu se expanda.

No quisiera que nadie creyera que hay que escaparse al campo para conquistar el silencio.

Hay miles de lugares silenciosos y horas serenas en nuestro entorno si nos animamos a buscarlas y aprovecharlas.

Para los que nos gusta callejear por las ciudades, existen siempre pequeñas plazas perdidas en algún recoveco, desiertas y un poco húmedas, a las que ni el sol visita demasiado... Son lugares increíbles, en los que se respira una paz inimaginable. En muchas ocasiones, viviendo en pleno centro de una gran metrópoli, como podría ser Buenos Aires, la ciudad de México o Madrid, uno puede descubrir que los domingos por la tarde, el microcentro se ha transformado en un monasterio abandonado, todo para ti.

El silencio interior

Hay un silencio que no depende de ser capaz de hallar un entorno sin ruidos. Un silencio que se aprecia cuando uno consigue hacer desaparecer el ruido, cuando uno trabaja, encuentra y construye sus silencios. Y cuando ya los tienes, no sólo puedes escucharlos sino que además comienzas a escuchar mucho mejor las cosas que sí suenan.

Cuando encuentras el silencio, comienza el tiempo de desarrollo de la sensibilidad y de la capacidad de oír. Si no crees en el poder intimista del silencio, intenta confiar algo importante para ti a una persona que te sea especial, a solas, bajo un puente, pero en el exacto momento en que por encima de tu cabeza, pasa un pesado tren de carga...

Según avanzas en el silencio externo e interno, descubres cosas que siempre han estado al alcance de tu mano, y de las que nunca habías oído hablar, o conquistas el acceso a una manera distinta de percibir lo mismo pero escuchando las diversas tonalidades que tiene cada sonido.

La suma de estas nuevas aptitudes forma parte de una nueva sensibilidad que abre la puerta a un darse cuenta, cada vez más y cada vez mejor, de la realidad, tanto de fuera como de dentro. Y ésta es la primera consecuencia de la meditación, el primer paso para conseguir, sorteando el intelecto, acceder a tu esencia y desde allí tener aunque sea una noción de la esencia de los demás.

MEDITACIÓN Y EGOCENTRISMO

Meditar no es sinónimo de apartarse del mundo, por lo menos no en el sentido de un alejamiento físico; en todo caso, es encontrar la oportunidad y el proceso para dejar de estar pendiente del exterior, dejar de controlar la zona intermedia (entre dentro y fuera) y dirigir la atención profundamente al interior, para encontrarse y establecer con serenidad la mejor relación de uno con el momento presente.

La meditación, suelo decir, es la mejor manera (o la única) de apartarte de todo y volverte el centro de todo. Una manera de dejar de girar alrededor de las cosas materiales, apartarlas del centro de tu atención y ocupar tú, y nadie más que tú, ese lugar.

Y aunque no ignoro que el párrafo anterior puede resultarte disonante, porque te suena a egocentrismo, a actitud soberbia y a cualquier cosa menos a una parte de la búsqueda espiritual... tómate un tiempo para pensar en ello.

¿Qué sucedería si el mundo en el que vives (no el de otros, sino el tuyo) tuviera su centro en otro lado, en otra cosa, en otra persona que no fueras tú?

Si te das cuenta de lo que hablamos, la conclusión es obvia; habiendo un centro, no hay otra posibilidad que girar a su alrededor. Te guste o no, más lejos o más cerca, si algo se transforma en el centro de tu vida, girarías a su alrededor. Darías vueltas y dependerías de esa cosa, de ese sitio, de esa idea, de esa persona.

La única manera de no vivir descentrado, de no girar alrededor de otros, es asumir la responsabilidad de ser tu centro, es decir, de centrarte en ti mismo.

Es cierto, el peligro de la egolatría está a la vuelta de la esquina. No confundas esta decisión de ser el centro de tu mundo, y no girar alrededor de nadie, con la vanidosa y enfermiza pretensión de ser el centro del mundo de otros, o con la delirante y necia aspiración de que todos tengan que girar a tu alrededor.

En mi primer libro, con la sola intención de mostrar la importancia de hacerse centro de la propia vida y de la mano de la oración gestáltica de Fritz Perls, escribía yo:

> Cuando tú y yo nos encontremos
> seremos dos universos en contacto.
> Tú, un universo con centro en ti
> y yo, un universo con centro en mí.
> ¡Será maravilloso cuando tú y yo nos encontremos
> y seamos... dos mundos que se encuentran...!

Centrarse en uno mismo no quiere decir declararse autosuficiente. Necesito de ti y de tu mirada, por ejemplo para ver en mí las cosas que están escondidas en lugares a los que soy ciego y también para compartir contigo lo que aprendí y lo que tengo.

En el plano espiritual asumo con claridad que esa otra persona que necesito hoy y mañana podrías ser tú, quizá hasta asumo que quiero que seas tú y que me gusta que seas tú, pero también que podrías no ser tú... porque no existe razón para que "debas" ser tú, porque no es imprescindible que seas tú, y especialmente porque sé que no es tu obligación prestarte a serlo. Si tú no estás allí, por la razón que sea, posiblemente otra persona podría recibir lo que tengo para dar, quizá hasta lo precise tanto o más que tú, y es importante que lo recuerde.

Aunque estés en el epicentro de la mayor y más agitada tormenta, si tienes paz en tu interior, puedes vivir en paz y transmitirla a los que te rodean.

Aunque no tengas un grado universitario, aunque no seas demasiado ilustrado, aunque ignores quién ganó el último Nobel de literatura, si vives creciendo espiritualmente, estarás creciendo en tu relación con el resto del mundo. Aunque creas que no tienes nada para dar, si estás decidido a abrirte sin reservas, el otro recibirá de ti el mejor de los regalos.

Como decía mi abuela: "Si no es de quien yo espero ni es con quien yo quiero, no es lo mismo... pero lo mismo es".

Si vives volcado en ti, eligiendo, seleccionando, discriminando, ayudando a algunos y olvidando a los demás, tarde o temprano te convertirás en un órgano yermo, en un ser condenado a la frustrante tarea de elaborar el más exquisito de los manjares para quienes ni siquiera tienen boca. Pero si te olvidas de ti, tarde o temprano los demás, siguiendo tu ejemplo, también te olvidarán y quizá deduzcan que no existes.

Si yo no pienso en mí... ¿quién lo hará? Si pienso sólo en mí... ¿quién soy? Y si no es ahora... ¿cuándo?

Talmud

LA TÉCNICA

En las primeras líneas de este capítulo decíamos que la espiritualidad puede desarrollarse en las atascadas calles de nuestras ciudades, en los apelotonados autobuses y vagones de Metro o en el ruido de nuestras plazas; esto es cierto, aunque también lo es que la búsqueda de la espiritualidad debe hacerse de la mejor manera posible.

La meditación tiene muchas técnicas que más o menos siguen un mismo patrón. Para casi todos los maestros, buscar la técnica, el método o la forma del aprendizaje, es ya una parte de la meditación.

Un poco de técnica y entrenamiento, sumados a algunas definiciones, ayudarán sin duda a aprender cómo mirarnos, ya que nuestra educación formal no sólo no nos ha enseñado, sino que además nos ha alejado de ello (porque poner atención voluntariamente en uno mismo parecería ser, según nos han enseñado, patrimonio del más diabólico de los egoísmos).

Meditar es ser testigo de tu propia vida (y la palabra *testigo* está elegida ex profeso para significar la no intervención del que ve y registra en el proceso observado); es permitir que tus aspectos más esenciales y vinculados a tu espiritualidad observen lo que hace tu cuerpo y lo que siente tu alma, con el fin de conquistar (o permitirnos) el mencionado estado de la congruencia.

Como dijimos, existen cientos de técnicas, unas se ajustarán mejor y otras peor, y hasta es posible que la que mejor se adapta a nosotros en un momento no sea la que necesitemos después, pero todas comienzan en un trípode imprescindible:

Conciencia, Constancia y Paciencia.

Deberemos ocuparnos de lo que nadie puede hacer por nosotros, buscar la mejor técnica para nosotros, aunque ello nos condene a analizar todas las que lleguen a nuestro alcance y decidir por cuál comenzamos.

Claro que la elección no termina allí (la excesiva y perpetua confianza en nuestras elecciones es algo en lo que no podemos caer); deberemos permanecer alerta, porque, a lo mejor, lo que hemos visto en la teoría no se ajusta en la práctica; esa técnica que decidimos que era la idónea puede no encajar con nuestra manera de ser y comportarnos, puede que hoy necesitemos una cosa y mañana otra.

Esta historia llegó a mí de muchas fuentes (tantas, que siempre pensé que no era una mera casualidad).

Cinco idiotas caminaban por una ciudad llevando en su cabeza una pesada barca de madera.

La gente les preguntaba:

—¿Por qué llevan esa barca sobre la cabeza? ¿No les pesa? ¿No les entorpece la marcha?

—Claro que es una molestia —dijo el primero de la fila.

—Por supuesto que hace el camino más difícil —acotó el segundo.

—Pero no somos desagradecidos —dijo el tercero.

—Ni renegamos de nuestro pasado —agregó el cuarto.

—Cuando veníamos para aquí —explicó el último—, teníamos que cruzar un vado. Las lluvias lo habían transformado en un torrente ancho y caudaloso. Si lo hubiésemos querido cruzar a nado nos habríamos ahogado. Tuvimos la suerte de encontrar esta barca y gracias a ella pudimos cruzar el río. Es evidente que gracias a esta barca, estamos aquí... La llevamos siempre sobre nuestra cabeza en señal de eterna gratitud.

Los métodos empleados pueden ser de gran ayuda, pero cuando se agotan se convierten en un lastre que más pronto que tarde acabará siendo el culpable de que nos ahoguemos en el mar de nuestra ineptitud. Escoger el método adecuado es importante, pero casi lo es más saber dejarlo en el momento en el que ya no nos sirve de ayuda.

¿CÓMO DARNOS CUENTA DE SI UNA TÉCNICA PUEDE SERVIR O NO?

El primer paso no puede ser otro que mirarnos sinceramente.[18]

Si no sabes cómo eres, no sabes qué encajará contigo.

Para comprar un pantalón o cualquier prenda de vestir que te siente bien, no basta con saber tu talla. Después de probarte varios modelos, verás que algunas marcas te sientan mejor que otras y te volverás un comprador fiel de ellas. De todas formas, siempre elegirás la prenda que más se ajusta a tu necesidad y a tu gusto. Eventualmente, después de probarte cada prenda podrás hacer los pequeños arreglos que sean necesarios (subir un pelín el dobladillo o acomodar el largo de las mangas). Mínimos retoques que hacen tuya una prenda de vestir que se ha fabricado en serie.

Con las técnicas pasa lo mismo que con la ropa fabricada en serie. Un modelo estándar sirve para la mayoría de las personas, aunque luego deba ajustarse a cada quien.

Alguien podría preguntar por qué no utilizar siempre ropa hecha especialmente para uno, ¿no es acaso la ropa a medida la que mejor queda? Ciertamente, no es lo mismo adaptar una prenda ya cortada y cosida, que pedirle a un sastre que mida y corte las piezas de tela en la proporción exacta que necesita tu cuerpo. Pero encontrar un maestro que diseñe una técnica de meditación especialmente para cada cual es muy difícil y poco operativo. En todo caso, la hipótesis máxima será pedir ayuda a la hora de elegir dentro del catálogo de opciones.

En ropa, los comerciantes han resuelto el problema creando lo que se conoce como prendas de confección *prêt-à-porter*.

Entro en una tienda a comprar una camisa. El dependiente me enseña una serie de prendas de diferentes tallas y cortes y me pide que me las pruebe. Después de desvestirme y vestirme en varias ocasiones, el dependiente anota: "El cliente —es decir, yo— necesita una camisa con el cuerpo de la talla 36, el cuello de la 38 y las mangas de la 34". Luego de varias preguntas sigue anotando: "Quiere los puños de la camisa azul y el cuello redondeado, como tiene la amarilla, en la tela de las rayas rosa".

Al final, si todo sale bien, habré diseñado una camisa a mi necesidad, gusto y talla, pero no de una manera individual, sino tomando aquello que más me ha servido de cada una de las camisas que me han mostrado.

Así lo aprendí y así lo recomiendo: de cada quien es la responsabilidad (aunque, como dijimos, se puede pedir ayuda) de aprender e incorporar la parte que le sea útil de cada técnica, lo que le convenga de cada una de las técnicas, la suma de lecturas y saberes que conformarán el personalísimo estilo y la propia manera de meditar.

MEDITACIÓN *PRÊT-À-PORTER*

Una posible técnica inicial debería incluir casi siempre algunos de los siguientes puntos:

Una preparación, incluyendo la elección de un lugar (en el que no seremos interrumpidos), ropa holgada (difícil será de otra forma) y una postura cómoda que no requiera atención especial ni esfuerzo mantenerla (si no estamos acostumbrados a sentarnos en el suelo, en posición de loto, y nos imponemos hacerlo, lo único de lo que conseguiremos estar pendientes es de mantener el equilibrio).

Una actitud relajada y quieta. Cerrando suavemente los ojos o encontrando algo tranquilo que puedas mirar. Una pequeña vela puede ser de gran utilidad.

Una respiración natural, sin intentar cambiarla (por lo menos al principio). Dejar que la atención se centre en cómo fluye el aire por el cuerpo, aprovechando cada espiración para completar la relajación de los músculos de tu cuerpo (a algunas personas les ayuda visualizar un lugar imaginario).

Silenciar la mente. Encontrar el no pensar. Ni siquiera pensar en no pensar. Cada vez que un pensamiento o idea aparece, no tratar de bloquearlo o eliminarlo. Dejarlos pasar (me gusta pensar que estoy mirando al cielo y ese pensamiento es un pájaro que cruza mi espacio visual, no lo sigo con la vista, simplemente dejo que pase y sigo mirando el cielo).

¿Y qué más? No hay mucho más, excepto cierta paciencia y perseverancia. Sólo poco a poco sentirás que algo diferente empieza a pasar por ti. No en ti, por ti. Y algunas cosas quedarán de pronto claras para tus ojos más puros.

Antes de llegar aquí, tu percepción de la vida se realizaba a través del cristal de tus aspectos más o menos neuróticos, a veces cóncavo, agrandándolo todo inútilmente, a veces convexo, minimizando las cosas peligrosamente. La visión distorsionada que tenemos se corrige automáticamente con el cristal plano y claro del espíritu.

Ese objetivo no puede ser buscado, pero siempre llega.

Este proceso es largo, incluso puede ser tortuoso, sobre todo para los que buscan desesperadamente resultados inmediatos. No busques acortar camino, busca el rumbo y síguelo.

Tampoco te entretengas analizando una y otra vez si el camino por el que vas es el mejor, o si el camino tomado es el bueno, porque entonces te enrocarás en ti mismo y la meditación no te servirá de nada.

No esperes resultados mañana ni pasado. Sé paciente, que no te domine la intranquilidad, la respuesta llegará en el momento preciso, cuando no sea la confirmación de nada, sino la señal de que has llegado.

En el camino, y sobre todo cuando tengas dudas, lo mejor que puedes intentar es reírte de ellas y, de paso, de ti mismo.

La mayoría de la gente, cuando tiene una duda, no importa cuán trascendente o banal sea el tema, intenta transformarlo en un asunto de vida o muerte. Estoy convencido de que en este punto los grandes maestros de la humanidad han sido nuestros ancestros judíos, capaces de reírse por igual de dudas y de dificultades, de asuntos profanos o sagrados. Llegaremos más adelante a hablar específicamente de la risa, pero vaya por ahora como anticipo esta anécdota atribuida al famoso humorista judío James Louis Baldwin.

Le preguntaron en una entrevista si la mayoría de los judíos creía o no en la existencia de Dios y en qué basaba su respuesta.

Él contestó que el pueblo judío tiene muchas características que lo definen, y que uno de sus rasgos más notables es dudar de casi todo.

—Muchos de nosotros —dijo Baldwin a modo de ejemplo— no estamos demasiado seguros de que Dios exista, pero lo que sí sabemos con certeza absoluta es que exista o no, nosotros somos su pueblo elegido.

Meditación y oración

Dice Francisco Jalics que la sabiduría de Oriente nos ha despertado recientemente al conocimiento de las ventajas y virtudes de la meditación. El sacerdote jesuita recomienda sin tapujos su práctica como camino del desarrollo personal.

A la hora de señalar unos pocos consejos técnicos, el sacerdote dice más o menos esto:

> Para meditar, comienza por encontrar un lugar tranquilo, en el que nadie te pueda interrumpir, si es posible silencioso y solitario. Puede ser casi cualquier sitio, un cuarto apartado de tu casa, el desván, la pequeña terraza de la casa de campo de tu tía, una playa solitaria o una pequeña plaza en las afueras de la ciudad. Si te costara encontrar un lugar con estas características, prueba en una iglesia. Salvo algunos pocos horarios, las iglesias suelen ser lugares bastante silenciosos y muy solitarios.
>
> Siéntate en silencio, en el lugar que quieras, y repite mentalmente un mantra. Puede ser tu propio nombre, una palabra en sánscrito o una frase cualquiera que puedas repetir sin pensarla demasiado. Una vez más, si no encuentras nada mejor, el padrenuestro o el avemaría te pueden ser de utilidad.
>
> Ahora vacía tu mente de cualquier otra cosa que no sea tu estar allí, en lo que estás, y en silencio, abre tu corazón a lo que ocurra.

Puede pasar que, al verte meditando así —dice al final el padre Jalics—, algunos crean que estás rezando, pero no te inquietes, tú y yo sabemos que lo que haces es meditar.

¿Habrá una forma más genial de explicar que orar es, en muchos sentidos, una particular manera de meditar?

Cuando describíamos la espiritualidad decíamos que iba más allá del aspecto físico y religioso de las personas. Cuando hablamos de meditación vimos que, aunque las religiones pueden recurrir a la meditación, ésta no es patrimonio de la religiosidad, se puede ser ateo y meditar. La oración es, junto a la meditación, la acción espiritual por antonomasia, aunque hay entre ellas algunos puntos que las distancian.

LA ORACIÓN COMO HERRAMIENTA ESENCIALMENTE RELIGIOSA

La oración es expresión y manifestación de la fe, y por tanto nos suele sonar absurdo pensar en la posibilidad de que un ateo rece; aunque, por lo que veremos más adelante, yo tengo mis dudas de su supuesta inutilidad o impertinencia, aun para aquellos que dicen que no creen.

Si bien, para meditar, las palabras y los contenidos son prescindentes y a veces impedimentos (salvo cuando utilizamos mantras), en la oración las palabras parecen formar parte indivisa de la actitud de rezar, aun cuando quede claro que la actitud de entrega y apertura en la oración es mucho más importante que el recitado repetitivo de algunas oraciones que aprendimos de memoria como si fueran un pasaporte al cuidado y la simpatía de Dios, cuando aún no sabíamos qué significaban.

Paulo Coelho, en su libro *A orillas del río Piedra, me senté y lloré*, cuenta una historia que nos obliga a pensar en ello:

Un misionero español visitaba una isla, cuando se encontró con tres sacerdotes aztecas.

—¿Cómo rezáis vosotros? —preguntó el padre.

—Sólo tenemos una oración —respondió uno de los aztecas—. Nosotros decimos: "Dios, Tú que eres infinito, acuérdate de nosotros".

—Bella oración —dijo el misionero—. Pero no es exactamente la plegaria que a Dios le gusta escuchar. Os voy a enseñar una mucho mejor.

El padre les enseñó una tradicional oración de alabanza a Dios y prosiguió su camino. Años más tarde, ya en el navío que lo llevaba de regreso a España, tuvo que pasar de nuevo por la isla. Desde la cubierta, vio a los tres sacerdotes en la playa, que al reconocerlo parecían hacerle señas.

En ese momento, los tres comenzaron a caminar por el agua hacia él.

—¡Padre! ¡Padre! —gritó uno de ellos, acercándose al navío—. ¡Enséñanos de nuevo la oración que Dios escucha! ¡No conseguimos recordarla!

—No importa —dijo el misionero, viendo el milagro—. Yo estaba equivocado.

Y retomó una vez más su viaje, avergonzado ante Dios por no haber entendido antes que Él, que hablaba todas las lenguas, escuchaba todas las plegarias.

La oración es, para la mayoría de las personas y de las religiones, un diálogo con la divinidad y, por tanto, un acto de fe y una prueba de la presencia real de Dios. Sin Dios no hay oración porque no hay a quién dirigir nuestras plegarias. La oración certifica y reafirma la confianza del que reza en que Dios escucha su mensaje. Y no sólo eso, sino que lo hace porque le importa nuestra relación. La oración no es entonces un mensaje lanzado al azar, a un dios lejano, a un dios ajeno, como los mensajes que se mandan a las estrellas por si alguien los recibe y sin ninguna esperanza de respuesta; es una comunicación asumida como un yo-tú o tú-yo.

Una comunicación que tiene su epicentro en el interior de las personas. Es el corazón el que reza. La oración es una actividad espiritual, no una actividad intelectual, y por eso no habría que dedicar demasiado tiempo de la oración a razonamientos. No en vano dice santa Teresa que la oración no consiste en pensar mucho, sino en amar mucho.

REZAR ES UNA CAPACIDAD EVOLUTIVA

Hace años, mientras compartía el espacio de conferencias con algunos sacerdotes y pensadores de todas las disciplinas, en un encuentro para mujeres cristianas, en México, un profesor de biología sostuvo en una mesa redonda un concepto que yo nunca había escuchado. Fue como respuesta, complemento o disenso de mi aseveración respecto de lo que definía la pauta evolutiva del hombre como tal. Decía yo que lo que más había evolucionado en la raza humana no era tanto su inteligencia como su capacidad de reír y de llorar. Él sostuvo que coincidía en que el *Homo sapiens* no representaba la cima de la evolución; para él, el hombre inteligente había seguido creciendo y evolucionando hasta dar paso al *Homo orans*, el que tiene la capacidad de orar, el hombre que busca la verdad de su propia existencia espiritual.

A mí me pareció más que interesante aceptar ese punto de partida, especialmente porque me permitía establecer que si bien la oración puede ser considerada el fenómeno primario de la vida religiosa, no necesariamente distingue al hombre religioso del que no lo es. Si la técnica de la oración consiste en entrar hacia uno mismo —separarse de las cosas materiales que nos alienan para así encontrarnos con Dios (salvo que homologuemos Dios con religión, que no era la intención de ninguno de los presentes en ese momento)—, la mejor consecuencia esperable de ese viaje de introspección era terminar naturalmente en una apertura hacia el resto de las personas.

Siguiendo la más poética imagen de la cristiandad, la oración podría definirse como un tren cargado de amor que, partiendo de nuestro espíritu, hace escala en Dios, camino a su estación terminal que es siempre el prójimo.

Así lo pone en claro la famosa oración de san Francisco de Asís.

> Señor,
> haz de mí un instrumento de tu paz:
> donde haya odio, ponga yo amor;
> donde haya ofensa, ponga yo perdón;
> donde haya discordia, ponga yo unión;
> donde haya error, ponga yo verdad;
> donde haya duda, ponga yo la fe;
> donde haya angustia, ponga yo esperanza;
> donde haya tinieblas, ponga yo la luz;
> donde haya tristeza, ponga yo alegría.
> Que no me empeñe tanto
> en ser consolado como en consolar,
> en ser comprendido como en comprender,
> en ser amado como en amar.
> Porque dando se recibe,
> olvidando se encuentra,
> perdonando se resucita a la Vida.

Muchos han dicho que la oración opera muchas veces como una forma de huir de la realidad, y yo creo que es cierto, aunque también sostengo que esta minihuida de la realidad también puede significar el deseo, la búsqueda y la manera de vivir mejor.

Está claro que el hombre no puede huir del mundo que le ha tocado vivir, pero puede y debe intentar vivir mejor en este mundo. Esta transformación es lo que busca la oración y la espiritualidad.

Cuando la mayoría de los creyentes reza, espera de alguna manera una respuesta y desea, aunque no lo diga, que ésta sea lo más evidente posible (y también lo más rápida posible...).

Dice la fe que la oración es una semilla que siempre germina.

En unos casos puede hacerlo en poco tiempo; en otros, tardar mucho, pero la idea es que nunca caerá en tierra yerma: más pronto o más tarde acabará dando fruto.

Modernidad versus *espiritualidad*

El desarrollo avasallador de la tecnología, especialmente de la mano de la robótica y de internet, ha cambiado para siempre la vida en el planeta, por un lado brindando acceso casi ilimitado e instantáneo a todo el conocimiento del hombre, y por otro ofreciéndole como nunca nuevas posibilidades de interactuar con el afuera, no sólo por el hecho de poder hacerlo sin salir de casa, a través del espacio virtual de la web, sino además por la alternativa de establecer diálogos y contactos virtuales en total anonimato.

Estamos instalados de pleno en aquello que Alvin Toffler profetizaba que seguiría a su denunciada "Tercera Ola". Después de disfrutar durante un tiempo de las ventajas y el confort al que la tecnología de vanguardia nos ha lanzado, empezamos a echar de menos algunas de aquellas cosas más primitivas y esenciales; como consecuencia (o gracias a ello), en lugar de convertirnos en un robot más, eficiente y sin alma, aparecieron nuestros aspectos más nostálgicos y sensibles.

A riesgo de ser calificados de "antiguos" o "caducos", la sociedad parece exigirnos que festejemos la llegada de esta "modernidad" y la pongamos a nuestro servicio para disfrutar del confort que nos promete (por un módico precio, claro) mientras, por otro lado, comienza a publicitar la urgencia del retorno a las cosas simples: al campo, a la leche recién ordeñada, al encuentro y el diálogo cara a cara, al pan casero...

Esta contradicción no puede tener un final feliz...
La decisión de vivir fingiendo nunca lo tiene.

Para definir la conducta neurótica, Freud usaba una imagen que retrata bien lo que quiero decir.

Imagínate condenado a disimular tu verdadera inclinación hacia algo. Supón que, porque "te conviene", debes vivir adulando a un jefe gritón; imagínate que, porque así lo decidieron tus padres, te ves forzado a estudiar una carrera universitaria que no te agrada; ponte en el lugar de alguien que no tiene otra alternativa que compartir gran parte de su vida junto a una persona con quien tiene cero afinidad...

Digamos ahora que para poder llevar adelante la situación y no pagar los costos de mostrar lo que te pasa realmente, tú decides esconder tus verdaderos sentimientos en un barril de madera y clavar después la tapa. Como en este imaginario no puedes darte el lujo de dejar entrever que has escondido algo en el barril, decides esconderlo hundiéndolo bajo el agua.

En esta situación deberás estar pendiente todo el tiempo de mantener oculto el barril, porque si no lo sostienes activamente, empujándolo hacia el fondo, saldrá a flote y quedará expuesto a la vista de todos.

Tal vez no te parezca demasiado esfuerzo mantenerlo allí, comparado con el beneficio que obtienes o el perjuicio que evitas, pero piensa... No puedes alejarte del lugar, no puedes descuidarte, no puedes descansar, no puedes más que resignarte a esa condena de alguna manera autoelegida.

Mantener una apariencia funciona de la misma forma. La energía que gastas en ocultar la verdad no puedes utilizarla en vivir tu vida, y mucho menos en ser feliz. Ese desgaste es la puerta al malestar crónico de la insatisfacción, y esta puerta es siempre el acceso a alguna conducta tóxica o autodestructiva que muchas veces toma la forma de una enfermedad (física o psíquica) que puede aparecer a través de una brutal explosión, incomprensible para todos.

Después de lo dicho, no es difícil comprender que el camino espiritual, una ruta diseñada para conducirnos a nuestra esencia, puede actuar como remedio y hasta como profilaxis de estos procesos. Mantener la salud es muy difícil cuando vivimos sin autenticidad, y ya que eso es imposible en el plano espiritual, el alma que se acepta y se expande mientras avanza, se sana mientras vamos abandonando, una tras otra, las poses ficticias y los roles mentirosos.

Así parecen confirmarlo centenares de artículos científicos que señalan la importancia de la espiritualidad en la búsqueda y el mantenimiento de la salud. Sea que ese bienestar existencial se busque a través de una religión, a través de la práctica de la meditación, o por la vía de alguna de las disciplinas orientales tan difundidas en Occidente, como el yoga, la respiración trascendental o el tai chi.

Una nueva medicina

La psiconeuroinmunoendocrinología, una ciencia casi nueva en la investigación de la respuesta y la conducta humanas, asegura que estas disciplinas permiten a las personas afrontar más constructiva y efectivamente su vida tanto en la salud como en la enfermedad. No sólo se trata de un entrenamiento estratégico para hacer frente de manera más inteligente a las contingencias, ni de una actitud más colaboradora y optimista frente a los tratamientos que requiere una enfermedad; se trata también de una más que probada optimización de la mejor respuesta inmune del paciente.

Los experimentos y hallazgos de los últimos veinticinco años apuntan a confirmar una íntima relación entre vida espiritual y mejor pronóstico, aunque a la vieja y tradicional medicina organicista le cueste admitirlo.

El concepto de *salud holística* cobra cada vez más importancia, especialmente en el caso de pacientes que padecen enfermedades crónicas, dado que es allí donde la actitud positiva del paciente y su relación con la propia enfermedad y con el tratamiento resultan determinantes.

Entrenar a un paciente en técnicas de meditación, visualización, o relajación; enseñarle o inducirlo a que contacte con la naturaleza, con la música o con la actividad de la que más disfruta; sugerirle que revise sus aspectos psicológicos con un terapeuta o que retome su contacto con su religión, si la tiene abandonada, puede ser la diferencia entre una tortuosa evolución y una buena y más rápida respuesta al tratamiento.

De este modo, en pacientes difíciles, la espiritualidad y la religión pueden convertirse en un poderoso estímulo positivo, pues permiten al enfermo combinar armoniosamente dos cosas que de otra manera serían incompatibles: la aceptación de la enfermedad y la decisión de enfrentarla, a través de una mejor comprensión del propósito y el significado de la vida.

El poder de la oración

En el Instituto Mind-Body, en la Universidad de Harvard, se viene estudiando desde hace treinta años el efecto sanador que tienen la oración y la meditación sobre el cuerpo humano. Según sus estadísticas, la sola búsqueda personal para encontrar respuestas a las preguntas más espirituales, como el significado y la relación del hombre con lo sagrado y lo trascendente, alcanza para introducir cambios en el paciente, que se traducen rápidamente en una nueva dimensión del pronóstico y del tratamiento de su enfermedad. Tanto más sucede con la observancia y la fe en el entorno de una religión, cuyo sistema organizado de creencias, prácticas, rituales y símbolos son, según estos estudios, la vía regia para que la persona contacte con esos aspectos sanadores, más profundos y espirituales.

La ciencia no puede evitar preguntarse (y está bien que así sea) cómo actúan la fe religiosa, la espiritualidad, la meditación o la oración para producir este efecto positivo sobre la salud de las personas.

Son preguntas que los médicos y los investigadores se hacen ante mejorías inesperadas o sanaciones milagrosas, y pretenden por supuesto descubrir el mecanismo de acción de tales disciplinas.

¿Tiene que ver el efecto con el restablecimiento de la relación entre el hombre y Dios, como lo aseguran los religiosos? ¿O con el encuentro del hombre con su fe, como dicen los místicos?

¿O acaso es el resultado del cambio de actitud del paciente al estar en contacto comprometido con sus a veces olvidadas creencias religiosas?

Quizá todos estos caminos simplemente actúan disminuyendo los altos niveles de estrés que siempre tienen los pacientes y que irremediablemente complican la enfermedad que se está tratando.

¿Cuál es la verdad?

Algunos hallazgos

Después de los excelentes trabajos del doctor Benson, de Harvard, nadie duda del impacto físico que reciben positivamente los que rezan o meditan.

Estudiando el cerebro con una sofisticada técnica de mapeo del cerebro, se puede registrar durante la oración el desplazamiento de la actividad central, desde los lóbulos frontales hasta los laterales, que son los que contienen, hasta donde sabemos, los centros que controlan la ubicación temporoespacial y la discriminación entre el adentro y el afuera. En un segundo momento, la actividad de toda la corteza se achica y la actividad se traslada a los núcleos de la base del cerebro, que comandados por el sistema límbico registran y controlan nuestras emociones y vivencias, incluidas las espirituales. Mientras tanto el ritmo cerebral se altera hasta pasar a un ritmo alfa, vinculado desde hace años a la percepción, la creatividad y los llamados fenómenos parapsíquicos.

En una investigación que se realizó hace ya veinte años en Estados Unidos, los médicos del Hospital Municipal de San Francisco, demostraron con registros incuestionables no sólo que los pacientes que rezaban (además de seguir el tratamiento convencional para la salud) evolucionaban mejor que aquellos que no lo hacían, sino también que igual respuesta favorable tenían aquellos internos que recibían oraciones de terceros en el exterior, aunque ellos mismos no oraran (lo cual insinuaba que los efectos "sanadores" de la oración podrían no estar vinculados —o por lo menos no exclusivamente— a la fe del paciente).

Decenas de resultados similares confirmaron desde entonces estos hallazgos en casi todos los campos de la medicina, mejorando los éxitos terapéuticos al combinarse, espontáneamente o por indicación, el tratamiento convencional con la oración. Mayor cantidad de embarazos en fertilidad asistida, acortamiento del tiempo general de internación de pacientes con patologías clínicas, postoperatorios más cortos y con menos complicaciones en cirugías a corazón abierto, mejores evoluciones de pacientes con cánceres supuestamente terminales.

En este sentido cabe destacar el trabajo realizado desde entonces por el doctor Larry Dossey, médico oncólogo declaradamente ateo.

Sorprendido por los hallazgos de San Francisco y otros, Dossey decidió llevar adelante una investigación, siguiendo rigurosamente el método científico, para saber si esa mejoría podría ser fruto exclusivo de la autosugestión (del paciente y/o del investigador).

El experimento de Dossey puede resultar novedoso, provocativo y quizá cuestionable, pero los resultados obtenidos me parecen sorprendentes y conclusivos.

Dossey dividió los pacientes de su servicio de oncología en cuatro grupos. El primero recibía solamente tratamiento convencional. El segundo oraba con fe por convicción personal. Un tercer grupo recibía oración exterior de familiares o amigos, rezara el paciente o no. Y un cuarto grupo por el que rezaban desde fuera personas desconocidas para el paciente.

En un primer momento el experimento demostró fehacientemente los efectos útiles de la oración, fuera propia o de otros. Cabe tener en cuenta que la evaluación del estado de los pacientes la hacían profesionales que no conocían a cuál de los grupos pertenecía el paciente y tenían vedado preguntarlo.

Pero Dossey quería otras certezas. Realizó entonces una prueba de las que en medicina se llaman doble o triple ciego. Esta vez trabajó con dos grupos de pacientes: para uno de los grupos organizó cadenas de oración y para los otros no. Los pacientes no sabían en qué grupo estaban, los médicos que los evaluaban tampoco. Al final de la experiencia, ochenta por ciento de los pacientes que estaban en cadena de oración mejoró más que los que no estaban.

El trabajo escrito por Larry Dossey para ser presentado en el Congreso de Oncología terminaba más o menos así:

> No puedo explicar los hechos observados y registrados, pero sé que algo hay.
>
> Yo no sé si creo en Dios, pero no tengo ninguna duda del efecto curativo de la oración sobre estos pacientes.

Por supuesto que seguirá habiendo investigadores que sólo concluyan que un alto nivel de creencia, especialmente en "el control de Dios sobre todas las cosas", se traduce, en las personas ingresadas en altos niveles de autoestima, en una clara actitud optimista respecto de su pronóstico vital y, como consecuencia, en una mejor disposición para colaborar con lo que su tratamiento espera de él o ella.

Sea como fuere, son asimismo numerosos los estudios que evidencian que la espiritualidad, la fe y la introspección asistida disminuyen claramente los efectos colaterales de tratamientos "agresivos" como la quimioterapia en la evolución de enfermedades tan graves como el cáncer, reducen la ansiedad y el estrés asociados a ciertos sofisticados o dolorosos procedimientos de diagnóstico, y mejoran la calidad de vida de pacientes con enfermedades terminales.

Oración y espiritualidad en personas sanas

Un experimento muy interesante se realizó por primera vez en la India y luego en varios hospitales-escuela del mundo. Un grupo de estudiantes se presentó como voluntario para una experiencia sobre el impacto orgánico de la espiritualidad. A la mitad de ellos se les pidió que vieran un filme de casi dos horas sobre la obra y el pensamiento de la Madre Teresa de Calcuta y a la otra mitad se les proyectó un documental de cuarenta y cinco minutos sobre la segunda guerra mundial. A la mañana siguiente, todos los voluntarios fueron al laboratorio de análisis clínicos para que se les constataran algunos valores.

Pequeños descensos de tensión arterial y de los niveles de azúcar y lípidos en la sangre de aquellos que vieron el filme de la Madre Teresa no fueron tomados en cuenta, pero el significativamente elevado nivel de inmunoglobulina "A" en la saliva de éstos alertó a todos de que había mucho que investigar por allí.

En varios centros de salud se comenzó a medir secuencialmente la presencia de sustancias saludables o sanadoras en pacientes en los que la oración formaba parte de su vida. Más allá del previsible aumento general de las endorfinas, se encontraron en estos pacientes bajos niveles de interleuquinas, lo que se suele asociar a una mejor función de inmunidad con un mejor funcionamiento de la respuesta generadora de neutrófilos. En otras palabras: un mayor nivel de defensas contra la enfermedad, una protección contra la tensión arterial y un retraso del proceso de envejecimiento.

Orar con fe. Orar sin fe

Pese a que las experiencias relatadas respecto de las mejorías en los pacientes que ni siquiera sabían que estaban rezando por ellos son contundentes y perturbadoras para una mente entrenada en la ciencia, mi mente lógica me sigue diciendo que los efectos benéficos de la oración necesitan de la fe de la persona que ora.

Y estoy convencido de que es así y no al revés.

Quiero decir: la fe (aunque sea sin oración) quizá pueda mover montañas; la oración sin fe... supongo que no.

Mahatma Gandhi era un gran conocedor de la figura de Jesús de Nazaret, de hecho en algunas de sus biografías se cuenta que estuvo a punto de convertirse al cristianismo; si no lo hizo fue a causa de una desafortunada experiencia: acompañando una mañana a un amigo de la infancia que quería mostrarle su iglesia, los asistentes no lo dejaron entrar por no ser blanco. Esta experiencia marcó la relación de Gandhi con el cristianismo para toda la vida, aunque nunca dejó de hablar de Jesús como su modelo primero.

Cuentan que un día Gandhi estaba sentado junto a un río y alguien le preguntó por qué no le gustaba el cristianismo. El Mahatma dijo que su disgusto no era con el cristianismo, sino con muchos cristianos.

Para explicar por qué decía eso, metió la mano en el río, sacó un canto rodado y dijo:

—Muchos cristianos son como esta piedra: llevan toda la vida mojándose en el río de la Verdad, pero si los abres por la mitad...

Gandhi golpeó la piedra contra otra mucho más grande.

La piedra pequeña se rompió por la mitad y él la mostró a quienes le escuchaban.

—En su interior están secos como esta piedra —explicó—; no les ha entrado nada del río que lleva toda la vida mojando su exterior.

La oración vaciada de sentimiento y de entrega es la doctrina sin la educación, es la iglesia sin la fe, es la moral sin principios.

Rezar es un diálogo con la divinidad, es llamar a la puerta de Dios. Y eso es posible si se hace a corazón abierto, aunque uno no sepa ni cómo se hace sonar la campanilla.

Cierta vez, en el pueblo del rabino Baal Shem Tov sucedió un milagro: el río se desbordó y el agua, que avanzaba amenazando con destruirlo todo a su paso, se detuvo milagrosamente a la entrada del poblado sin dañar nada, sin lastimar a nadie.

Baal Shem Tov agradeció a Dios el milagro, y esta vez Él le contestó:

—La plegaria de Shmuel me conmovió... —dijo el Señor.

El gran rabino fue a ver a Shmuel, a quien todos tenían por el tonto del pueblo.

—¿Qué oración dirigiste al buen Dios el día en que se desbordó el río? —le preguntó después de agradecerle lo que había hecho por todos.

—No sabía qué palabras usar —dijo Shmuel—, de hecho no tenía conmigo el libro de las oraciones y tampoco hubiera sabido cuál elegir... Así que recité el abecedario y le dije al Todopoderoso: "Aquí están todas las letras, Señor, acomódalas y construye con ellas la mejor plegaria para pedirte que protejas a este pueblo".

LIBRO IV

Los resultados

Serenidad

Gratitud

Buen humor

Servicio

Dejar la prisa

Imaginemos que has llegado a este capítulo saltando otros anteriores que te parecieron menos atractivos o para nada tentadores.

O supongamos, mejor, que estás leyendo esto con particular atención porque crees sinceramente que el tema del tiempo es, en efecto, uno de los asuntos que peor llevas, una de esas cosas que sabes que deberías resolver.

Digamos que de verdad esperas que en estos pocos párrafos encontrarás, por fin, una manera de acomodar saludablemente tu conflictiva forma de encarar las miles de cosas que te aguardan cada día.

Admitamos que has probado ya resolver este asunto poniendo voluntad y disciplina a tu agenda y que ninguna de esas soluciones "prestadas" ha cambiado sustancialmente los dolores de cabeza que te causan ora la impuntualidad ajena, ora la parsimonia de los ineficaces, ora la urgencia de quienes dejan todo para el último momento.

Con este equipaje, parecido al de muchos, has llegado hasta esta página queriendo aprender o descubrir la salida de este atolladero, de este laberinto en el que te metiste no sabes cómo y en el que te perdiste no sabes cuándo.

Sin embargo, a pesar de tu auténtica entrega y apertura a las propuestas que aún no conoces pero que esperas de mí, después de haber leído cada palabra de este texto sospechando y deseando que serán útiles, concluyes con acierto que, hasta aquí por lo menos, no has encontrado nada de lo que buscabas.

Hasta aquí por lo menos, lo dicho es mera cháchara introductoria y no llega a meterse en el problema.

Respira hondo...

Las perspectivas no parecen ser auspiciosas.

Todo indica que cuando termines de leer este pequeño ensayo habrás malgastado inútilmente algunos minutos de ese tiempo que tanto te molesta derrochar...

Porque, para ser honestos, el último párrafo tampoco aporta demasiado, ¿verdad?

Como se suele argumentar, se puede decir más alto pero no más claro:

La lectura de este capítulo no te ayudó en nada porque yo no he dicho nada.

Nada de nada.

Y bien... ¿qué te está ocurriendo ahora con esto?

SERENARSE

Vuelve a leer el último párrafo del capítulo anterior.

Mírate con sinceridad como si fueras un testigo de lo que te está sucediendo...

Pregúntale a tu impaciencia cómo seguiremos.

Pregúntale al mal humor que a veces te causa si vas a perdonarme esta especie de jugarreta que te hice.

Pregúntale a tu exigencia si es capaz de aceptar que esto mismo es lo que te pasa en la vida una y otra vez...

Recuerda que, desafortunadamente, te sucede también en algunas situaciones en las que ni siquiera puedes fantasear con "cerrar el libro" y arrojarlo por la ventana...

Por una vez, te propongo que les concedas tiempo a las cosas y a ti. Quizá y sólo quizá, algo de lo que sigue sí te sea útil. Aunque sólo sea la confirmación de que no estás solo en este laberinto de estresados impacientes que corren angustiados todo el día y cada día detrás del tiempo que se les escapa (nunca mejor dicho) "segundo a segundo"...

Todos sabemos que estamos llenos de necesidades y deseos. Todos nos damos cuenta de que algunos se superponen a otros, a veces contradictoriamente. Todos toleramos con dificultad el que debamos priorizar algunos por su importancia o por su urgencia, aunque no sean los que más placer nos prometen.

Ahora te propongo que antes de seguir leyendo te tomes unos minutos para hacer juntos una pequeña tarea que nos dará material para lo que trataré de explicarte después:

Tomemos dos hojas de papel y hagamos dos listas de necesidades, dispuestas en columnas una debajo de la otra, tal como vayan apareciendo.

En la primera hoja, la lista de las cosas que necesitamos o creemos urgentes, sean o no importantes.

En la otra hoja, la lista de las cosas que deseamos, que pretendemos conseguir o que no quisiéramos perder, que son verdaderamente importantes. Prioridades de las que en este momento no nos ocupamos demasiado porque sabemos que no revisten urgencia, pero no queremos ni podríamos renunciar a ellas.

No pienses demasiado. El intelecto hace trampas con lo importante y lo urgente. Ya lo veremos luego. Ahora sólo escribe cinco o seis cosas en la primera lista (la de lo que es urgente) y luego otras tantas en la segunda (la de lo importante). Adelante.

No te plantees si es correcto o no que esas necesidades estén allí.

No seas juez. Sé solamente un testigo, un escriba. Observa lo que aparece en tu mente frente a la pregunta y anótalo.

....

Ahora, si has terminado, revisa tus listas.

¿Qué dice de ti el hecho de que éstas sean tus urgencias o tus prioridades?

¿Qué dice, lo que has escrito en estas hojas, de este momento de tu vida?

Por supuesto, hace un tiempo estas listas hubieran sido bien diferentes (y es normal y sano que así sea).

Ahora bien, la que sigue es la gran pregunta:

¿Actúas en congruencia con las listas de tus necesidades, especialmente con la lista de las cosas más importantes?

No te apresures... tómate un poco de tiempo para responder. Ponte algunos ejemplos que demuestren que es así...

Un poco más de análisis.

¿Hay algunas cosas que aparecen en las dos listas? ¿Por qué?

¿Sientes la tentación de cambiar alguna cosa de lugar?

¿Querrías tachar alguna cosa o agregar algo en alguna de las listas?

Hazlo, pero no dejes de preguntarte qué te muestra eso acerca de quién eres y acerca del lugar y la situación en la que estás ahora.

La necesidad faltante

Hoy quiero usar este pequeño juego para llamarte la atención sobre el punto que nos ocupa:

¿Está la serenidad (o algún concepto equivalente) en alguna de tus listas?

Espero sinceramente que sí, aunque sospecho que si eres una persona parecida al noventa por ciento de los que pueden estar leyendo este libro, la serenidad no figura en ninguna de tus listas.

Si en efecto no está, te pido que la incluyas.

¿En cuál de las dos? Tú eliges.

Buda afirmaba que hay sólo dos caminos que nos pueden conducir a la completa satisfacción y paz interior:

La satisfacción de cada uno de nuestros anhelos.
La cancelación de todos nuestros anhelos.

Después de leer su doctrina uno se da cuenta de que, ciertamente, este último camino, dejar de desear, es muy difícil para nosotros, nacidos y educados en Occidente, pero se da cuenta asimismo de que también el primer camino es inviable.

Y entonces agrego yo:

¿Será inevitable que la frustración escondida en algunos de nuestros deseos nos robe nuestra serenidad?

Apostemos a que no y veamos cómo podemos trabajar en la dirección de esquivar esa trampa.

En un mundo que ofrece, como ya dijimos, casi todo el tiempo, mucho de casi todo y rápido, la serenidad es una excepción. No parece haber tiempo en nuestra vida para ocuparnos de ella, y posiblemente por eso nos ha abandonado. Demasiado trabajo, demasiada ambición, demasiados problemas en los que pensar, demasiadas cosas de las que ocuparnos, demasiadas urgencias (incluso para disfrutar de la vida).

El estrés es una moneda corriente en nuestras grandes ciudades, pero poca gente parece hacer algo verdaderamente constructivo al respecto. Habitamos espacios de asfalto, esmog y pocas zonas verdes que de todas maneras ni visitamos. Nos obsesiona la dieta mucho más que comer sano.

Las reacciones individuales frente al estrés pueden variar considerablemente, tanto como varían la gravedad y las consecuencias de su aparición.

Hoy por hoy, la ansiedad, la inquietud, cierta inestabilidad emocional, la incertidumbre y algunos pequeños miedos cotidianos, son tomados como parte natural del precio de vivir en el mundo moderno, pero no debería ser así.

No es novedad que estos problemas (aparentemente menores) conducen poco a poco a la aparición de síntomas físicos y al desarrollo de verdaderas enfermedades, cuya causa es, directa o indirectamente, el debilitamiento del sistema defensivo natural del cuerpo debido a la desaparición progresiva de cierto tipo de células sanguíneas (linfocitos) implicadas en la defensa inmunológica contra algunos virus y contra muchos tipos de células tumorales.

Disfunciones de la sexualidad, dolor de cabeza, problemas digestivos, enfermedades de la piel, infertilidad, insomnio, úlcera y la ya consabida y peligrosa hipertensión (causa de dos de cada tres infartos de miocardio) están en la lista de las más probables. Por no hablar de los síntomas "psicológicos": pérdida de la memoria, disminución de la capacidad cognitiva e intelectual, dificultad de concentración y hasta depresión o ataques de pánico.

Se nos enseña, y hemos aprendido, a buscar la seguridad para poder, sintiéndonos seguros, conquistar la serenidad. Y eso no sería tan malo si no creyéramos que la manera de lograr esa seguridad es cumplir con los objetivos impuestos indiscriminadamente por la sociedad (poder, éxito, dinero y posesiones materiales). Para completar el engaño, "confirmamos" que estamos en el camino correcto cuando escuchamos los aplausos de otros, tan perdidos como nosotros, que envidian vernos en el lugar que ellos desearían ocupar, olvidando todos, nosotros y ellos, que para el colectivo social somos más veces potenciales consumidores que personas detrás de la búsqueda de su felicidad.

Es más que razonable el goce del objetivo cumplido y el vanidoso placer de haber conseguido lo deseado, con el alivio que llega automáticamente al arribar a una meta. Pero este bienestar nos dura sólo un instante, porque apenas llegamos a "donde uno tanto deseaba llegar", parece que estamos obligados a buscar otra meta, diseñar un nuevo objetivo, encontrar una nueva zanahoria, hacernos una nueva promesa para el futuro, hallar algo que nos instale por un tiempo más en el mundo de los inquietos perseguidores de aquello que nos dará (¡mentira!) la tan deseada seguridad, esa que permite encontrar la tranquilidad del alma.

Tiempo para no hacer

Vivimos en gran medida invadidos por este mismo esquema, un poco perverso; buscamos llenarnos de cosas que no necesitamos, de objetos que no usamos.

Una biblioteca llena de libros que no hemos leído; sofisticadas grabaciones que aún no llegamos a desempacar y que nos esperan inútilmente junto al equipo de música; ahorros que no sabemos si llegaremos a disfrutar; una cabeza sobrecargada de información y conocimientos muchas veces inútiles que almacenamos y llevamos en la mochila de nuestro intelecto de aquí para allá; una agenda llena de nombres y teléfonos de personas con las que rara vez nos vemos y hablamos demasiado poco.

En nuestra carrera desenfrenada por tratar de huir de la angustia de sentirnos vacíos, paradójicamente nos llenamos de miedo cada vez que conectamos con un estado de quietud o de silencio. Y entonces, urgentemente, buscamos llenar el silencio con palabras y la quietud con movimiento, pues no soportamos la idea de la nada y menos la idea de no poder llegar al "destino" de prosperidad que alguien nos impuso como deseo.

Te propongo que de hoy en adelante encuentres al menos una hora todas las semanas para sentarte en silencio y no hacer nada.

No te asustes.

Cualquiera puede, y tú también, estar una hora sin hacer nada.

Ni leer, ni escuchar música, ni ver una película.

Nada.

Nada de nada.

Durante los primeros quince minutos te sentirás un tanto confundido. Después aparecerán la molestia y la inquietud; tendrás ganas de dejar este ejercicio. Si perseveras, quizá afloren de tu interior, tristeza, desazón y otras cosas más que desagradables, especialmente el autorreproche de estar allí "perdiendo el tiempo (con todo lo que tendrías que estar haciendo)"...

Si no huyes y sigues allí sin juzgarte, llegará enseguida el momento en que la inquietud desaparecerá y, desde abajo, surgirá la serenidad.

La serenidad de los que no temen lo que pueden encontrar fuera porque no están asustados de lo que ven dentro, aquellos que aprenden a vivir jerarquizando lo que son y no lo que tienen.

Una serenidad que muchos llamamos ser feliz.

Quizá te suceda que después de hacer muchas veces este ejercicio comiences a pasar espontáneamente más tiempo quieto o en silencio. Es lógico, en paz con el afuera y el adentro resulta innecesario llenar la realidad de excesivas acciones o palabras.

EL VÍNCULO CON EL TIEMPO

> *El tiempo es muy lento para los que esperan, muy rápido para quienes tienen miedo, muy largo para los que se lamentan, y muy corto para quienes festejan. Y para los que aman... para los que aman, el tiempo es eternidad.*
>
> WILLIAM SHAKESPEARE

Hace un par de años, Carl Honoré, un periodista que nació en Canadá pero vive y trabaja en Londres, publicó un modesto libro que rápidamente dio la vuelta al mundo (lo cual parece por lo menos una curiosidad teniendo en cuenta el título del libro: *El elogio de la lentitud*).

Dice Carl Honoré en el primer capítulo de dicho libro:

> ¿Qué es lo primero que hace usted al despertarse por la mañana? ¿Abre las ventanas? ¿Se da la vuelta para abrazar la almohada? ¿Salta de la cama para hacer diez flexiones y darse un regaderazo? No, lo primero que hace usted es mirar la hora.

Cuando leí esto por primera vez, una sensación de inquietud me recorrió la espalda... "Este señor, ¿me habrá estado espiando?"

Aprendí como terapeuta que la personal relación que cada uno establece con el tiempo es en gran medida un índice de su salud y de su capacidad para disfrutar de la vida.

Todos hemos sentido alguna vez la necesidad de detenernos, de parar el reloj, como si con eso se detuviera el tiempo, para disfrutar sin prisa de la compañía de alguien, de una situación o de un atardecer maravilloso.

Al no poder lograrlo, sentimos con justicia que se nos escapa el placer de mirar y disfrutar de esas pequeñas cosas y, con ello, la posibilidad de gozar plenamente de la vida, pues sólo en esas cosas, que en el apuro no vemos, se encuentra gran parte del verdadero sentido de todo.

Uno se pregunta cómo podría hacer todo lo que tiene que hacer si no corre; cómo no enloquecer en el intento. El trabajo, la casa, la lectura, los amigos, la familia, los trámites... Estamos atrapados en ese desafío imposible.

La puerta de entrada a esta prisión enajenante no transita por las muchas cosas que una persona debe hacer en un día, sino por su incapacidad de darse tiempo para llevarlas a cabo.

La subjetiva sensación de no poder administrar con congruencia y habilidad los sesenta minutos de una hora cualquiera, el hábito de vivir con angustia las proyectadas veinticuatro horas del próximo día, el hecho de mirar con desesperación la cercanía de nuestro cumpleaños, constituyen alarmantes rasgos de un grado mayor o menor de patología, emblematizando así una de las características del individuo neurótico: el sentirse prisionero, esclavo o víctima de la "inexorable tiranía" del paso del tiempo.

Hace ya veinte años escribí un cuento para un paciente que me consultaba porque se sentía un enajenado esclavo de sus obligaciones. El cuento, "Rebelión", que apareció por primera vez en mi libro *Cuentos para pensar*:

Y de pronto, el timbre sonó.

—¿Estás ahí? —escuché—. ¡Es la hora!

—Ya voy —contesté automáticamente.

—Ya es tarde. Abre la puerta.

Estaba harto.

Pensé en agarrar el martillo y hacerlo...

Con un poco de suerte podría, de un solo golpe, terminar con el incesante martirio.

Sería maravilloso...

No más controles...

No más urgencias...

¡No más cárcel!

Tarde o temprano todos se enterarían de lo que hice...

Tarde o temprano alguien se animaría a imitarme...

Y después... quizá otro...

y otro...

y muchos otros, tomarían coraje.

Una reacción en cadena que permita terminar para siempre con la opresión.

Deshacernos definitivamente de ellos.

Acabar con la dictadura en todas sus formas...

Pronto me di cuenta de que mi sueño era imposible.

Nuestra esclavitud parece ser, a la vez, nuestra única posibilidad...

Nosotros hemos creado a nuestros carceleros,

y ahora sin ellos, la sociedad no existiría.

Es necesario que lo admita...

¡Ya no sabríamos vivir sin relojes!

El cuento no es una condena, es una alerta: una mala relación con este amigo enemigo... nos enferma.

Nos falta tiempo

Al principio, cuando nos damos cuenta de que estamos "desbordados" por la suma de las cosas que debemos encarar todos los días, nos convencemos de que esta situación es transitoria y que se trata solamente de "acomodar algunas cosas para ahorrar tiempo" (aunque es obviamente muy difícil ser rápido y eficaz cuando la memoria falla o cuando se dificulta nuestra capacidad de concentración, justamente porque nos agobia no tener tiempo para nada).

Una nueva patología (que algunos colegas ya coinciden en llamar “enfermedad del tiempo”) va llenando páginas y páginas de información y estudio, tanto en el ámbito médico como en el del trabajo social con personas y grupos.

Esta enfermedad es bastante más grave que una mera situación de estrés y en casos extremos puede llevar incluso a la muerte.

Como cruel ejemplo vale mencionar la situación de Japón, cuna de la filosofía zen y espacio donde uno presume que lo bello y lo simple no sólo son la expresión del más puro arte minimalista, sino antes bien una manera de encarar la vida.

Resulta que la superexigente sociedad nipona de hoy ha sublimado el espíritu de vivir en hiperactividad hasta el punto de que, según los informes presentados a la Organización Mundial de la Salud, en el último lustro más de mil personas han muerto en Japón con diagnóstico de Karoshi: una nueva palabra del diccionario japonés que podría traducirse como “muerte por exceso de trabajo”.

Sin llegar tan lejos, la mayoría de la población urbana de Occidente no consigue evitar que las urgencias y la demanda de rapidez y efectividad que le exige su trabajo, invadan y condicionen el tiempo y la calidad de sus encuentros no laborales, especialmente con familiares y amigos. Demasiados jóvenes y no tan jóvenes de Occidente han desarrollado, sin necesidad de viajar a Oriente, una especie de adicción a la adrenalina que los lleva a vivir cada día “al límite”, tanto en el trabajo, como en la práctica de algún deporte y hasta en el tiempo reservado a la diversión o el placer.

Como consecuencia de esta nueva “ola”, los encuentros, otrora consagrados al ocio y al mero placer de la plática, tienden a ser cada vez más breves y menos espontáneos (porque hay que aprovechar el tiempo), y por supuesto carentes de toda profundidad (porque no hay tiempo de meterse en honduras).

Con la ayuda de la tecnología, internet, los teléfonos celulares, el chat, el fax y los mensajes SMS, la combinación de impaciencia y falta de escucha ha terminado por limitar la comunicación a diálogos monosilábicos y conversaciones fugaces o superficiales, de finalidad siempre única, explícita y en general autorreferencial.

Lo más grave, en todo caso, es que este modelo de vínculo ocupa cada vez más espacio en la vida de todos. Los pequeños momentos de éxtasis que se consiguen como recompensa de la adicción a la adrenalina van generando a nuestro alrededor (como sucede con cualquier adicto) un círculo vicioso muy difícil de destruir.

DETENER LA PRISA

Muchos hemos perdido de vista que a veces se hace necesario tomarse un poco de tiempo adicional..., vivir más pausadamente..., comprometerse con lo que se está haciendo y centrarse en ello, cualquier cosa que sea, sin permitir que nos distraiga en ese momento la idea de lo que tiene que hacerse después.

En todo caso, si "lo de después" es más importante para uno (o más urgente), deberíamos abandonar del todo lo que estamos haciendo y ocuparnos de aquello otro en ese mismo momento, de ese modo después podremos dedicar toda nuestra atención a lo que dejamos a medias.

Hace pocos meses, un poco como parte de la investigación que daría lugar a este libro, y mucho por mi propio deseo de volver a estar en la mágica Jerusalén, llegué a la antigua y amurallada ciudad que alberga en poco más de doscientos metros cuadrados tres de los lugares más significativos de las grandes religiones nacidas en Oriente Medio: el judaísmo, el cristianismo y el islam.

Allí, a pocos metros de los que rezan fervorosamente junto al Muro de las Lamentaciones (lo que queda del glorioso Templo de Jerusalén) están, hacia un lado, subiendo una rústica escalera, la mezquita de Al-Aqsa, construida alrededor de la piedra desde la cual Mahoma, el gran profeta, subió al cielo; hacia el otro lado, andando unos minutos por pequeñas callejuelas, el Santo Sepulcro, la tumba en la que Jesús fue enterrado después de morir en la cruz y el lugar en el que volvió a la vida.

Y recuerdo ahora ese lugar no por la mística de esa sincronía religiosa (no puede ser sólo una coincidencia), sino por otro episodio, más simple y aparentemente intrascendente, que me ocurrió en otro sitio, también mágico a su manera, de la ciudad vieja: el zoco de Jerusalén. El Shug es un mercado callejero que rodea y enmarca todos estos sagrados lugares. Una especie de mezcla de bazar, rastro y mercado de pulgas, donde se puede encontrar casi cualquier cosa, de casi cualquier precio. La forma de comercio allí es el regateo. Sería casi una ofensa comprar algo sin discutir durante largo rato el importe que se nos pide. En eso estaba yo, con un par de amigos, regateando el precio de un corte de tela bordada que una amiga española quería comprar para hacerse una falda. Lidiábamos muy divertidos el vendedor y yo por lo que finalmente costaría la tela. Durante casi media hora habíamos logrado, en su pobre inglés y mi más que pobres árabe y hebreo (aprendidos de oídas en mi infancia escuchando hablar a mis abuelos), bajar el precio de 1,800 shequels a 300. Yo había subido mi oferta original de 100 shequels a 150 y me mantenía firme en ese monto. De repente un joven árabe entró en el local trayendo una bandeja con café. El vendedor, sin decir una palabra, giró sobre sí mismo —dejándonos a los cuatro en medio de la tienda—, se sentó junto al mostrador y muy serenamente comenzó a beber a pequeños sorbos su café. Nosotros, occidentales, no entendíamos nada. Después de unos minutos, me acerqué a preguntarle al vendedor si no iba a seguir atendiéndonos. Él, ahora en un envidiable inglés, me dijo:

—Mire mi amigo, ahora es el momento de tomar café, y yo cuando tomo café, no vendo, tomo café... De todas formas, me daría mucho placer invitarlos con café si quieren...

Por supuesto, aceptamos y al rato los cinco estábamos tomando café.

Cuando terminamos de beber (sabrosísimo café, por cierto), él se puso de pie y dijo:

—Doscientos cincuenta shequels... y es mi último precio.

Nosotros, en Madrid, en Buenos Aires o en la ciudad de México, seguramente habríamos tratado de rematar la venta lo antes posible, habríamos terminado maltratando al cliente y encima nos habríamos tomado el café frío.

La vida terminó por confirmarme lo que aquel vendedor del zoco me enseñó esa tarde, y me fui dando cuenta de que casi siempre termino haciendo más cosas cuando no intento hacerlas con prisa.

En lo personal, me anima a caminar más despacio la doble sorpresa de que solamente sin correr soy capaz de disfrutar de lo que hago y, además (o quizá por eso mismo), el resultado siempre es, subjetiva y objetivamente, mucho mejor.

Recuerdo ahora a mi alguna vez paciente y hoy gran amigo Emilio, un músico lleno de talento y virtuosismo. Decenas de veces, en sesión, escuché cómo Emilio se lamentaba genuinamente de su dificultad para disfrutar de las muchas cosas bellas que tenía en su vida: dos hijos maravillosos, una esposa entrañable, una carrera brillante, mucho reconocimiento y muchas posibilidades que se abrían para el futuro.

Decía que recorría su vida como montado en una bicicleta de carrera, pasando a toda velocidad por cada cosa, como si debiera llegar antes que otros a algún lugar. La imagen era muy explícita y nos fue muy útil trabajar con ella, sesión tras sesión.

Una tarde, ambos nos sorprendimos al darnos cuenta de que, a diferencia de las bicicletas de paseo, las de carrera no tienen "pie de apoyo"; sólo pueden mantenerse "en equilibrio" mientras corren. Era obvio que Emilio vivía su vida creyendo que se desequilibraría si se animaba a detenerse.

Es imposible disfrutar de las cosas pasando por ellas a la carrera, y a veces con disminuir la velocidad no es suficiente. En esos casos, para disfrutar del paisaje es necesario detenerse, aun a riesgo de perder el empuje, aun a riesgo de perder el equilibrio y, lo más significativo, aun a riesgo de perder la carrera.

En la siguiente sesión le llevé a Emilio, en señal de gratitud por lo aprendido juntos, este breve cuento:

La carreta se cruza con el gaucho, que cabalga lentamente campo adentro en medio de un aguacero.

El que conduce la carreta le grita:

—¿Por qué no apura la marcha? ¿No le molesta mojarse?

—No demasiado —dice el gaucho—. Pero más allá de eso, tengo por delante dos días de marcha a campo traviesa. ¿Para qué voy a molestar a mi caballo, haciéndolo correr, si más adelante también llueve?

Puede que a veces sea importante acelerar el paso, especialmente cuando estamos tratando de acabar algo y sacárnoslo de encima. Sin embargo, aun en esos casos, puede ser más efectivo ir despacio. Cualquiera sabe que no necesariamente uno llega antes a destino por hacer las cosas más rápido.

Los alemanes tienen desde hace más de dos décadas la jornada laboral más corta de Europa, medida en horas diarias de trabajo, y sin embargo sostienen una tasa productiva igual o mayor que la de los países "más trabajadores".

Si pudiéramos darnos un poco de tiempo, si fuéramos capaces de detener nuestra "huida hacia delante", si tomáramos espacio para percibir todo con mayor claridad... quizá, y solo quizá, hasta podríamos ser capaces de encontrar incluso en esa situación desagradable algo que nos sirve, algo que nos gusta, algo que nos place haber aprendido.

EL APURO DE LLEGAR Y LA LOCURA DE LOS DOCE SEGUNDOS

Estamos atrapados en la cultura de la prisa y de la falta de paciencia. Vivimos en un estado constante de hiperestimulación e hiperactividad que nos resta capacidad de gozo, y nos roba la posibilidad de disfrutar de la vida.

CARL HONORÉ

La impaciencia es muchas cosas y también un problema cultural. Un vicio nefasto aprendido (como lo son la vergüenza, la culpa y la mayoría de nuestros miedos).

En nuestra cultura de padres culpógenos e inseguros, es la norma "malcriar" a nuestros hijos dándoles rápidamente ("demasiado pronto", según nos recriminaba mi madre) todo lo que piden, sin que lleguen siquiera a llorar la frustración de no tenerlo. Es más que probable que actitudes como éstas no permitan que nuestros jóvenes descubran la relación que hay entre el trabajo, la espera y el resultado final.

La facilidad con la que accedemos a la información, disponemos de agua simplemente abriendo una llave o compramos manzanas a media calle de nuestra casa, nos ha hecho perder de vista el valor y el sentido de la "recompensa". Nuestros hábitos de confort y nuestra aprendida fobia a la frustración nos ha llevado a convencernos de que "tenerlo todo y ya" es lo lógico y lo natural.

Nuestra cosmopolita relación con internet es una gran lente de aumento para darnos cuenta de estas distorsiones.

Dos analistas de las apetencias de los adictos al espacio virtual de la web, Gonzbuk y Nielsen, explican que los usuarios de internet son cada vez más impacientes.

Por poner un ejemplo, sostienen que el fastidio, y a veces el enojo, que produce en los cibernautas el tiempo de espera que media entre el encendido de la computadora y la posibilidad de navegar (entre uno y tres minutos), los ha llevado a evitar esa rutina y casi todos prefieren dejar la computadora permanentemente encendida y conectada a la red.

Y eso no es todo. Aseguran que si una página web tarda demasiado en abrirse, nueve de cada diez veces el usuario cerrará la ventana y buscará por otro lado. ¿Cuánto es "demasiado"?, podría preguntar alguno... Los analistas lo saben. Demasiado es cualquier espacio de tiempo que exceda los doce segundos.

¡Doce segundos!

Déjame decirlo de otra forma.

Si alguna vez yo hiciera un descubrimiento importante para el futuro de la humanidad (no es probable, es sólo una suposición) y decidiera darlo a conocer valiéndome de la tecnología, debería utilizar para ello internet. Si el mundo pudiera enterarse de la existencia de esa información únicamente en un sitio web y, por alguna razón, la página que la contiene demorase trece segundos o más en abrirse, lo más probable es que nadie se enterara nunca de mi descubrimiento.

El perfil de los impacientes, con su poca tolerancia a la frustración, sus efímeros gustos y su casi enfermiza impulsividad, condicionan la oferta de casi cualquier producto en el mundo de la sociedad de consumo. "Rápido y sin esfuerzo" es el mejor argumento para vender casi todo. Comida rápida, lectura rápida, sexo rápido.

Hay arroz que se cocina en dos minutos, créditos inmediatos, café instantáneo, sopas ya listas, y cajas de pago exprés.

El inmediato resultado prometido en la publicidad garantiza que no necesitaremos la paciencia, no habrá que esperar:

¡Hable inglés en una semana!

¡Pinte un óleo en 10 minutos!

¡Entienda de ópera en un par de horas (y sin tener que escucharla)!

¡Conozca toda Europa en 12 días!

Un antiquísimo chiste, que le escuché por primera vez al graciosísimo y ácido humorista argentino Enrique Pinti, se ríe de estos viajes en los que se programa conocer muchos lugares en poco tiempo:

A bordo de un autobús, recorriendo Europa, la hija pregunta:

—¿Qué es esto que se ve por la ventana, papá?

El padre repregunta:

—¿Qué día es hoy?

—Miércoles, pa...

—Ahhh... —contesta el padre—, ¡entonces es Bruselas!

Ansiedad, prisa, avidez y urgencia son algunos de los "atributos" de los impacientes.

¿ERES UN IMPACIENTE?

Seguramente lo eres si cuando no consigues armar el rompecabezas a la primera, lo abandonas criticando al fabricante.

Eres un impaciente si cuando lees interesado un libro de suspenso y no puedes darte cuenta en las primeras cincuenta páginas hacia quién apunta la trama, saltas las páginas hasta enterarte de quién es el asesino.

Lo eres si cada vez que no logras "satisfacción inmediata" en una relación afectiva empiezas a pensar en que deberías cambiar de compañía.

Si eres impaciente, desarrollarás con el tiempo la absurda postura que sostiene que la única paciencia que existe es la resignación.

Y por supuesto que nada de lo que hablamos promueve esa resignación.

Quizá deberíamos empezar por elegir con toda conciencia qué es lo que realmente queremos. Porque, por ejemplo, cuando se busca la plenitud en la posesión de bienes, se acelera la necesidad de consumir más (que implica la necesidad de tener más y más dinero), para sostener la cándida fantasía de que cuando lo tengamos todo, aparecerá la satisfacción...

Aviso para ingenuos (si quedan): nunca funciona.

EL MOVIMIENTO SLOW

Para todas las culturas antiguas o milenarias, la espera paciente es una de las condiciones de la llegada de la sabiduría. Si admitimos que algo de razón llevan, deberíamos admitir que algo de estupidez nos está invadiendo. ¿No es verdad?

¿Se pueden hacer las cosas rápido? Por supuesto que se puede.

¿Se pueden hacer bien haciéndolas rápido? También es posible, pero probablemente no quedarán como si las hacemos como hay que hacerlas.

Un mero ejemplo: uno de los secretos de un buen asado a la argentina es una brasa de leña o carbón natural, bien encendida, una cocción a buena altura, mantenida durante bastante tiempo (horas). La tentación de la rapidez y la urgencia mal entendida, invita a algunos, que saben mucho de horarios y economía pero tal vez no tanto del buen vivir, a suprimir algunos pasos o sustituirlos por las bendiciones de la tecnología comprándose la Super Barbacoa Ultra Express (sin humo, sin olor y en 14 minutos). El resultado es carne asada, claro, pero el sabor no es el mismo.

¿De qué se trata, pues, ¿de hacer las cosas bien o de hacerlas rápido?[19]

—Eulogio, contesta rápido: ¿cuánto es tres por cuatro?
—Once —responde Eulogio.
—No, hombre... ¡Doce!
—Perdón. ¿Tú qué quieres? ¿Velocidad o precisión?

La nueva filosofía de la lentitud propone enlentecer nuestra vida cotidiana. Y si bien empezó como una oposición a la popularidad de la comida rápida o "basura", pronto se extendió a otros temas llevando como bandera un principio muy sencillo: hay que dar a cada cosa, a cada situación, a cada encuentro y a cada tarea, el tiempo y la concentración que necesita y merece.

Los orígenes

Al parecer el movimiento Slow nació en Roma en 1986.

Un grupo de cocineros italianos, encabezado por Carlo Petrini, reaccionó ante la instalación de un local de *fast-food,* o comida rápida (concretamente un McDonald's), en la tradicional y emblemática piazza Spagna.

Lastimados en su orgullo, estos cocineros impulsaron la apertura de un centenar de locales que llamaron de "Slow Food", o comida lenta, en los cuales se proponía esperar a que se preparara la comida, comer a un ritmo lógico, y disfrutar de la cena con un buen vino compartido sin prisas con los amigos.

La filosofía Slow busca crear un mundo donde la gente, en vez de pasar por la vida corriendo, la viva con calma y, así, la disfrute más.

Nosotros, los que amamos la lectura y sabemos que un buen libro es aquel que uno quiere volver a leer aunque recuerde exactamente cómo termina, extrañamos aquellas largas, prolijas y bellísimas descripciones que venían haciéndose en las novelas desde el siglo XIX. Pinturas literarias de lugares, vestidos y ambientes que han desaparecido del texto haciendo de la aventura de leer una experiencia parecida a la de ver una película en un cine (quizá también porque muchas novelas fueron escritas pensando desde el principio en la posibilidad de llevarlas al cine).

Aquietar el ritmo no quiere decir moverse despacio ni caminar lentamente ni, mucho menos, postergar de modo indefinido las decisiones. Quiere decir sobre todo restar importancia a llegar pronto a la meta o, por lo menos, no centrar en ello el camino.

Cabe señalar que el sexo en nuestra sociedad está tan contagiado de la enfermedad de la prisa como todo lo demás, aunque en este caso todos tengamos claro desde el principio que perdemos muchísimo más de lo que ganamos.

Disfrutar de una buena relación íntima es mucho más que tener un buen orgasmo. Significa darle otro nivel de profundidad a la comunicación con otra persona compartiendo con ella cuerpo y espíritu. El sexo, "la mayor diversión que uno puede tener sin reírse", según Woody Allen, requiere tiempo antes, durante y después.

Deberíamos pretender —es fácil decirlo— actuar rápido cuando hay que hacerlo y lentamente cuando conviene; hacer las cosas de manera menos frenética, ser uno mismo quien controle sus ritmos.

Me acuerdo del anuncio que un día vi colgado en el escaparate de una óptica:

HACEMOS SUS LENTES.
SERVICIO BUENO, BARATO Y RÁPIDO.
(GARANTIZAMOS DOS DE TRES.)

Me pareció esclarecedor.

Si algo es bueno y barato, casi siempre tarda demasiado en entregarse.

Si es rápido y barato, no resulta de buena calidad.

Y por supuesto, como todos sabemos, pretender que algo esté bien hecho y que se entregue con prontitud, nunca es barato.

¿ES POSIBLE APRENDER A NO HACER?

La prisa suele presentarse como la reina de las grandes ciudades, aunque el único espacio en el que es verdaderamente reina es en el interior de las personas. Somos nosotros los que corremos; las calles y las avenidas siempre están ahí; los edificios y las plazas no se mueven; los ascensores y las escaleras mecánicas suben y bajan a la misma velocidad, ajenos a nuestra prisa. Y aunque esto suene obvio, sigue resultándonos muy difícil aceptar que nuestra vida no se termina si dejamos de correr; más difícil aún nos resulta siquiera pensar que es posible vivir mejor haciendo menos.

Para ser coherentes, podríamos elaborar un lento plan de menos a más, para llegar a esa situación.

Comenzar, por ejemplo, simplemente recortando de nuestra agenda las tres o cuatro cosas que sean menos importantes, y resistir a la tentación de ocupar ese espacio recién liberado con otras tres o cuatro cosas (de esas que tenías pendientes y no sabías dónde meterlas).

Para seguir por algún lado, podríamos seleccionar los programas de televisión que realmente nos interesan y encender el aparato sólo para ver esos programas y no por hábito.

En el tiempo que te quede libre por mirar sólo la televisión que te interesa, podrías probar a hacer el dificilísimo ejercicio (y lo digo sin ironía) de aprender a No Hacer.

A ver si te animas:

Consigue un reloj despertador, un cronómetro o un *timer* de cocina y prográmalo para que te avise dentro de diez minutos. Cierra los ojos y durante ese tiempo, no hagas nada. Y no permitas que nadie te interrumpa (menos aún con un "Oye, ¿estás ocupado?").

Una parte importante de este primer no hacer nada es ser capaz de sentirte cómodo. Por ahora no busques la posición ideal, sólo ponte cómodo. ¿Viste alguna vez cómo un gato se acomoda a un sillón y se acuesta? Los gatos son muy buenos en esto de acomodarse para no hacer nada, podrían ser un gran ejemplo para imitar.

No te duermas, no cantes, no planifiques...

Durante diez minutos, no hagas nada.

Si te fue bien en el primer ejercicio (y si no también), prueba con el segundo (por razones obvias no conviene practicarlo en la oficina). Hablo de tomar un magnífico baño de inmersión.

Se necesita abundante agua limpia y caliente.

Una tina (mejor privada y en solitario).

Y sobre todo el deseo de disfrutarlo.

Burbujas, esencias y aromas pueden ayudar.

La preparación del baño es parte del ejercicio, no lo delegues en otros si puedes evitarlo (disfruta con una sonrisa de la inusual tarea de dedicarle tiempo al tiempo de no hacer).

Entra en la tina lentamente y céntrate en el calor que penetra en tu cuerpo.

Por esta vez, no lleves un libro ni enciendas la radio.

Sólo disfruta y suda.

¿Avanzamos?

Un tercer ejercicio. No debe hacerse necesariamente a continuación de los anteriores, aunque ¿por qué no?

Se llama: Beber o comer, poco y muy despacio.

Una fruta, un postre, un pedazo de pan, un vaso de jugo o de agua fresca, pueden ser una buena elección. Llévatelos a la boca con mucha lentitud. Paladea. Sé consciente de la temperatura, del sabor y de la textura de lo que tragas, y especialmente del tiempo que le estás dedicando a algo que sin duda podrías hacer en unos pocos segundos. Disfruta de ello.

Si puedes dominar estos tres ejercicios, te habrás dado cuenta de algunas cosas que te vienes perdiendo.

Si quieres más, es hora de que salgas a experimentar el NO HACER en el mundo exterior.

Para eso te recomiendo un ejercicio más:

Elige un lugar —un parque, el bosque, una playa, un bar, un río—, que te sea placentero y con el cual intuyas que puedes compartir tu NO HACER.

El mío es la terraza de Anahí, la cafetería en la que desayuno todas las mañanas. Desde mi mesa, casi siempre la misma, veo la pequeña cala al costadito del balcón de Europa, en mi amada Nerja. Un espacio privado, aunque esté rodeado de gente, en el que empiezo mi día cada vez que llego a mi ciudad.

Siempre en silencio, miro, como si fuera un mantra corpóreo, a los pescadores que desde muy temprano han regresado a la playa y se dedican rutinariamente a desenmarañar sus redes y apilarlas junto a la barca.

¿Qué hago allí, durante esas dos o tres horas?

Aunque parezca difícil de creer, nada. Nada de nada.

Cerca del mediodía, quizá me vaya a caminar, quizá me quede, ahora sí, viendo el maravilloso paisaje, quizá escriba, lea o piense, pero eso será siempre después, cuando mi tiempo de no hacer nada haya pasado.

El último desafío al que deberías enfrentarte es más sencillo pero requiere más dedicación. Consiste en aprovechar algunas oportunidades que te ofrece la vida cotidiana para no hacer nada.

Por ejemplo, decídete consciente y voluntariamente a no hacer nada mientras esperas en el consultorio del médico, en un aeropuerto, en el autobús.

No hagas nada, ni garabatos en un papel, mientras aguardas en línea que la telefonista te pase la comunicación.

Cuando te toque esperar: espera, y no hagas nada más que lo que toca. No leas el periódico, no compres una revista, no hables por el celular y, sobre todo, no revises tu lista de tareas pendientes.

Puede parecer un asunto nimio, pero no lo es.

En el camino espiritual se aprende a valorar estos tiempos y se descubre que uno puede encontrarse con estos espacios y también programarlos con asiduidad.

Gracias a estos ejercicios, se aprende, por ejemplo, a cancelar todas las citas por un determinado espacio de tiempo (unas horas, una tarde, un día, un fin de semana).

Se aprende a comunicar, con amabilidad, a otros que no estaremos disponibles y a convencerlos de que no nos busquen si no es una verdadera emergencia,

Se encuentra o se construye el lugar ideal para retirarnos cada vez que lo necesitemos o antes de necesitarlo.

Se necesita valor para desconectar los teléfonos, para apagar la computadora y para desconectar el timbre de vez en cuando... ¿el timbre?... sí, el timbre. Es difícil de comprender por qué a tanta gente le cuesta admitir que el mundo podría sobrevivir si ellos no estuvieran disponibles por un par de horas o por un par de días...

Es posible que al principio sientas culpa, ansiedad o inquietud.

Quizá pierdas valiosos minutos de tu hora de NO HACER en reprocharte que estás perdiendo el tiempo.

Sugiero que recuerdes que no hacer nada no significa ser un irresponsable.

Esta tarea, la de NO HACER, es imprescindible para poder seguir tu camino.

Para hacer si decides hacer o para no hacer si es que así lo quieres.

Si eres como yo era, o como siguen siendo muchos de mis pacientes, y crees que no puedes darte este permiso, te sugiero que aprendas a pescar, especialmente si no te interesa la pesca...

En un grupo, hice esta sugerencia (ir a pescar) a un ejecutivo que llegó a la sesión con la receta de su médico indicándole que frenara su ritmo diario. El paciente se quejó frente a sus compañeros diciendo que no podría cumplir esa consigna ni aunque se lo propusiera. El aprendizaje de toda su vida no le permitía estar allí, perdiendo el tiempo, sin hacer nada.

Otro de mis pacientes acudió en su ayuda.

—Me parece que no comprendes la tarea —le dijo su camarada—, cuando estés allí y el silencio se te haga agobiante o la inactividad parezca incomodarte, dirígete a ti mismo, si es necesario en voz alta y hasta los gritos. Repítete lo que es la pura verdad: "No es cierto que no estoy haciendo nada, estoy pescando...".

Esa ironía se transformó después para aquel ejecutivo en el mejor de los consejos y para el grupo en una frase que descontextualizada, por una razón o por otra aparecía siempre en las sesiones: "A mí no me digan nada, ¿eh?, que estoy pescando".

Así que siéntate en un río, en un muelle, en un bote inflable, lanza el sedal en un lugar tranquilo y pesca.

Termino este capítulo dándole a tu tiempo el mejor de los regalos: un pequeño relato de *El Principito* de Antoine de Saint-Exupéry.

—¡Buenos días! —dijo el Principito.

—¡Buenos días! —respondió el comerciante.

Era un comerciante de píldoras perfeccionadas que quitan la sed. Se toma una por semana y ya no se sienten ganas de deber.

—¿Por qué vendes eso? —preguntó el Principito.

—Porque con esto se economiza mucho tiempo. Según el cálculo hecho por los expertos, se ahorran cincuenta y tres minutos por semana.

—¿Y qué se hace con esos cincuenta y tres minutos?

—Lo que cada uno quiere...

"Si yo dispusiera de cincuenta y tres minutos —pensó el Principito— caminaría suavemente hacia una fuente..."

Quizá lleve tiempo, pero al final uno aprende a tolerar la inmóvil desnudez del silencio de afuera y a disfrutar del lento silencio de adentro.

Aprender a dar las gracias

Agradecer. Amar. Reparar. Acaso se trate de los verbos más poderosos en la construcción, el mantenimiento y el enriquecimiento de las relaciones humanas en todos sus niveles, desde los más íntimos y privados hasta los más públicos y sociales. Son tres verbos cuyo aprendizaje requiere responsabilidad, sensibilidad, humildad, empatía y compromiso.

SERGIO SINAY

Más allá de la postura religiosa o filosófica de cada cual, hay personas que en general son capaces de agradecer aquello que la vida les pone en su camino y otras que todavía no han aprendido a hacerlo.

Muchas de estas últimas parecen incapaces de conectar con la gratitud, porque nunca están conformes ni contentas con lo que les sucede, no hablemos ya de sentirse saciadas. A esas personas, como se dice en Argentina, siempre les falta un centavo para el peso.

Me acuerdo de aquella historia del paje que era muy feliz hasta que su rey le regaló noventa y nueve monedas de oro, y eso alcanzó para terminar con su alegría. A partir de entonces nunca dejó de quejarse porque le faltaba la moneda número cien. Quizá por esta amargura (y no intento justificar su actitud), ni antes ni después pudo nunca agradecer al monarca las noventa y nueve monedas que le había regalado.

Demasiada gente que conozco vive pensando en lo que le falta a la realidad de la generosa vida que lleva para ser perfecta. Son personas que no pueden festejar cuando tienen 4 porque querrían tener 5 y que ambicionan tener 6 cuando consiguen los 5 que deseaban.

No estoy en contra de la sana ambición que induce al progreso (o quizá un poco sí), pero estoy definitivamente enfrentado con la ausencia de gratitud por lo que se tiene.

En la vieja parábola evangélica, en una ermita, ante una imagen de la Virgen, un hombre joven lloraba, quejándose porque no tenía zapatos, hasta que detrás de él escuchó el lamento de alguien más.

Al darse la vuelta vio a un viejo que, de rodillas, lloraba porque no tenía pies.

El joven seguramente comprendió un poco más de lo injusto de su queja, y nosotros también podemos entenderlo, pero cuánto nos falta para poder reaccionar al reclamo que nos hacía san Francisco de Asís con toda sabiduría: "¿Será necesario encontrar a alguien que sufra más que yo para que aprenda a agradecer lo que tengo?".

AGRADECIDOS Y DESAGRADECIDOS

La gratitud es una virtud que nace de la humildad, en el momento en que una persona se siente amada y es capaz de dejarse amar.

No es pues una mercancía de cambio ni un deber de retribución, sino un puro y gratuito reflejo del amor.

Y si la gratitud es como un eco de la alegría del que da, la ingratitud es como un agujero negro que se traga la alegría de aquel que te dio.

En su más simple expresión se manifiesta cuando decimos "gracias" con una sonrisa para hacerle saber a otra persona que su presencia, su palabra o su silencio nos fueron importantes, que nos ayudó lo que hizo (aunque no lo hiciera para ayudarnos).

Pero la gratitud no se reduce a una palabra ni se queda en la superficie, antes bien nos enriquece y transforma nuestra existencia cuando forma parte de una actitud vital, de una manera permanente de reconocer la generosidad del afuera para con nosotros.

Ser agradecido es la primera y fundamental manera de entregar al mundo lo mejor de nosotros, eso que finalmente siempre hemos recibido de él, y esto es especialmente significativo en algunas de esas relaciones que podríamos llamar ambivalentes.

Por ejemplo: es normal y esperable que nuestros sentimientos hacia nuestros padres oscilen, hasta bien entrada la adolescencia, entre el amor y el odio. El amor por todo aquello de bueno recibido (comenzando por la vida), y el odio por el fastidio y el rechazo que genera toda relación desigual, y más cuando acarrea un mucho de frustración y de impotencia. Solía enseñar a mis pacientes que esta relación ambivalente no se resuelve intentando anular uno de sus factores (entre otras cosas, porque así planteado, por decisión, es imposible), se resuelve sumando. Y la suma del amor por todo lo que me dieron y el enojo por todo lo que me dolió se resuelve en la gratitud. Ni te odio ni te idolatro, te agradezco lo que hiciste, sabiendo que, sin lugar a dudas, era lo único o lo mejor que fuiste capaz de hacer.

¿QUÉ SE DEBE AGRADECER?

Si la responsabilidad es aplicarnos con dedicación a lo que nos corresponde o a lo que nos hemos comprometido, la generosidad es dar más allá de eso. Si aquélla merece nuestro reconocimiento, esta última merece nuestra gratitud.

El ególatra es ingrato no porque no sea capaz de recibir, ni porque no pueda darse cuenta de lo bueno que le llega, sino porque no quiere reconocer que lo recibido no era necesariamente suyo. Para un desagradecido, que los demás le den algo es la lógica consecuencia de los hechos, el resultado de su correcta manera de manipular las circunstancias o un mínimo reconocimiento de lo que merece...

Otros, en cambio, aprendimos y seguimos aprendiendo que, si bien siempre nos merecemos lo que obtenemos y no podemos renegar de la fuerza generadora de nuestros deseos, eso no impide que nos sintamos agradecidos ni puede constituir una justificación para que nos saltemos la acción concreta de agradecer cada vez que nos vemos confortados por estar donde estamos, por ser como somos o por recibir algo de lo que la vida, las circunstancias, o las personas de nuestro alrededor nos acercan, nos regalan o comparten con nosotros.

Al avanzar los primeros pasos en este plano, nos llega el primer descubrimiento respecto de este tema. Nos damos cuenta de que estamos aquí, en parte, porque pudimos aprender de los que sabían más que nosotros y también de los que, sabiendo igual o menos, nos mostraron algunos caminos que no eran. Y les debemos nuestra gratitud.

Poco después de empezar a recorrer tímidamente este camino, me di cuenta de que debía agradecer también a todos los que de alguna forma me habían beneficiado sin saberlo, a los que me ayudaron sin intención, y hasta a aquellos que queriendo lastimarme no pudieron evitar hacerme un favor, aunque sólo fuera en el sentido de permitirme una percepción más completa y clara del mundo de los amigos verdaderos y de los otros.

El contacto con lo esencial de nosotros mismos y de las cosas es lo que permite que nos demos cuenta de que todo lo que sucede, absolutamente todo, terminará siendo, a la larga, algo que contribuirá a nuestro aprendizaje, algo que dejará un rédito positivo; un modelo para aprender a estar atentos pero también una ayuda para enfrentar lo imprevisto sin paralizarnos.

Cuenta la leyenda que un rey tenía como consejero a un joven monje que había ocupado ese puesto después de que su viejo maestro muriera víctima de una grave enfermedad.

El día del entierro de quien había sido su maestro espiritual, el joven religioso había pronunciado una oración en la que destacaba la repetición de la frase "Te agradecemos, Señor, estos hechos...".

El rey, consternado, lo miró casi acusadoramente cuando repitió esa frase por tercera vez. El joven bajó la cabeza y guardó silencio sin dar ninguna explicación.

El monarca en un principio se conformó pensando que el monje se refería a que el anciano no había tenido que soportar una dolorosa agonía, pero comprobó en las siguientes semanas que el nuevo asesor recurría a esas mismas palabras con demasiada frecuencia, sobre todo frente a cualquier circunstancia adversa. El monje irremediablemente alzaba la vista y murmuraba "Te agradecemos, Señor...".

Un día, mientras la corte estaba de cacería, el rey se hizo un corte en un dedo del pie por accidente. Viendo que el pie sangraba profusamente, el consejero, como siempre, exclamó:

—Te agradecemos, Señor...

El rey, cansado de esa actitud, se puso furioso, lo depuso de su cargo de consejero y lo despidió de su lado.

Por supuesto, como toda respuesta el consejero exclamó mirando al cielo:

—Te agradezco, Señor...

El exconsejero fue obligado a volver al palacio mientras el rey seguía su paseo.

Un poco más adelante, el rey fue capturado por una peligrosa tribu que lo llevó a sus tiendas para sacrificarlo ante su dios y comerse luego su cuerpo.

Cuando lo preparaban para el ritual, el brujo mayor descubrió que le faltaba un dedo del pie y, con gran alboroto, le escupió en señal de rechazo, gritó que el prisionero no era digno de la divinidad y ordenó que lo dejaran en libertad cuanto antes para alejar la impureza de sus tierras...

El rey, camino al palacio, entendió cuán acertadas eran las palabras del consejero; al llegar, mandó llamarlo y le contó lo sucedido.

—Yo entiendo ahora que debería haber estado agradecido de perder mi dedo porque poco después eso evitó que perdiera la vida. Pero no puedo entender qué agradecías tú, cuando te despedí...

El consejero respondió:

—Si no me hubieses despedido, yo habría estado contigo cuando te capturaron. Y los indios, después de rechazarte a ti, ¡hubieran decidido comerme a mí!

Y aunque quizá no parezca del todo válido darse cuenta a posteriori de lo ventajoso de un hecho, en el plano espiritual uno aprende a confiar en esta propuesta y se sumerge voluntariamente en el hábito de ver el bosque y no sólo el árbol, de ver la película fotográfica y no sólo la fotografía, de ver el rosal y no sólo sus espinas, y de agradecerlo todo.

TIPOS DE GRATITUD

Seguramente cualquier tipo de actitud agradecida es mejor que la ingratitud, y sin embargo, hay algunos agradecimientos más positivos y saludables que otros.

Podríamos decir que hay por lo menos tres tipos de conductas agradecidas: la gratitud infantil o culposa, la gratitud inmadura o especulativa, y la gratitud adulta o genuina.

Gratitud culposa

Como he repetido tantas veces en estos años de profesión y docencia, una de las características de los seres humanos es la de nacer totalmente desvalidos. Casi todos los que estudiamos la conducta coincidimos hoy en que existe una especie de percepción y memoria "celular" con la que el cuerpo registra y recuerda algunas tempranas experiencias que, si bien no pueden comprenderse intelectualmente, dejan su impronta en la vida adulta. No tengo duda de que por ese medio nuestro cuerpo percibe que en sus primeras horas depende del cuidado de otros para poder sobrevivir.

Esa vulnerabilidad, sumada a la conciencia de lo que otros efectivamente hicieron para ayudarnos a vivir, será el motor de nuestra primera y subconsciente vivencia culpable y la razón de que yo pretenda devolver esos cuidados —prescindiendo de si fueron muchos o pocos, buenos o malos, amorosos o tóxicos— con mi gratitud.

No hace falta decir que este tipo de gratitud está muy bien visto y hasta publicitado en algunas sociedades y entornos (sobre todo familiares) más culpógenos que nutritivos, que manipulan a los niños y no tan niños con mandatos condicionantes de una supuesta gratitud que debería ser eterna, porque "Nada de lo que hagas puede compensar lo que nosotros hicimos por ti".

Gratitud especulativa (cadena de favores)

En este caso la gratitud forma parte de un esquema de conveniencia personal que se basa en el concepto de quedar con saldo acreedor frente a los demás. La mayoría de las veces se justifica bajo la pantalla del "Hoy por ti, mañana por mí" con el que tanto me enojo.

Aquí no vale la premisa de que invito a Pepito porque Pepito me invitó a mí. No se trata de devolver una invitación en agradecimiento, sino hacerlo para condicionar una invitación futura.

Si nos fijamos en la mayoría de los que defienden esta postura jactándose de ser agradecidos, veremos que mantienen con el mundo una relación utilista y un tanto mezquina. Viven quejándose de lo desagradecidos que son todos, de que nadie hace nada por nadie y de que casi todo el mundo hace mucho por sí mismo y nada por los demás. No hay una verdadera gratitud, sino más bien una especulación casi comercial, una inversión que espero cobrar con intereses cuando llegue el momento. Sus presas favoritas son, claro, los agradecidos del grupo anterior, a los que siempre pretenden favorecer para poder contar con su gratitud cuando la necesiten.

El mero formalismo de agradecer, cuando no es congruente, puede quedarse limitado a una decisión estratégica: la de "devolver algo" para saldar la deuda.

Cada uno de estos personajes lleva consigo una agenda (¡a veces literalmente la lleva!) en la que están registrados todos aquellos que les deben algo y el área en la cual serían capaces de devolver el favor. Una especie de Libro de Contabilidad, con salidas y entradas, manejadas con la "habilidad" suficiente para que los clientes nunca terminen de saldar sus cuentas.

La gratitud genuina

Es, por supuesto, la que venimos diciendo que se puede descubrir en este plano. Una gratitud congruente con la certeza de que no sólo no se genera ninguna deuda, pues se da por propio deseo y sentimiento, sino que el recibir algo no nos concede ningún derecho a exigirle al otro que continúe dándonos. Estar agradecidos hoy por lo que la vida nos da y mañana, cuando deja de darnos, estar agradecidos por todo lo que nos ha dado.

Y de la misma manera que el movimiento se demuestra andando y el amor, queriendo, el agradecimiento se demuestra siendo agradecido, correspondiendo al universo (y a los demás, claro) por lo que en nuestra vida recibimos de todos.

La gratitud genuina también puede ser expresada en la decisión de dar algo de lo que tengo al que hoy lo necesita, como yo mismo lo recibí alguna vez (quien no reconoce que lo que tiene lo ha recibido de otros, no se conoce a sí mismo).

No se trata aquí de devolver lo recibido ni de conseguir que alguien me lo devuelva después, sino de sincronizar con mi naturaleza de amor, solidaridad y servicio.

La sociedad actual no tiene, a mi entender, una pauta educativa que valore en su justa medida la importancia y la necesidad de ser agradecidos. Al contrario, parecería que todo esto de la gratitud es una tontería de débiles y pusilánimes. Estoy convencido de que deberíamos dedicar más atención a promover y enseñar la gratitud como norma.[20]

Me ocurre muy frecuentemente que después de pasar algunas semanas en México, mi México querido, vuelvo a Buenos Aires o a Madrid y en ambas ciudades se me mira con extrañeza durante varias semanas.

¿Por qué estás todo el tiempo pidiendo por favor?

¿Para qué te disculpas de lo que no fue tu responsabilidad?

¿Por qué lo agradeces todo?

Es evidente que la cultura de los pueblos también determina por vía de los hábitos o la emulación actitudes y respuestas sociales cotidianas.

Se me dirá que el pueblo mexicano tiene, según muchos dicen, un problema global de autoestima, que no se valora, que no es asertivo; se me acusará de hacer una generalización o una exageración. Puede ser, pero en cuanto a este aspecto, el de la cordialidad, la actitud agradecida y el respeto a las mínimas necesidades del prójimo, tenemos mucho que aprender de ellos.

Dicen que de todos los sentimientos humanos la gratitud es el más efímero. Y no deja de haber algo de cierto en ello, pero hay afortunadamente una gratitud, la mejor, que nace de la alegría de haber vivido lo que vivimos, sentido lo que sentimos, y disfrutado lo que disfrutamos.

Transcribo aquí una parte del poema que Oliverio Girondo llamó "Gratitud" y que forma parte de su maravilloso libro *Persuasión de los días*.[21]

> Gracias aroma azul,
> fogata encelo.
> Gracias pelo, caballo, mandarino.
> [...]
> Gracias a los racimos, a la tarde,
> a la sed, al fervor
> a las arrugas, a los senos
> a la noche, a la danza
> a la lumbre, a la espesura.
> Muchas gracias al humo,
> a los microbios, al despertar
> al cuerno, a la belleza,
> a la esponja, a la duda
> [...]
> Gracias por la ebriedad,
> por la vagancia,
> por el aire, la piel, las alamedas,
> por el absurdo de hoy y de mañana,
> [...]

Gracias a lo que nace,
a lo que muere,
a las uñas, las alas,
las hormigas, los reflejos,
al viento y la rompiente
[...]
Muchas gracias por todo.
Muchas gracias. Oliverio Girondo,
agradecido.

Qué otra cosa se puede escribir después de esto que no sea...

Gracias, Oliverio Girondo.

La risa como camino espiritual

Llora y el mundo llorará contigo. Ríe y todos dirán, señalándote: ¿y este idiota de qué se ríe?

GROUCHO MARX

Y aunque la frase de Groucho tal vez se corresponda con la realidad más de lo que a mí me gustaría, quizá no sea toda la verdad.

Nos reímos de muchas cosas, o por lo menos somos, todos, potencialmente capaces de hacerlo. Nos reímos de las situaciones ridículas, de las absurdas, de las imprevistas y de las contradictorias, como este viejo chiste que te voy a contar para ponernos en tono (¿de qué otro modo podía comenzar este capítulo?).

Dos amigos judíos se encontraron un día por la calle. Uno de ellos parecía estar muy apesadumbrado.

—¡Marcos! —dijo Jacobo, de buen talante—. ¡Pero qué cara llevas! ¿Qué te sucede?

—Pues lo de siempre: peleas con mi esposa. Que si esto o aquello, que si tal cosa o la de más allá. Cada decisión es una pelea. ¡Estoy agotado!

—¡Ah! Te comprendo... —exclamó Jacobo—. Aunque hace años que no tengo ese problema, yo también pasé por eso mismo.

—¿Y ahora ya no? ¿Cómo lo conseguiste? —preguntó Marcos, incrédulo—. ¿Se ponen de acuerdo en todo?

—En todo —respondió Jacobo lleno de orgullo, y se metió las manos en los bolsillos para dejar claro que no pensaba agregar nada más.

Pasaron dos minutos eternos...

Luego, ante la mirada suplicante de su amigo, Jacobo continuó:

—Está bien, no insistas, te lo contaré —dijo bajando un poco la voz—. Mi esposa y yo tenemos un pacto.

—¿Un pacto?

—Si. Un pacto. Sara, como todas las esposas del mundo, se siente muy mal si no la dejo tomar ninguna decisión. Siempre me decía que era una falta de respeto que no pudiera decidir a su antojo, por lo menos algunas cosas... Así que una noche le propuse el pacto y todo se arregló.

—¡Es exactamente lo mismo que dice mi esposa! ¿Y con ese pacto solucionaste el problema?

—¡Completamente!

—¿Y cuál es ese pacto, si se puede saber?

—Claro que se puede: Sara aceptó que yo decidiría sobre las cosas importantes y yo acepté que ella decidiría sobre las nimiedades. Ella no interfiere en mis decisiones y yo no me meto en las de ella.

—¡Qué buena propuesta, Jacobo, te felicito! —dijo Marcos, que estaba realmente impresionado.

¿Sería su propia esposa tan sabia como para aceptar sin problemas un pacto como ése? Pensando en cómo plantearía un arreglo similar apenas llegara a la casa, Marcos se animó a preguntar:

—Y dime... ¿cómo hicieron para establecer qué cosas son las importantes y cuáles son nimiedades?

—Oh... eso fue lo más sencillo. Ella es la que decide qué comemos cada día, a casa de quién vamos los fines de semana, dónde nos vamos de vacaciones, a qué colegio van los chicos, qué hacemos con el dinero y si cambiamos de auto o no...

—Ah... ¿Y tú?
—¿Yo?... Yo soy el que decide si Dios existe o no.

Lo interesante (y lo divertido) de este cuento es el "salto" en el pensamiento que propone el final de la historia. Por un lado, todos entendemos que Jacobo se está dando aires al afirmar que él ha impuesto en su casa su derecho a ser el único que decide sobre las cosas importantes, y en el último párrafo revela que en *lo concreto* parece que no tiene poder de decisión alguna.

Y sin embargo, detrás de lo gracioso de la situación, y como en general sucede con el chiste, lo que Jacobo dice es bastante cierto: ¿hay acaso algo más importante para una familia judía observante que decidir si Dios existe o no? ¿No es esta decisión, *en lo concreto*, infinitamente más importante que la de cambiar o no un auto?

Utilizando los elementos del cuento como excusa, también nosotros, hasta entrar en este plano, hablábamos de lo espiritual dándole la connotación de algo importante, pero nos ocupábamos de ello como si fuera lo más nimio (que es lo mismo que decir que no nos ocupábamos para nada). No es casual que todo encaje con nuestra pequeña historia. Durante gran parte de nuestra vida hacemos del espíritu el tema de una seria reflexión, pero al mismo tiempo se convierte en un tema de burla, un motivo de risa o una excusa para la discriminación y el desprecio.

Lao-Tse, el ya mencionado autor del *Tao Te King*, escribió:

> Cuando el hombre superior contempla el tao, lo pone en práctica.
> Cuando el hombre inferior contempla el tao, se burla.

Si me permito "traducir" con todo respeto estas palabras al lenguaje que hemos utilizado en este libro, sabiendo que para nosotros, seres superiores e inferiores, tiene otro sentido, podría decirlo más o menos así:

Cuando después de haber empezado a recorrer el camino final, uno se encuentra con la espiritualidad, se sumerge en ella. Cuando uno sólo la ve desde lejos mientras observa el camino de otros, sólo puede menospreciarla.

Es mágico descubrir cómo, a veces, tanto al alejarnos de lo esencial como al sumergirnos en ello, la risa viene a nosotros. En un caso, como expresión de la burla de quien no entiende; en el otro, como fluir de la más alegre de las energías que acompaña a quien recorre el camino espiritual.

Se dice que en Japón, efectivamente, vivió un monje llamado Hotei que llegó a ser conocido como "El Buda que ríe". La leyenda explica su apodo:

Desde que alcanzó la iluminación, Hotei no volvió a pronunciar palabra alguna: todo lo que hacía era reír. Se dice que su risa era tan contagiosa, que los que la escuchaban comenzaban a reír también como nunca.

Cuando sus discípulos le formulaban alguna pregunta, Hotei permanecía unos segundos en silencio y luego soltaba una gran risotada por toda respuesta.

Hotei iba de pueblo en pueblo, riendo, y la gente se agolpaba en las plazas y en las calles sólo para escucharlo reír. Pronto, y sin saber por qué, todo el pueblo estaba unido en una sonora carcajada. El pueblo entero se había iluminado.

Ése era el mensaje de Hotei: no hace falta encontrar grandes explicaciones ni resolver complejos enigmas para cultivar el espíritu, para ser uno con el universo basta con reír, reír y reír.

Si esto es cierto, y yo creo que en parte lo es, la risa es el modo privilegiado de ir hacia lo espiritual y de relacionarse con ello.

Está al alcance de todos, no requiere ningún entrenamiento previo y, como un regalo adicional, su sola presencia es capaz de producir bienestar físico y psíquico instantáneo.

Sabemos hoy que la risa es una de las tres formas principales de subir el nivel de endorfinas en el cuerpo. Estas hormonas, elaboradas por el propio organismo, funcionan como verdaderas sustancias sanadoras, produciendo en las personas una serena e inmediata relajación, un aumento de la percepción y una subjetiva sensación de bienestar y apertura.

Es obvio que estas condiciones son las mejores para entrar y avanzar en el plano espiritual.

¿DE QUÉ TE RÍES?

La mayoría de los humoristas, psicólogos y contadores de cuentos coinciden en que cuando escuchamos o vemos algo, lo que se cuenta o lo que está sucediendo nos hace prever un determinado desenlace, y eso genera lo que se llama "tensión de anticipación"... Si de repente la historia da un giro brusco, todo toma otra significación o acaba de un modo totalmente inesperado, la tensión se libera y la energía retenida explota. Una de las expresiones más disfrutables, si no la más, es la risa.

Esto explica por qué muchas veces nos resultan graciosas las caídas o los tropiezos, tanto más cuanto más circunspecta intenta parecer la persona que lo padece.

Hace ya más de cuarenta años (en realidad casi cincuenta), mientras mis compañeros y yo nos divertíamos burlándonos de todo en espera de que comenzara la clase de francés, la profesora entró de improviso. Cada uno corrió a su asiento, mientras en un francés que no entendíamos, la señorita F se quejaba en voz alta de nuestra indisciplina. La verdad es que le teníamos un poco de miedo. Siempre con su cara seria y su gesto amenazante.

La rutina de su entrada era casi siempre la misma: irrumpía en la clase con una regleta en la mano —como si fuera capaz de usarla para golpearnos— y avanzaba con decisión hacia la pequeña tarima ubicada al frente junto al pizarrón; se sentaba detrás de su escritorio y pasaba lista. De inmediato hacía salir al frente a alguno de nosotros, en general para calificarlo con una nota baja.

Pero ese día de mi recuerdo, algo pasó. Quizá apurada por llegar tarde, quizá enojada con nosotros como dije, el caso es que Mademoiselle no vio la tarima, se tropezó con ella y cayó estrepitosamente detrás del escritorio...

Ninguno de nosotros pudo evitar la carcajada, que se escuchó hasta en la rectoría.

Quizá todo habría quedado allí si la profesora hubiera podido reírse o dejar pasar el episodio... Pero no. La señorita F se encaramó con dificultad y, asomando sólo la cabeza por encima del vetusto mueble, nos dijo, en una muy desubicada ironía:

—¿Quieren que lo haga de nuevo, encantos?

La respuesta fue también unánime y cruel:

—¡Sí, sí! ¡Que lo haga de nuevo!

Y después una inevitable segunda carcajada...

La señorita F, hasta entonces temida y severa, ahora grotesca y desencajada, salió del salón con un zapato menos... y nunca más volvió.

LA RISA Y EL DESPERTAR ESPIRITUAL

No puedo hablar aquí de mi propia experiencia, pero puesto a describir la iluminación como la cuentan los que pasaron por allí, diría que parece ser una vivencia muy similar a una explosión de risa. La diferencia (quizá la única diferencia) es que en lugar de ser una historia la que de pronto adquiere una significación totalmente distinta, es la vida misma la que nos sorprende, la propia vida. De hecho, tanto la risa como la revelación espiritual suceden sin explicación, con un devenir irrefrenable y de alguna manera irracional.

Como me dice mi amigo el gran actor alemán Edgar Böhlke, a veces sucede cuando ríes mucho y sin tapujos, si estás entre amigos y sigues riendo, que de pronto quieres parar de reír y no puedes. La risa te ha atrapado, se ha adueñado de tu alma y te fuerza a reír con ella, más allá de tu decisión.

Si alguien tiene que explicarnos la gracia de un chiste, es posible que nos arranque una sonrisa, pero jamás será una carcajada de esas que "vienen de las tripas". Del mismo modo, los taoístas suelen repetir las palabras de Lao-Tse: "El tao que puede explicarse en palabras no es el verdadero tao".

El despertar espiritual, como la risa, no es el resultado de una comprensión racional, sino de una experiencia intuitiva. De repente todo lo que creíamos saber sobre la vida se desarma y vemos nuestra vida como realmente es... y esto es muy contrastante.

La conexión de lo espiritual con la risa es tan estrecha, que a veces la risa nos empuja al camino espiritual y otras sucede justamente lo contrario y es el despertar el que termina moviéndonos a la risa. Así lo señala de alguna manera la historia de Weiyan.

Cuenta una antigua historia que en el pueblo de Yaoshan había un maestro zen llamado Weiyan que, una noche, abandonó el monasterio, se retiró a las montañas y se sumergió en una profunda meditación. Después de algún tiempo, el cielo, que estaba cubierto de nubes, se despejó y dejó al descubierto una inmensa luna creciente que brillaba rodeada de estrellas. A Weiyan el espectáculo le pareció tan bello que dejó escapar una alegre risa. Después se quedó dormido.

A la mañana siguiente, todos los habitantes del pueblo de Yaoshan estaban en la calle, comentando acerca de un extraño sonido que se había oído en medio de la noche.

—Fue tan fuerte que toda mi casa tembló —dijo uno.

—Yo estaba pescando y se formaron ondas en todo el lago —dijo otro.

—Era como una carcajada que viniese de la propia tierra —dijo un tercero.

Entonces las gentes del pueblo se acercaron al monasterio para preguntar qué había sido todo aquello.

Weiyan no había regresado todavía, pero sus discípulos contestaron a los curiosos.

—Fue la risa de nuestro maestro, que está en las montañas.

Ante las miradas de incredulidad de los aldeanos, los discípulos explicaron:

—Cuando nuestro maestro ríe, se olvida de que es Weiyan; cuando nuestro maestro ríe, siente que él y todo Yaoshan son la misma cosa, y entonces el cielo y la tierra ríen con él.

A partir de aquel día, cuando el maestro se retiraba a las montañas y volvían a escucharse las carcajadas en medio de la noche y se sacudían los muebles y se agitaban las fogatas, los habitantes de Yaoshan, en lugar de asustarse, reían, o apuraban un brindis o cantaban en las calles.

Si un extranjero preguntaba, simplemente decían:

—Yaoshan se divierte, porque la risa de la montaña lo ha despertado y una vez más puede regresar a su camino verdadero.

Tener una mirada espiritual, como hemos dicho, consiste en ver más allá de las cosas, en ver el todo de un modo distinto. Y eso es lo que hacemos cuando reímos: entendemos las cosas de una manera diferente, nos olvidamos de todo lo que sabíamos para descubrirlo de un modo novedoso. Cuando podemos reírnos de lo que sucede en nuestra vida, conseguimos ver las cosas a una nueva luz. Cuando podemos reírnos de nosotros mismos, conseguimos poner en perspectiva nuestros problemas y vivenciarlos de un modo menos doloroso.

Lo humorístico y lo sagrado se parecen. En los dos casos se trata de mirar las cosas desde un nuevo punto de vista, desde un lugar un poco más alejado que nos permita ver lo que antes permanecía oculto. Cuando lo hacemos, en general descubrimos que las cosas son más sencillas de lo que creíamos y, en consecuencia, sufrimos menos y reímos más.

> *Si cuando estoy triste naturalmente lloro y cuando estoy alegre naturalmente río; lo mejor que puedo hacer cuando me siento triste es reír, porque la risa, naturalmente me traerá la alegría.*
>
> HENRY JAMES

Creo que en ninguna época de mi vida estuve tan conectado con el buen humor y con la risa como en esos años en los que, un poco por exploración o curiosidad y otro poco por necesidad, trabajé de payaso. Desde entonces, con solo recordar mis ridículos pantalones verdes con lunares blancos, aquel enorme moño rojo y mis improvisados zapatones, una agradable sensación divertida e irreverente, asociada a esa imagen, me trae a la cara, como ahora mismo mientras lo escribo, una enorme sonrisa.

El peligro de la risa

Durante mucho tiempo, sin embargo, algunas instituciones religiosas y, más específicamente, algunas encumbradas figuras de su credo, se han ocupado de fortalecer la idea de que lo sagrado debe ser motivo de seriedad.

Cuando yo era pequeño y acompañaba a mi abuelo a la sinagoga, todos los asistentes se indignaban cuando mi hermano o yo nos reíamos de alguna tontería que cualquiera de los dos hacía o decía o de alguna cosa que, por no terminar de comprender (o porque lo era), nos parecía graciosa. Reír en el templo era en principio una blasfemia, y tomar a broma los sagrados textos o escrituras, una grave ofensa a Dios; en todos los casos, una imperdonable distracción del recto camino de elevación hacia lo divino.

Un excelente ejemplo crítico de esta actitud nos la acerca Umberto Eco en su maravillosa novela *El nombre de la rosa.*

Confío en que la habrás leído (si no lo has hecho te la recomiendo con énfasis).

Aun a riesgo de arruinarte un poco el final, quiero compartir contigo el motivo de este recuerdo. Umberto Eco nos cuenta acerca de una serie de crímenes que se suceden en una abadía en la Edad Media. Guillermo de Baskerville, el sacerdote franciscano que interpreta en la película de forma memorable Sean Connery (un detective que evoca desde su nombre al célebre Sherlock Holmes), es llamado para resolver los asesinatos.

Tras una ardua investigación y algunas peripecias, Guillermo de Baskerville descubre que las muertes están relacionadas con la lectura de un libro cuyas páginas han sido envenenadas. Ese libro no es otro que un volumen de Aristóteles sobre la comedia, un libro que exalta las virtudes de la risa.

El venerable bibliotecario, un anciano sacerdote, ha intentado mantener oculta la existencia de este libro y ha untado sus páginas con veneno para que si alguien lo leyese alguna vez, muriese antes de poder divulgar su secreto. Pero ¿por qué sería necesario ocultar este libro, silenciar su mensaje? El mismo asesino se lo explica a Guillermo hacia el final de la novela:

> —La risa es muy peligrosa porque alberga en su esencia la capacidad de liberarnos del miedo... ¿Y qué sería de la moral y de la ley sin el miedo...?

Pero esta ficción genial no es el único ejemplo.

Piensa en ello. A lo largo de la historia, todas las personas, instituciones o sociedades que se han propuesto (de forma más o menos explícita) controlar a las personas o tiranizar a los pueblos, han demonizado la risa, han intentado suprimir el humor, han prohibido las caricaturas y han censurado la ironía.

¿Por qué?

Porque necesitan del miedo para imponer su ley y porque saben que lo que nos dice Eco es rigurosamente cierto: la risa hace que nos olvidemos del miedo.

Y aunque eso es justamente lo que reírse tiene de maravilloso, existen, por supuesto, quienes creen que, sin el miedo, nos volveríamos los unos contra los otros y la humanidad se destruiría a sí misma (en el mundo de lo cotidiano puedes reconocer con facilidad a los que piensan esto, son esos que nunca se ríen).

Yo veo las cosas de otra manera.

Sería tibio decir que estoy en desacuerdo.

Más bien creo exactamente lo contrario.

Si hay una fuerza destructiva entre los hombres que nos lleva a pensarnos y comportarnos como enemigos es, justamente, el miedo. Por eso, cuando leo o analizo los argumentos de aquellos que, a conciencia o no, pretenden utilizar el miedo (sea al castigo divino, a la censura social o a la fuerza bruta) como método para imponer el respeto entre los hombres, no sólo sé que es falso, sino que además (y ahora comprendo por qué) me causa tanta gracia como los payasos del circo que quieren apagar la pequeña casita que se incendia en el escenario con una cubeta de gasolina...

Si el miedo nos deja viviendo bajo la opresión de la autoridad y la desconfianza de nuestros semejantes, la risa consigue justamente lo opuesto y, por ese motivo, es el mejor antídoto contra los intentos de controlar y manipular a los demás.

La risa nos alivia y nos conforta. No se trata aquí del olvido tonto de quien se emborracha y se cree un rey mientras su vida se cae a pedazos, ni de aquel que se anestesia con las drogas para dejar sus penas de lado. No.

No se trata de reírnos para distraernos de nuestros problemas. Porque cuando reímos, cuando reímos en serio y seriamente, no nos reímos de "otra cosa" sino de aquello mismo que nos hace sufrir. Nos reímos de nosotros mismos, de nuestras dudas, de nuestras miserias y nos reímos, a fin de cuentas, de la condición humana, que tan ridícula suele parecernos cuando la miramos desde cierta distancia.

Por eso, seguramente, el humor ha sido y es tan importante para el pueblo judío. Tanto que ha llevado a algunos sesudos historiadores, judíos y no judíos, a decir que fue su capacidad de reírse de sus defectos y de sus desgracias lo que evitó que se extinguiera la tradición judía.

En el maravilloso diálogo de Tevie, el lechero, con el Altísimo, en la comedia musical de *El violinista en el tejado*, el pobre campesino después de un "pogrom" en su pobre Anatevka, le dice a Dios: "Está bien que nosotros seamos el pueblo elegido... Pero por una vez... ¿no podrías elegir a otros?".

Como pueblo, han sufrido quizá más que ningún otro. Han sido perseguidos en todas las tierras y épocas, han sido expulsados de todos los lugares a los que han llegado a considerar su país. ¿Y qué ha hecho históricamente el pueblo judío una y otra vez? (Y aclaro que hablo del pueblo judío y no del Estado israelí.) Ha hecho las maletas, se ha vuelto nómada y se ha puesto a contar chistes. Chistes que se ríen de la expulsión, de sus hábitos de antes y de después, de sus defectos, de sus maletas y hasta de sus tradiciones.

A la familia de mi madre le debo, sobre todo, el humor judío. Un humor lleno de agudeza y de sabiduría. Un humor, como dije, nacido de la necesidad de defenderse del rechazo de los otros y de la urgencia de encontrar una manera de hacer frente al sufrimiento.

Los españoles cuentan chistes de argentinos; los argentinos cuentan chistes de españoles ("chistes de gallegos", como se les llama genéricamente en Buenos Aires, sea su protagonista un madrileño, un vasco o un andaluz); los ingleses cuentan chistes de irlandeses; los estadunidenses chistes de polacos... pero los judíos cuentan chistes... de judíos.

El humor judío no se ríe por definición de aquellos a los que considera extraños o ajenos, ni siquiera de los que cree que son "una amenaza"; el pueblo judío se ríe básicamente de sí mismo.

A veces con la incomprensible actitud de quien se ríe de sus más criticados aspectos. Con una conducta que parece apoyarse en un razonamiento que se podría enunciar así: tú me odias, yo me río, y posiblemente me ría sobre todo de aquello mismo que tú odias en mí.

Quizá haya aquí algo muy grande para aprender: en momentos difíciles, no es la pelea con la adversidad ni la lucha a muerte con los enemigos lo que me ayudará a sobrevivir, sino la más auténtica aceptación de mí mismo y de mi situación. Un darme cuenta que, si es profundo, sólo puede terminar en la risa.

Escuché por ahí: "Si quieres hacer reír a Dios... cuéntale tus más ambiciosos proyectos."

LA RISA COMO ENERGÍA

Imagina que eres un monstruo gigantesco, de largo pelaje azulado. Imagina que tienes grandes colmillos y garras retráctiles.

Si lo prefieres, imagina que tienes una piel llena de escamas y de color verde y un solo ojo muy grande en medio de tu ridículo cuerpo redondo.

Con el aspecto que mejor se te ajuste, imagina, en suma, que eres uno de los personajes de la película de Disney *Monsters, Inc.*

Tu trabajo será entonces aparecer en medio de la noche en la habitación de los niños de otro mundo y asustarlos todo lo que puedas. ¿Para qué? Según el argumento de la película, para recolectar energía. Cuanto más griten, cuanto más se aterroricen los niños, más energía podrás almacenar en unos grandes tubos amarillos que llevas, con los que luego se mantendrá en funcionamiento toda su ciudad.

Puede que no te guste demasiado eso de andar asustando a los niños, pero sabes que es imprescindible para mantener el estilo de vida que los monstruos como tú (no te enojes, es sólo un juego imaginario) han llevado por décadas.

Imagina ahora que, un día, una niña de ese otro mundo se filtra en el tuyo. Sabes que debes entregarla a las autoridades porque, supuestamente, es muy peligrosa, pero de algún modo le has tomado cariño. Mientras intentas devolver a la niña a su hogar, ocultándola de los otros monstruos, haces algunos descubrimientos muy interesantes, como por ejemplo que cuando la niña se ríe las instalaciones eléctricas se recalientan, algunas luces estallan y las alarmas se disparan.

Finalmente, comprenderás algo que cambiará por completo el mundo en el que vives: que las risas de los niños producen diez veces más energía que sus gritos de terror.

Por supuesto, no será fácil eliminar toda una corporación que basa su poder en mantener las cosas como están, pero cuando lo consigas, el modo de vida de todos los monstruos cambiará radicalmente. Tu trabajo seguirá siendo juntar energía, pero ya no tendrás que asustar a los niños, porque has descubierto, para ti y para los que te acompañan, que vale más la pena hacerlos reír.

Ésa es la encantadora propuesta de una película de animación, un filme para niños, un divertimento fantasioso, una trama que nada tiene que ver con la realidad... ¿O sí?

Imaginemos juntos ahora que nuestro mundo no es tan distinto de lo que acabamos de contar. Imaginemos que todos, quien más quien menos, vivimos creyendo que aquellos que son diferentes de nosotros son peligrosos y que debemos mantenerlos alejados y atemorizados para poder subsistir.

Imaginemos, ¿por qué no?, que las reglas descubiertas en *Monsters, Inc.* se pueden adaptar a la vida real. Y que, en lugar de asustar y someter a los que son distintos, podríamos acordar hacernos reír mutuamente. Francamente creo que no sólo no ocurriría nada terrible sino que, por el contrario, encontraríamos (como en la película) que nuestros recursos se multiplican y que la vida se vuelve mejor para todos.

Imaginemos que la risa fuera diez veces más poderosa que el miedo... ¿Qué fuerza quieres buscar, la que te dan tus miedos o la que te aporta tu risa? ¿De dónde quieres sacar la energía que necesitas para hacer las cosas?

Muy bien. No imagines nada más, porque es así.

Exactamente así.

Vivimos creyendo que los otros son peligrosos, vivimos intentando mostrarnos fuertes para que los otros nos teman y terminamos viviendo, todos, unos y otros, verdaderamente asustados.

Pero allí donde el miedo nos separa, la risa nos acerca, nos hermana. Cuando reímos, comprendemos que las diferencias entre nosotros son insignificantes comparadas con todo lo que nos une. Y eso es justamente lo que los sabios nos dicen que ocurre cuando alguien alcanza la iluminación, llega a un nivel de conciencia más elevado y crece espiritualmente: comprende, más allá de su intelecto o inteligencia, que es parte de un todo más grande y que su vida tiene una dimensión que transcurre más allá del mundo de lo razonable.

Éste es el sentido de los divertidos cuentos de Nasrudim de la cultura sufí y de las increíbles historias de "Los sabios de Helem" de la tradición jasídica (una constante burla a la actitud pseudointelectual de aquellos que creen que su inteligencia los coloca un escalón por encima de los demás).

Se dice que para muestra basta un botón, y este botón (que llamaremos El tesoro de Helem) es del cajón de costura de uno de los más grandes contadores de historias de la tradición judía: Bashevis Singer.

De todos los tontos de Helem, los más famosos eran los siete ancianos que, por ser los más viejos (y los mayores tontos), gobernaban en Helem. Tenían largas barbas blancas y frentes muy anchas, seguramente por pensar demasiado.

Una vez, durante la noche de Janucha, una intensa nevada cubrió todo Helem como un mantel plateado. Luego, la luna asomó y las estrellas titilaron en el cielo. En las calles de Helem la nieve relucía como piedras preciosas brillando por doquier.

Esa noche los siete ancianos estaban reunidos, como siempre, reflexionando sobre las cosas del pueblo. La principal preocupación de los gobernantes era que la aldea necesitaba dinero, y no sabían dónde obtenerlo. Mientras arrugaban sus frentes, tratando de exprimir alguna ocurrencia salvadora, Schlomo, el más anciano de ellos y el más tonto, incidentalmente miró por la ventana. Nunca había nevado en Helem. Schlomo contuvo la respiración mientras miraba el sorprendente paisaje de la ciudad cubierta de nieve...

De repente exclamó:

—Miren... Helem... ¡está cubierta de plata!

Ciertamente, a la luz de la luna la nieve parecía plata...

—¡Veo perlas en la nieve! —gritó Shmuel.

—¡Y yo diamantes! —agregó Iankel.

Los Sabios de Helem comenzaron a bailar y abrazarse. Resultaba claro que Dios había mandado un tesoro desde el cielo.

Pero pronto comenzaron a preocuparse.

Yumkel, el más joven de los ancianos, dijo que su abuelo le había explicado que un abuelo de él un día había visto nevar en su pueblo, le había contado que toda la aldea estaba bellísima, pero que la nieve se deshacía al pisarla y que al atardecer toda la belleza había sido destruida por las botas de la gente del pueblo.

¡Horror!

A la gente de Helem le gustaba caminar, y ciertamente terminarían pisoteando el tesoro. ¿Qué se podía hacer?

El tonto Tzvi tuvo una idea:

—Enviemos un mensajero que golpee en todas las ventanas y comunique a todos que deben permanecer en sus casas hasta que se haya recogido la plata, las perlas y los diamantes de las calles.

Durante un rato, los ancianos quedaron satisfechos. Se restregaron las manos y aprobaron la astuta idea.

Pero entonces Leikish, que había permanecido en silencio, compartió su aflicción:

—Si hacemos eso, el mensajero pisoteará el tesoro.

Los otros ancianos comprendieron que Leikish tenía razón y otra vez arrugaron la frente en un esfuerzo para solucionar el problema.

—¡Ya lo tengo! —exclamó Schlomo, el mayor tonto de Helem y el más anciano del consejo.

—¡Dinos, dinos! —rogaron los otros seis.

—El mensajero no debe ir a pie... debe ser transportado sobre una mesa para que sus pies no toquen la preciosa nieve.

Todos quedaron encantados con la solución de Schlomo, y los ancianos, aplaudiendo, agradecieron a Dios el tesoro salvador y su propia sabiduría.

Los ancianos enviaron inmediatamente a alguien a la cocina a buscar a Iuvale, el chico de los recados, y lo pusieron sobre una mesa.

¿Quién transportaría la mesa?

Fue una suerte que en la cocina estuvieran el cocinero, el pelador de papas, el encargado de los animales y el herrero de los caballos.

Se les ordenó a los cuatro que llevaran la mesa en la que Iuvale ya estaba de pie. Cada uno sostuvo una pata. Arriba estaba el joven con un mazo de madera para golpear en las ventanas de los aldeanos.

Salieron.

En cada ventana Iuvale golpeaba y decía:

—Por orden del Consejo nadie debe dejar su casa esta noche. Cayó un tesoro del cielo y está prohibido pisarlo.

La gente de Helem, como siempre, obedeció la orden de los más sabios y permaneció en su casa durante toda la noche.

Entretanto, los ancianos se sentaron y trataron de imaginar cómo harían mejor uso del tesoro una vez que lo recogieran.

El tonto Tzvi propuso que lo vendieran y compraran una gansa que pusiera huevos de oro. Así la comunidad dispondría de un ingreso fijo.

Leikish tuvo otra idea. ¿Por qué no comprar anteojos con lentes de aumento que hicieran parecer más grandes todas las cosas de Helem? Las casas, las calles y las tiendas parecerían más grandes y, desde luego, si Helem parecía más grande, pues entonces sería más grande. Ya no sería una aldea, sino una gran ciudad.

Aparecieron otras ideas igualmente ingeniosas. Pero mientras los ancianos sopesaban sus diversos planes, amaneció y salió el sol.

Grande fue la decepción de los Sabios de Helem y de todo el pueblo cuando miraron por la ventana y vieron que la nieve había sido pisoteada.

En poco más de una hora los ancianos se dieron cuenta de lo que había sucedido; las pesadas botas de los que llevaban la mesa habían destruido el tesoro.

Los ancianos de Helem acariciaron sus blancas barbas y admitieron que habían cometido un error. Ya nada podía hacerse, pero en ese mismo momento comenzarían a pensar qué podrían hacer si Dios, en la próxima Janucha, les enviaba de nuevo el tesoro de plata y piedras preciosas...

Los pobladores de Helem, después de la decepción y de asumir que habían sido ricos por sólo una noche, salieron a la calle a festejar. ¿Había acaso pueblo más afortunado? Dios les había enviado "a ellos" un tesoro. Quizá él se había dado cuenta de que no estaban preparados para ese exceso y había decidido hacerlos esperar un poco más.

Los ancianos deliberaron en secreto por meses y meses y finalmente encontraron la solución. Si Dios les diera otra oportunidad (y les pedirían a todos que rezaran por ello), no cometerían el mismo error. Esta vez cuatro personas llevarían en hombros a cada uno de los hombres designados para cargar con la mesa en la que iría Iuvale; así ninguno de ellos pisotearía el tesoro...

Mientras tanto podrían trabajar y agradecer a Dios que los tuviera tan en cuenta, especialmente por la suerte de tener entre ellos al consejo de ancianos, siete sabios con los que se podía contar para encontrar una solución, por muy difícil que fuera el problema.

Enseñar y servir

Si bien, como dijimos, la gratitud es una manera excelente de vincular lo mejor de nosotros con todo el afuera, no es la única. Ponerse auténticamente al servicio de quienes nos necesitan y enseñar o compartir lo que tenemos es también una forma de devolverle al mundo aquello que, al fin y al cabo, hemos recibido de él. Es obvio que todo lo que sabemos, para bien o para mal, lo hemos aprendido de alguien, lo hemos investigado con otros o lo hemos encontrado entre ellos.

Me pareció muy interesante enterarme de que en hebreo la palabra que se utiliza para designar la actitud más generosa, servicial o solidaria es *tzedakah*, cuya raíz etimológica no nos lleva al concepto de *caridad*, sino al de *justicia*. La mezquina actitud de aquellos que se niegan a enseñar lo que saben y ayudar con lo que pueden, no deberíamos entonces llamarla *ingratitud*, se le ajusta mejor el calificativo de *injusticia*.

Una vez más te propongo un ejercicio. Te pido que tomes una hoja de papel y que la dividas en dos con una línea vertical.

Quiero que a un lado, digamos el izquierdo, escribas una lista de todo lo que hayas recibido en tu casa de la infancia, especialmente de tus padres, lo bueno y lo malo, todo. Tómate tiempo, hazlo con calma, intenta que la lista sea lo más completa que puedas...

Ahora, en el lado derecho, haz la lista de todo lo que te faltó, lo que hubieras querido recibir de ellos o de tu entorno familiar, y que nunca llegó, o lo que podría haber estado y no estuvo. Una vez más, tómate tu tiempo y completa la lista hasta donde puedas...

Si ahora mismo no tienes tiempo o posibilidad de hacer el trabajo propuesto, sáltate estas páginas y vuelve a ellas cuando estés dispuesto, en general, no le sacarás partido a esta tarea si no le dedicas el tiempo y la atención que te pido.

¿Lo has podido hacer? Perfecto, sigamos...

Reflexiona ahora sobre esta pregunta:

Cuando alguien (tú o cualquier otra persona) sale al mundo, ¿qué crees que tratará de hallar? ¿Buscará lo que ya tiene o intentará encontrar aquello que nunca recibió, lo que siempre le ha faltado?

Parece lógico pensar que muy probablemente buscará lo que le falta.

Una reflexión más:

¿Qué podríamos dar u ofrecer como compensación o gratitud a cambio de aquello que nos dan?

En el primer momento, al menos, es obvio que no podremos devolver "con la misma moneda" porque no lo tenemos (y nadie puede dar lo que no tiene). Sólo nos queda ofrecer lo que sí tenemos, que es todo lo que alguna vez recibimos, aquello que sabemos y recordamos haber recibido en nuestra infancia, especialmente de la mano de papá y mamá.

Si resumimos estas conclusiones, podríamos establecer, simplificando quizá demasiado, que cada uno buscará en la vida completarse con aquello que le falta y ofrecerá a cambio lo que ha recibido.

O, lo que es lo mismo, cada cual va por el mundo ofertando lo que tiene o lo que puede dar (que es más o menos lo que recibió) mientras pide, espera o exige aquello que necesita (porque de niño nunca lo tuvo).

Más tarde, con el tiempo, uno aprende muchas cosas en la vida... pero eso es después. Antes, al principio (y quizá también al final...), uno sólo cuenta con lo que recibió en sus primeros años, cuando ni siquiera tenía posibilidad, conciencia o derecho para reclamar otras cosas. Cientos de complejas teorías psicológicas —entre otras la teoría del "niño herido" del genial John Bradshaw— explican la conducta humana basándose especialmente en esta tendencia.

Una dolorosa situación se planteó en uno de mis grupos, alrededor de esta tarea. Una paciente, al completar sus listas, quiso reflejar, con todo derecho, cómo sentía o recordaba las carencias de su infancia. En el lado de lo que recibió, escribió grande y con mayúsculas una sola palabra: NADA. En el otro lado, en la lista de lo que le había faltado, escribió también, y con igual vehemencia, una sola palabra: TODO.

Sin saber lo que había escrito cada uno, les pedí a todos que completaran el ejercicio.

Se trataba de construir dos frases:

La primera comenzando con "Voy por el mundo esperando que los otros me den..." y completándola con la transcripción literal de la lista de lo que me faltó.

La segunda comenzando con "Y ofrezco a cambio..." y seguida de todo lo que mi lista dice que recibí.

Al final leíamos en voz alta las dos frases, una a continuación de la otra.

Las mías decían algo así como: "Voy por el mundo buscando ser valorado y reconocido, pido presencia permanente, elasticidad en las normas y alguien que quiera ir conmigo al circo... ofrezco a cambio amor incondicional, mirada crítica, casa y comida sin lujos, buen humor y una educación sólida basada en valores y sustentada en principios éticos".

Yo y todos reímos con ganas de las combinaciones que se formaban; era inevitable reconocer que algo de eso había en nuestra conducta cotidiana.

Pero la risa del grupo se transformó en silencio cuando escuchamos el llanto de nuestra compañera que, entre mocos y gemidos, decía: "Es así... eso es lo que hago... eso hago...".

La combinación de las frases de mi paciente había quedado así: "Voy por el mundo buscando que los otros me den todo, y a cambio de ello no ofrezco nada".

Sin asustarnos de las palabras, deberíamos admitir que la vida es también un intercambio. Un tipo de transacción (no comercial, por supuesto) donde doy y recibo, donde alguien o muchos me dan de lo que tienen y yo devuelvo a mi manera, con lo que tengo para dar, no necesariamente a los mismos que me dieron, ni siempre a los que más se lo merecen, y por supuesto condicionado por lo que soy y por lo que siento en cada momento.

Un día le preguntaron a un padre a cuál de sus cuatro hijos quería más. El padre respondió que quería a los cuatro por igual, pero el que preguntaba insistió una y otra vez tratando de arrancarle una respuesta.

Finalmente, el padre, después de pensar, dijo:

—Confieso que al que más quiero es al que creo que más me necesita;

"cuando un hijo está enfermo, ése es al que más quiero;

"cuando un hijo tiene problemas, ése es al que más quiero;

"cuando un hijo tiene un revés económico, ése es al que más quiero;

"cuando un hijo sufre una decepción amorosa, ése es el que más quiero;

"cuando un hijo tiene dudas de si alguien lo quiere, ése es el que más quiero;

"cuando un hijo ha perdido el rumbo, ése es el que más quiero.

INDIVIDUALIDAD Y SERVICIO

Se dice aquí, allí, y en todos lados, que en la sociedad actual el individualismo salvaje y despiadado es la bandera de la conducta habitual. Se argumenta que esta "exaltación del progresismo" conduce a dejar los matrimonios "para toda la vida" y las amistades, en el estante de un comportamiento ancestral o pasado de moda. Se sostiene que esto lleva a las personas a relaciones cada vez más superficiales, a la ausencia de proyectos de futuro y a encuentros llenos de acciones automáticas sin ningún tipo de compromiso, ni siquiera momentáneo, al punto de avalar o aplaudir los intercambios sexuales únicos y rápidos entre personas completamente desconocidas que, al dejar la cama, jamás se volverán a ver.

Puedo ver algunas de esas conductas inapropiadas y mucha tergiversación de valores, pero no estoy de acuerdo con los que sostienen que el individualismo es la causa. En principio porque individualismo y sociedad no son necesariamente los polos opuestos de un solo concepto. Dicho de otra manera: se puede ser individualista y solidario y se puede también renunciar a todo, incluso a uno mismo, por motivos que nada tienen que ver con el deseo de ayudar al prójimo.

Quizá el problema no sea la cultura de lo individual, sino la falta de conciencia de lo social. Como he dicho y escrito tantas veces (especialmente en *El camino del encuentro*), es mentira que el exceso de amor por uno mismo te deje sin lugar para amar a otros.

Creo sinceramente que el problema es, en todo caso, la estructura por fuerza competitiva de la sociedad de consumo en la que vivimos. La intuición o la falsa información de que nada podría alcanzar para todos. El deseo de quedarme con la mejor parte del pastel. La voluntad de acopiar para cuando ya no haya.

Esta actitud es más miserable que individualista, es más significativa de una pobreza interior que expresión de una avaricia extrema, es más degradada que egoísta.

A nadie se le escapa que el hombre está llamado a vivir con otros, cuya mirada, como ya dije, necesita, y de cuya presencia no puede ni quiere prescindir, y sin embargo... sigue educando a sus hijos (nuestros hijos) en la necesidad de diferenciar lo tuyo de lo mío, lo nuestro de lo ajeno, los míos y los extraños. Los entrenamos y educamos para que trabajen duro y puedan conseguir tener lo que les place, aunque muchos ya sabemos que eso después no los conectará con el auténtico placer de la vida. Y digo, para los que aún no lo saben, que la diferencia entre lo que me place y el placer está en esa R del final, la R de "Relacionarme con otro" para poder compartir lo que tengo. El placer nunca es suficiente sin esa R final.

En el camino espiritual se pierde el deseo de superar, derrotar o aventajar a otros y se aprende a disfrutar de la magia que opera en nosotros cuando desaparecen esos falsos incentivos sembrados por la educación pro competitiva.

Cuentan que había una parroquia en la que era habitual que los domingos, después de misa, todos los fieles se sentaran a una mesa y compartieran frutas y algunos jugos naturales. Charlaban sobre las cosas de Dios y las cosas cotidianas, y así pasaban juntos un largo rato.

Un día llegaron a la parroquia dos hombres muy poderosos que asistieron a misa. Después de la eucaristía, se reunieron con los demás alrededor de la mesa. Cuando se hubieron ido todos los fieles, se acercaron al párroco para comentar lo que habían visto.

Le dijeron que todo les pareció muy lindo, especialmente el ágape que celebraban después de la misa.

—Lástima —dijo uno ellos después de los piropos— que entre tu gente, como en todos lados, haya también algunas ovejas descarriadas...

—¿Por qué dicen eso? —les preguntó el párroco.

—Lo hemos notado cuando todos salían hacia el encuentro después de la misa —explicó el otro—. Vimos con alegría que algunos de tus parroquianos son, efectivamente, personas muy solidarias. Sin que nadie se lo pida, salen de la iglesia llevando dos sillas, evidentemente una es para sentarse ellos mismos y la otra para ofrecérsela a alguien. Pero también vimos a los otros: los "cómodos"; esos aprovechados, que salen sin llevar ninguna silla y se sientan en alguna que encuentren libre sin hacer ningún esfuerzo.

—Pero ésos no son los peores —intervino su compañero—, porque pienso que algunos de ésos no son comodinos sino ignorantes; a mí los que más me inquietan son los egoístas, los miserables, los que saben que se necesitan sillas pero sólo llevan una para ellos.

—Te lo decimos —concluyó el otro— porque sabemos que te llenas la boca alardeando de que tu gente es maravillosa. Debes saber que tienes de todo... como es lógico.

El párroco, que había escuchado atentamente la explicación, respondió:

—La verdad es que de lo único que hago alarde es de conocer bien a mi gente, aunque soy consciente de que sólo puedo verlos desde mis propios ojos, que quizá no sean los que están debajo de mis cejas. Es cierto que hay gente solidaria que lleva una silla para sí y otra para alguien más, pero a esos que salen sin ninguna silla, y a los que tú llamas "comodinos", "indiferentes" o "aprovechados", los conozco muy bien. Son aquellos que confían tanto en sus hermanos de comunidad, que saben que no necesitan llevar una silla porque siempre habrá una para ellos.

El párroco hizo una pausa, miró a los dos hombres y se dirigió al segundo.

—A los otros, esos que tú llamas "egoístas", también los conozco. A mis ojos, ellos son los mejores; son los que han aprendido a combinar la vocación de servir, con la mayor de las confianzas. Ellos llevan una única silla para ofrecérsela a alguien que la pueda necesitar; no llevan la propia porque también saben, de sobra, que alguien llevará la de ellos. Está claro que los ojos con los que yo los veo, no son los mismos con los que miran ustedes. Me pregunto por qué será...

Ésta es la idea de servicio, comprensión, disposición, compasión y sensibilidad para poder responder a las necesidades ajenas.

ENSEÑAR UN CAMINO A LOS QUE NOS SIGUEN

Éste es un compromiso ineludible, pero nada sencillo.

Aun con nuestros hijos, ¿cómo educarlos sin llenarlos de temores y sin escamotearles la verdad?

Ésta es la pregunta a la que debemos responder los padres, y cuanto antes.

Hace un par de años, en la presentación de mi novela *El candidato*, y puestos a conversar de la ley y sus fisuras, alguien me comentó que la novela favorita de las encuestas en todo el sur de Estados Unidos era *Matar a un ruiseñor*, de la escritora estadunidense Harper Lee.

Yo, que nunca había escuchado hablar de la novela, me dediqué a buscarla con ansiedad y a leerla después, con mucho placer.

Matar a un ruiseñor fue publicada en 1960 y valió a su autora no sólo el premio Pulitzer y el aplauso de la crítica de su país, sino también el contrato para hacer la que luego fue una exitosa y premiada película.

Ambientada en un pueblo de Alabama durante la Gran Depresión de los años treinta, la novela gira en torno a la vida de Atticus Finch, un abogado, al que un juez le pide que defienda a un hombre de color acusado de haber violado a una mujer blanca.

Finch acepta el encargo, pero eso lo condena al rechazo de gran parte de sus vecinos, que lo acusan de ser "defensor de los negros".

Rechazado por todos, el abogado prohíbe a sus hijos que asistan al descarnado juicio; quiere evitarles el dolor y el sufrimiento de ver a su padre en esa situación y de conocer innecesariamente la crueldad de la gente del pueblo.

La novela es un gran alegato antirracista y sólo por eso vale la pena leerla, pero en el momento en que la leía, lo que más me impactó no fue la trama jurídica, ni las denuncias al sistema legal de Estados Unidos, sino la manera en la que el abogado habla con sus dos pequeños hijos de la situación planteada en el pueblo y de su conflicto respecto de cómo educarlos.

En el final, Finch le dice a su mejor amigo:

—Me gustaría, como a todos los padres, supongo, que mis hijos vivieran en un mundo en el que no existieran cosas malas... Pero no puedo negar que las cosas malas existen y entonces es nuestra responsabilidad entrenarlos, para que cuando sean adultos sepan cómo afrontarlas. Negarles su existencia sería nefasto para su futuro, porque la realidad de la vida no siempre les mostrará su cara más amable y piadosa.

Ciertamente, es grande la tentación de negarles a nuestros hijos la existencia de algunas realidades espantosas; de ocultar de sus retinas y de sus oídos los asesinatos, las guerras, el terrorismo, la miseria, la violencia gratuita... Y aunque neciamente lo deseáramos, sabemos que es imposible; por más que la neguemos (como nos advierte Finch), la realidad siempre impone su verdad.

Quizá por eso, nadie en su sano juicio podría sostener con seriedad, por ejemplo, que la mejor manera de alejar a nuestros hijos de la droga es "no hablar nunca de ello". Esta actitud no consigue otra cosa que entregarlos como cándidas víctimas del primer canalla que se cruce con ellos a ofrecerles "un viaje mágico".

Y me detengo en este ejemplo porque el tema de las drogas es quizá el más urgente y dramático de los asuntos. En este caso, como en otros, no vale la excusa de postergar la conversación hasta que llegue el mejor momento para hablar, porque quizá nunca llegue. El momento oportuno es cuando surge la necesidad, cuando aparece el problema, cuando simplemente se cruza el tema. Con la droga no funciona la teoría de que el tiempo es un gran maestro, porque, aunque lo fuera, ese maestro, por el camino, va matando a sus discípulos.

Los padres que protegen a sus hijos de todo problema, de toda frustración, de toda noticia perturbadora, construyen para ellos, en el mejor de los casos, una infancia muy feliz y una vida adulta muy desgraciada. Porque, por mucho que nos esmeremos en pararles los golpes, llegará un momento en que no estaremos ahí para protegerlos.

Sería maravilloso aceptar con valor que el mundo en el que ellos vivirán será demasiado diferente y que las herramientas que podríamos darles nunca serían suficientes. Sólo así podremos enseñarlos a fabricar sus propias herramientas.

LA FAMILIA COMO PREPARACIÓN PARA EL SALTO

Siempre digo que educar es construir un trampolín que permita a nuestros hijos caminar por él con paso firme y sin miedos para hacer su salto a la alberca de su vida adulta.

Este trampolín se apoya sobre cuatro pilares, y de la fortaleza de estos pilares depende que los atletas que lo recorran no se hagan daño antes de saltar.

Los cuatro pilares del trampolín son:

1. El amor, entendiendo por ello el amor de los padres, el amor a los hijos y el amor de los hermanos entre sí.
2. Un buen caudal de valoración y autoestima, de reconocimiento, que implique la valoración de los padres entre sí, de los hijos y los padres, y de los hijos entre sí. En definitiva, una

educación basada en el respeto de unos y otros. (Nos alegra que seas nuestro hijo o nuestra hija y nos gusta esta familia tal como es, con defectos y virtudes.)
3. La existencia de normas, que no deben ser rígidas, sí claras. (Podemos hacer excepciones cada día, pero las normas son las que hablamos.)
4. Un vínculo sincero y confiable que incluya la presencia efectiva y consecuente de los padres. (No estás obligado a contarme, pero cuando quieras hacerlo, yo estoy dispuesto a escucharte.)

Sin retroceder mucho en el tiempo, sólo considerando cómo fue la educación de nuestros padres y cómo es la educación de nuestros hijos, podemos ver que se ha pasado de un extremo al opuesto en apenas unas décadas.

Hoy sabemos que la educación es firmeza y afecto.

A cocinar se aprende cocinando, a ser padre se aprende siendo padre. No es una buena noticia para los hijos mayores, pero es real.

La psiquiatría demuestra con estadísticas claras una mayor incidencia de signos y síntomas neuróticos en los hijos únicos (con esto no quiero decir que todos los hijos únicos tengan problemas, pero sí que estadísticamente son los que más problemas tienen). El dato parece incuestionable cuando, al revisar las mismas estadísticas en familias con varios hijos, los hijos mayores (los que alguna vez fueron hijos únicos y "a merced" de padres inexpertos) aparecen como los más complicados.

Desde un punto de vista psicológico nuestros hijos, también los adoptivos, son una parte de nosotros, una prolongación de nuestro ser, y esto explica por sí mismo la incondicionalidad del amor del padre o la madre por sus hijos. (No es necesario aclarar que nosotros, en cambio, no somos una prolongación de ellos.)

El objetivo de un padre es conseguir que sus hijos lo superen. Si lo consigue, su tarea estará realizada. Por eso el deseo de todo padre es pasarles el bastón de mando, el testigo de lo que ha hecho, aunque eso no avala la errónea actitud (quizá debí animarme a escribir "la perversa actitud", como era mi primera intención) de mandarlos a vivir la vida que los padres no se han permitido, no han sabido o no han podido vivir.

Para complicar nuestra tarea, hay algunas cosas que simplemente no se pueden explicar ni mostrar acabadamente, cosas que cada quien debe descubrir, procesar y superar por sí mismo. En estos casos los padres sólo podemos dar algunas pistas, advertir de algunos peligros, cuidar el entorno de la comunicación familiar y contar nuestra propia experiencia. (Digamos, de paso, que el camino espiritual pertenece a este grupo de enseñanzas.)

Lo que es indudable es que, en sentido estricto, los padres somos responsables de todo lo que hacemos y no hacemos con nuestros hijos, aunque no totalmente de los resultados. Yo no soy un buen ejemplo, pero permíteme compartir una experiencia, aunque sólo sea como testimonio.

En Argentina la licencia de conducir se puede solicitar cumplidos los dieciocho años. Cuando mi hijo tenía diecisiete, "sabía" manejar bastante bien. Había aprendido un poquito conmigo, otro poco con sus amigos, y algo más con su madre. Estaba claro para todos que cuando tuviera su licencia, yo le prestaría mi auto y alguna vez le compraría uno. Una tarde, seis meses ante de cumplir los dieciocho, empezó a insistir en que le dejáramos el auto.

Yo le respondía:

—Si a ti te place manejar, a mí no me molesta que lo hagas, siempre y cuando sea en las calles de atrás del parque que no tienen tránsito y conmigo a tu lado. Pero no puedes salir tú solo con el auto; para hacerlo necesitas una licencia de conducir y todavía no puedes tenerla.

Mi hijo me respondía:

—Todos mis amigos lo hacen.

Yo sabía que era cierto, y de todas maneras le replicaba:

—Pero tus amigos no son mis hijos, tus amigos pueden hacer lo que sus padres les permitan o quieran, pero tú no puedes hacerlo porque yo no te lo permito y porque se necesita una licencia de conducir para manejar un auto y tú no la tienes. Y presta atención que dije UN auto y no MI auto. No puedes conducir NINGÚN auto hasta que la tengas.

Mi hijo insistía:

—Me estás coartando una posibilidad, y además haces que quede mal con mis amigos.

Yo le respondía:

—Puede que sí. Lo entiendo, pero no voy a ceder en esto.

Entonces él me preguntaba:

—¿Y qué argumento me vas a dar?

Y yo le contestaba siempre más o menos lo mismo:

—Yo soy tu padre y creo que esto es lo mejor para ti. Y como en este caso, y en casi todos los temas de permisos, tú y yo no somos pares, si nos ponemos de acuerdo hacemos lo que tú dices, y si no nos ponemos de acuerdo, hacemos lo que digo yo.

Ante esta explicación mi hijo me soltó:

—Tú eres un tirano.

A lo que yo añadí:

—Puede ser. Dicen que hay otras vidas, te deseo lo mejor, para tu próxima, especialmente en cuanto al padre que te toque. Mientras tanto, en ésta tu padre soy yo y, respecto de este asunto, decido lo que se puede hacer y lo que no. Y no puedes conducir sin licencia.

Mi hijo se enojó mucho conmigo por este episodio.

Tal vez yo estaba equivocado. Tal vez un padre más centrado habría encontrado alguna explicación que él pudiera escuchar, pero hice lo mejor que pude. Yo era el responsable y eso era lo que creí que debía hacer. Era mi responsabilidad y no quise negociar con ella.

Han pasado muchos años. Él ya es padre, y quizá hoy mire de otra manera aquel episodio. Tal vez (no creo) ambos debamos esperar un poco más, quizá hasta el momento en que mi nieto le pida el automóvil...

Los padres (por lo menos los que conservan un mínimo de salud mental) siempre desean y procuran lo mejor para sus hijos, que, como es obvio, no siempre es "hacer lo que ellos quieran". Nos guste o no, la educación no es demagogia, ni siquiera es democrática.

Y si bien es evidente que los padres no somos infalibles, es también demostrable que serlo no es necesario. La clave está en permanecer atento e interesado asumiendo el rol que a cada uno le toca; esto debería bastar para acertar mucho y equivocarse poco, sobre todo en los temas fundamentales. En los otros, podemos permitirnos algunos errores más; después de todo, he visto demasiadas veces en el consultorio cómo algunos desaciertos de los padres terminan siendo más que positivos, ayudando a nuestros hijos en el difícil arte de enfrentar la adversidad.

Los padres no debemos olvidar que la educación es una siembra y que los frutos se recogen con el paso del tiempo. La mayoría de las veces nuestros hijos tendrán que pasar por muchas cosas antes de poder recoger los frutos nacidos de la semilla que plantamos y abonamos cuando ellos todavía eran niños. La mayoría de esos frutos llegará a sus manos en algún momento; algunos, irremediablemente, cuando nosotros ya no estemos.

Quiero alejarme del tema de los padres y los hijos para contar esta historia que también nos habla de aprender a servir a los demás. Una historia que, según me dijeron, sucedió realmente.

Un mecánico industrial es contratado en Latinoamérica por una empresa de automóviles alemana que lo lleva a formarse a la casa central de la compañía.

Alrededor de la fábrica existe un gran estacionamiento con plazas suficientes para que todos los trabajadores puedan llegar a la planta con su propio automóvil.

Durante las dos primeras semanas, ya que el extranjero no tenía vehículo, el gerente del área de motores pasaba a recogerlo por su casa y lo llevaba a la fábrica. Al final de la jornada lo regresaba a su casa.

Quizá por un exceso de celo en el trabajo, el gerente siempre llegaba a la planta bastante antes de que sonara la sirena de inicio de la jornada.

Todas las mañanas encontraban el estacionamiento casi vacío, pero el gerente dejaba siempre su carro al fondo, bastante lejos de la entrada del personal.

Un día el operario le dijo al gerente:

—Si llegamos temprano, casi antes que nadie, y el estacionamiento está vacío, no entiendo por qué dejas el carro... tan lejos de la puerta de entrada a la planta de producción.

El gerente le contesta:

—Esto es algo que me enseñó mi primer jefe al poco tiempo de ingresar en la fábrica. Los que llegamos temprano tenemos tiempo de sobra para caminar un poco, pero los que llegan más tarde tienen prisa: necesitan más que nosotros encontrar estacionamiento cerca de la puerta porque sólo así llegarán a su hora al trabajo...

Un hecho real

La antigua filosofía del tao es una de las vías de liberación más importantes que la humanidad ha gestado en toda su historia. El *Tao Te King*, la obra clásica de la literatura taoísta, ofrece a quienes lo leen el acceso a una gran sabiduría, tan movilizante como renovadora.

Por encima de todo, el taoísmo pone gran énfasis en el equilibrio entre nuestra conciencia de la realidad y nuestro ser natural.

Como lo señalan los que más saben, la palabra *tao* contiene en sí misma dos significados. Por un lado significa, más o menos, “el camino"; por el otro podría traducirse también como la naturaleza o la esencia de las cosas.

Si juntamos ambas acepciones comprenderemos el tao (el camino espiritual) como una herramienta para llegar a lo esencial de las cosas, de uno mismo y de nuestra relación con los demás. En última instancia, una mejor y más poética manera de decir lo que venimos repitiendo en este libro desde la primera página.

Hace años, en el Centro Andaluz de Psicoterapia, en Granada, Julia y yo tratábamos juntos a un paciente que venía especialmente de Almería para vernos. Y a pesar de toda nuestra dedicación e interés, él no evolucionaba. Su proceso siempre era de dos pasos adelante y dos atrás.

Después de mucho tiempo, el paciente se sintió dominado por lo que después llamó "la sensación de desengaño" y nos dijo que se tomaba unas vacaciones de la terapia.

Seis meses después regresó. Estaba totalmente cambiado. Durante sus vacaciones, dijo, había puesto en práctica un montón de cosas que nosotros habíamos intentado enseñarle durante la terapia, y que él nunca había llegado a entender. Era como si el tiempo y la distancia le hubieran permitido "interiorizar" todos esos conocimientos que había adquirido, pero que en su momento no había podido digerir.

Nuestro paciente entendía perfectamente lo que había pasado, y al compartir la experiencia con sus compañeros de grupo, todos pudimos sacarle jugo a su partida y a su retorno. Pacientes y terapeutas revaloramos la importancia del tiempo en el proceso de crecimiento y la responsabilidad de cada persona de enseñar, por lo menos a alguien más, las cosas importantes y trascendentes que aprende.

De la generosa mano de Karl Gross, mi amigo librero de Kempfer, en Alemania, llegó a mí el relato autobiográfico del médico David Servan-Schreiber, publicado en su libro *Anticáncer*, que dejo para el final porque pienso que después de escribirlo no me quedará nada más por decir.

David Servan-Schreiber comenzó a escribir su libro cuando se enteró de su propio diagnóstico. A partir de entonces empezó a dedicarse a trabajar casi exclusivamente acompañando a pacientes terminales hasta el final de sus días. En su libro da testimonio de muchos casos impactantes, pero rescato aquí el que más me conmocionó.

Se trata de la historia de un hombre de unos cuarenta años que lo consulta virtualmente "paralizado" por el diagnóstico de su grave afección pulmonar: cáncer de pulmón con metástasis múltiples.

Llega en esa mezcla de depresión y furia tan común en estos pacientes; enojado con Dios, con la vida y consigo mismo.

El doctor Servan cuenta que trata de convencerlo de que debería ocupar el tiempo que le queda en algo que lo reconforte o lo consuele. Pero el paciente menosprecia su consejo, dice que no existe nada en el mundo que pueda consolarlo. Que nunca lo ha habido. De todas formas, decide seguir visitando al terapeuta una vez a la semana.

Una mañana, cuando el paciente llega a la consulta, el doctor Servan se disculpa con él y le cuenta que no tendrán sesión ese día, porque el terapeuta debe presentarse en la iglesia del pueblo: una pared del edificio se ha resquebrajado durante la tormenta de la noche y está a punto de derrumbarse; varios feligreses se han puesto de acuerdo para repararla, y lo llamaron para que fuera a ayudar.

El paciente se queja de su mala suerte y, por toda respuesta, el terapeuta, sin pensarlo demasiado, le pregunta si no quiere acompañarlo, ya que de hecho no tiene nada que hacer ese día.

Es así que durante las siguientes cuatro horas, junto con otros seis hombres, los dos se ocupan de apuntalar la pared con gruesos listones de madera y se comprometen a regresar al día siguiente para tirar la parte del muro más dañada y volver a levantarla, más sólida y más segura.

Cumpliendo lo prometido, el grupo levanta una nueva pared. Alguien propone alisarla y pintarla. Todos están de acuerdo, pero más de la mitad de los improvisados albañiles no puede descuidar su trabajo. Aunque será más trabajo para los que quedan, ellos deciden hacerlo.

Una semana después, sólo el terapeuta y su paciente han podido sostener el ritmo, pero la pared está finalmente terminada. El párroco les agradece y se lamenta de que pronto otros muros estarán en la misma situación.

Los dos hombres se miran y, sin necesidad de hablarlo, conmovidos por la situación se comprometen a encarar el nuevo desafío.

Casi seis meses después, en los que a veces el paciente ha trabajado en solitario, la iglesia está lista para recibir una mano de pintura. Pronto estará "como nueva".

Pero el paciente no puede asistir a la misa que se oficia en agradecimiento a los trabajadores de la iglesia. Tuvo un episodio de insuficiencia respiratoria y está ingresado en la sala de cuidados intensivos del Hospital Regional.

El doctor Servan va a visitarlo.

Cuando llega, el oncólogo del sanatorio le dice que el cuadro del paciente es muy complicado y que le quedan apenas unas horas de vida.

El terapeuta decide quedarse con él y acompañarlo en sus últimos momentos.

En la madrugada, el paciente agoniza.

Sus últimas palabras son para su terapeuta; le dice:

—Le agradezco mucho, doctor Servan... Yo no sé si usted se da cuenta, pero me ha salvado la vida...

El doctor Servan tiene razón en lo que dice y lo que sugiere.

También su paciente la tenía.

Sólo una vida que tenga sentido puede ser considerada como tal; y hasta llegar a aquella iglesia en ruinas, su paciente había estado malgastando sus días, distraído con las cosas menos importantes, "pasando por la vida" —que no es lo mismo que vivirla—, sin valorarla para nada.

Trabajar poniendo sus manos, su tiempo y su corazón al servicio de hacer algo por los demás no consiguió salvar su cuerpo, ni postergar la muerte, pero la conciencia de poder ser útil a otros salvó literalmente su vida, pues le dio un sentido trascendente a su esencia, a su ser, a su espíritu.

En suma, le permitió a ese hombre:

Llegar a la cima y seguir subiendo.

Epílogo

Desconfía de lo que te digo.

Desconfía con la mirada del investigador, no con la del incrédulo. Pero desconfía de lo que digo.

Desconfía con la mentalidad de un buscador, no con la de un escéptico. Pero desconfía de lo que digo.

Desconfía con el corazón abierto y el deseo de aprender, no con la soberbia del que cree que todo lo sabe. Pero desconfía de lo que digo.

Desconfía de mí, pero no de ti.

Recuerdo un cuento zen:

Un alumno fue a ver a su maestro y le dijo:

—Maestro, quiero que me enseñes las cosas más importantes.

El maestro le respondió:

—Para conocer las cosas más importantes tienes que conocer primero las cosas cotidianas. Aquéllas con las que te cruzas todos los días. Tú cruzas este río cuatro o más veces cada día, para entrar y salir del pueblo. Si te preguntaras qué es un río, ¿sabrías qué contestarte?

El alumno no entendía muy bien hacia dónde apuntaba su pregunta, pero de todas formas le dijo a su maestro todas las cosas que sabía sobre los ríos.

Cuando finalizó su explicación, el maestro le lanzó una nueva pregunta:

—¿Sólo eso?

El alumno, después de reflexionar durante unos segundos, le dijo otra veintena de cosas sobre los ríos.

—¿Sólo eso? —repitió el maestro.

Y preguntando, preguntando... el maestro consiguió que el alumno le dijera muchas más cosas.

Finalmente el maestro le dijo:

—Mira, allá arriba, en la montaña, nace este río... y termina allá abajo, en el mar. Ahora ve y recórrelo. Cuando al hacerte a ti mismo la pregunta, no necesites poner la respuesta en palabras, sabrás lo que es un río.

Supongo que por eso te invito a desconfiar, yo ni siquiera he recorrido en su totalidad este río que es el camino espiritual.

He leído mucho, he explorado bastante, he experimentado todas las cosas que propongo. Con lo aprendido he hecho lo mejor que podía hacer: contarte por lo menos las cosas que sé de este camino para así invitarte a recorrerlo. Pero es obvio que no será suficiente.

Si quieres encontrar tus respuestas, deberás recorrerlo tú mismo.

Me pregunto cómo terminar lo que desde el principio pretende ser tan sólo un punto de partida. Me parece que debo, otra vez, recurrir al Talmud, sesenta tomos de texto en los que se registra toda la sabiduría del pueblo judío y las palabras más elaboradas de sus guías más reconocidos.

Cada una de las páginas del Talmud está nominada, lleva una letra que la identifica, ya que en hebreo los números se remplazaban por letras (alef es 1, bet es 2 y así...). Pues bien, la primera página del Talmud lleva, según la tradición, la letra bet (la del número 2). La primera página es pues... la segunda.

No es un error, es un símbolo.

En el último capítulo del último tomo, uno de los rabinos escribe al lector:

> Y no te ufanes de haber leído hasta aquí, ni de haberlo comprendido todo, porque te sigue faltando entender la página uno del primer tomo.

El conocimiento de lo espiritual, al igual que la vida, está en constante cambio. Posiblemente, como en la parábola talmúdica, cuando lleguemos al final nos daremos cuenta de que aún nos falta terminar de comprender el principio.

Para seguir avanzando en el camino espiritual, hay que ser capaz de aceptar con humildad esta paradoja.

Notas

A MODO DE PREFACIO

1 Se trata de una higuera de la variedad "sagrada" (*Ficus religiosa*) que hoy forma parte del complejo budista de la ciudad de Annuradhapura, en Sri Lanka.

LIBRO I: EL CAMINO

INTRODUCCIÓN

2 Hasta hace poco yo creía que la muralla china era la única excepción, pero me acabo de enterar que eso es un mito y que ni siquiera ella existe si visualizamos el planeta desde la distancia.

3 Cuando yo era estudiante de medicina, hace ya casi cuarenta años, mi profesor de fisiología siempre nos decía que un médico que ha olvidado por completo el procedimiento para poner adecuadamente una inyección no puede ser un buen profesional.

4 Aunque, según los especialistas, la resolución se aleja bastante de la realidad. La Última Cena, en la que Jesús de Nazaret

utilizó el Santo Grial, era una cena pascual, y el Grial debería ser por fuerza la copa de la bendición. Un judío observante, como lo era Jesús, difícilmente habría utilizado una copa de madera, ya que no la habría considerado "digna" de contener el vino ritual de la Pascua.

5 De paso, las otras dos son: renegar de Dios y tener relaciones sexuales taxativamente prohibidas, por ejemplo, entre hermanos.

6 *21 gramos*, película dirigida por Alejandro González Iñárritu y protagonizada por Sean Penn, Benicio del Toro y Naomi Watts.

7 En el origen de la palabra "alma" aparece un vocablo relacionado con el concepto de vida (la palabra griega *anima*), en lo espiritual aparece *ruah* (רוח), que en hebreo antiguo refiere literalmente al viento (fuerte, indoblegable y hasta peligroso).

8 Supe después que cualquiera, cuando descubre por primera vez que un trozo de cartón redondo ensartado en un lápiz gira, sabe que no ha inventado la rueda, pero al darse cuenta de lo que ha hecho no puede evitar quedarse maravillado por "su" invento.

9 *In dividuo* significa "no dividido".

ESPIRITUALIDAD Y RELIGIÓN

10 Los primeros misioneros a Oriente, verdaderos exploradores y aventureros, casi siempre jesuitas, trajeron a Occidente, entre otras muchas cosas, las técnicas de concentración, el control del cuerpo, la relajación consciente y las enseñanzas de no violencia que acabarían convirtiéndose en el paradigma Gandhi.

11 Se relaciona, por ejemplo, la prohibición de comer cerdo con el riesgo de contraer la peste asociada en aquel momento a la ingesta de carne porcina.

LIBRO II: LOS DESCUBRIMIENTOS

EL HOMBRE EN RED

12 "La máscara enmascara y desenmascara", decía siempre la doctora Zulema Leonor Saslavsky.

13 Algunos hemos ido más allá y hemos hecho de este desafío de trascender uno de los rumbos más importantes de nuestra existencia.

LA ACEPTACIÓN

14 Ya no podría asegurar, con la honestidad y la convicción que lo escribí hace veinte años, que nada que sea bueno es gratis (aunque muchas veces ese enunciado siga siendo una referencia para mí y para otros muchos).

15 Si en un bosque deshabitado, sin persona ni animal que sea capaz de escuchar sonido alguno, un árbol cae... ¿hace ruido?

16 Aunque disfrutar mucho, poco o nada de un concierto depende de demasiadas cosas: de nuestro momento, de nuestra historia, de nuestro estado emocional y también, por qué no admitirlo, de nuestra cultura musical ("la educación del buen gusto", como la llama tan acertadamente Fernando Savater). Yo no soy buen ejemplo, pero nunca había disfrutado tanto la música de Mahler como después de adentrarme un poco en algunos recovecos de su historia y de su obra.

AMOR Y ESPÍRITU

17 Y corrijo yo: el regocijo por la sola existencia de alguien (otro, otra, yo mismo, mi mascota) o algo (un libro, un paisaje, una situación).

LIBRO III: LOS APRENDIZAJES

LA CONQUISTA DE UN ESPACIO SILENCIOSO

[18] Es más que probable que los que más saben de meditación y los que valoran su significado se enojen al leer lo que sigue, pero espero que comprendan que la homologación sólo se atiene a un fin didáctico.

LIBRO IV: LOS RESULTADOS

DEJAR LA PRISA

[19] Aunque —según reflexiona el cocinero Karlos Arguiñano— lleva el mismo tiempo cocinar unas papas y triturarlas que preparar un puré instantáneo.

APRENDER A DAR LAS GRACIAS

[20] Decía mi abuela: "Es de gente bien nacida ser agradecida".

[21] Oliverio Girondo, *Persuasión de los días*, Losada, Buenos Aires, 1942.

Bibliografía

Alper, Matthew, *Dios está en el cerebro*, Norma, Buenos Aires, 2007.

Carter, Rita, *El nuevo mapa del cerebro*, RBA, Barcelona, 1998.

Frankl, Viktor, *El hombre en busca de sentido*, Herder, Barcelona, 1991.

Fromm, Erich, *El miedo a la libertad*, Paidós, Barcelona, 1980.

Garriga Bacardí, Joan, *Vivir en el alma*, Rigden Institut Gestalt, Barcelona, 2008.

Golas, Thaddeus, *Manual de iluminación para holgazanes*, Cuatro Vientos, Santiago, 1996.

Govinda, Anagarika, *Foundations of Tibetan Mysticism*, Samuel Weiser, York Beach, 1969.

_____, *A Living Buddhism for the West*, Shambhala, Boston, 1990.

_____, *Buddhist reflections*, Samuel Weiser, York Beach, 1991.

Jung, Carl Gustav, *Psicología y religión*, Paidós, Barcelona, 1981.

_____, *Sincronicidad*, Sirio, Málaga, 1990.

_____, *Recuerdos, sueños y pensamientos*, Paidós, Barcelona, 1999.

_____, *Realidad del alma*, Losada, Buenos Aires, 2003.

Kornfield, Jack, *Camino con corazón*, La Liebre de Marzo, Barcelona, 2006.

Krishnamurti, Jiddu, *La libertad primera y última*, Kier, Buenos Aires, 1978.

_____, *A los pies del maestro*, Kier, Buenos Aires, 2000.

Maslow, Abraham H., *El hombre autorrealizado*, Kairós, Barcelona, 1979.

———, *La personalidad creadora*, Kairós, Barcelona, 1983.

———, *Motivation and Personality*, HarperCollins, Nueva York, 1987.

Maurer, Robert, *El camino del Kaizen*, Vergara, Barcelona, 2004.

Naudou, Jean, *Buda y el budismo*, Daimon, Madrid, 1976.

Newberg, Andrew, *How God Changes Your Brain*, Ballantine Books, Nueva York, 2009.

Nietzsche, Friedrich Wilhelm, *Schopenhauer como educador y otros textos*, Círculo de Lectores, Barcelona, 1995.

Osho, *Los tres tesoros del Tao*, Sirio, Málaga, 2000.

———, *El bote vacío*, Gulaab, Mallorca, 2004.

———, *Ni agua ni luna*, Kairós, Barcelona, 2004.

———, *El ABC de la Iluminación*, DeBolsillo, Madrid, 2007.

———, *Meditación*, Quarzo, 2007.

Paluch, Ari, *El combustible espiritual*, Planeta, Buenos Aires, 2008.

Powell, Andrew, *Budismo vivo*, Oniro, Barcelona, 1999.

Ramachandran, Vilayanur, *A Brief Tour of Human Consciousness*, Pi Press, Nueva York, 2004.

Ratey, John J., *A User's Guide to the Brain*, Phanteon Books, Nueva York, 2001.

Shah, Idries, *Los sufís*, Kairós, Barcelona, 1994.

Solergibert, Frederic, *Lo que no se ve*, Urano, Barcelona, 2000.

Thich Nhat Hanh, *Hacia la paz interior*, Plaza & Janés, Barcelona, 1998.

Thoreau, Henry David, *Walden o la vida en los bosques*, Emecé, Buenos Aires, 1945.

Walsch, Neale Donald, *Conversaciones con Dios*, Grijalbo, 2003.

Watts, Alan, *El camino del zen*, Pantheon Books, Nueva York, 1987.

———, *Tao: El camino del curso del agua*, Pantheon Books, Nueva York, 1998.

Esta obra se imprimió y encuadernó
en el mes de enero de 2020,
en los talleres de Corporativo Prográfico, S.A. de C.V.,
Calle Dos #257, bodega 4, Col. Granjas San Antonio,
09070, Iztapalapa, Ciudad de México.